A Study on Quality Assurance in Higher Educational
Evaluation: from the perspective of metaevaluation

中国高等教育评估质量保证研究——元评价的视角

王向红 ◎ 著

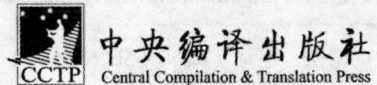

中央编译出版社
Central Compilation & Translation Press

图书在版编目（CIP）数据

中国高等教育评估质量保证研究：元评价的视角 / 王向红著 .—北京：中央编译出版社，2017.3
ISBN 978-7-5117-3147-0

Ⅰ.①中… Ⅱ.①王… Ⅲ.①高等教育—教育评估—研究—中国②高等教育—教育质量—研究—中国 Ⅳ.① G649.2

中国版本图书馆 CIP 数据核字（2016）第 248504 号

中国高等教育评估质量保证研究：元评价的视角

出 版 人：	葛海彦
出版统筹：	贾宇琰
责任编辑：	程 彤　曲建文
责任印制：	尹 珺
出版发行：	中央编译出版社
地　　址：	北京西城区车公庄大街乙 5 号鸿儒大厦 B 座（100044）
电　　话：	（010）52612345（总编室）　（010）52612370（编辑室）
	（010）52612316（发行部）　（010）52612317（网络销售）
	（010）52612346（馆配部）　（010）55626985（读者服务部）
传　　真：	（010）66515838
经　　销：	全国新华书店
印　　刷：	北京天正元印务有限公司
开　　本：	710 毫米 ×1000 毫米　1/16
字　　数：	255 千字
印　　张：	14.5
版　　次：	2017 年 3 月第 1 版第 1 次印刷
定　　价：	42.00 元
网　　址：	www.cctphome.com　　邮　箱：cctp@cctphome.com
新浪微博：	@中央编译出版社　　微　信：中央编译出版社（ID：cctphome）
淘宝店铺：	中央编译出版社直销店（http://shop108367160.taobao.com）（010）52612349

凡有印装质量问题，本社负责调换，电话（010）55626985

摘要

高等教育评估，作为促进高等教育健康发展的有效机制，作为高等教育管理方式和高等教育质量保障手段，日益为政府、高校、学生、家长、用人单位、普通公民等评估用户做出正确的决策和行为选择服务。如果高等教育评估本身的质量难以得到保证，那么，以评估为基础的用户的决策和行为选择的质量以及高等教育的质量就难以得到保障与提高。"理性决策可被视为由两类不同前提推出的结论，这两类前提就是价值前提和事实前提。"而评估，作为基于事实判断上的价值判断，既与决策的事实前提有关，又与决策的价值前提相联。无庸置疑，评估用户能否做出正确的决策与行为选择，与评估质量的高低好坏直接相关。

然而，目前我国高等教育评估在指标体系、评估信息、评估结果、评估机构与人员等方面存在着较严重的问题，导致评估质量不高。同时，它还面临着来自大众化、产业化和国际化等高等教育内部因素的挑战以及政府、公众问责等外部环境的挑战，需要不断地提高评估质量，并为评估用户提供评估质量证明。基于此，本课题把高等教育评估质量保证作为研究对象，从元评价的视角，循着为什么要研究我国高等教育评估质量保证、根据什么样的标准来保证和衡量高等教育评估质量、怎样进行高等教育评估质量保证的研究思路，对我国高等教育评估进行比较全面的反思与批判，以建立具有中国特色的高等教育评估质量保证体系，保证、提高高等教育评估质量和高等教育质量。

高等教育评估质量保证是根据一定的标准，通过监控、引导高等教育评估全程，认可、审查评估机构和评估人员，以改进和持续提高评估质量，并为评估用户提供质量证明所必需的有计划、有组织的全部活动。

高等教育评估质量标准，为高等教育评估质量保证活动提供依据和尺度，包括三种类型的标准。前提性标准，要求进入高等教育评估市场的机构与人员获得认可，具备最基本的专业能力、资格水平。原则性标准，为评估质量提供整体准则和观念依据，主要包括合规律性与合目的性的统一、合工具性与合价值性的统一以及合理与合情的统一。技术性标准，为高等教育评估全程的重要环节和因素提供技术规范，包括评估指标体系的正确性、独立性和实用性，评估信息采集与统计的可靠性、正确性，评估结果的实用性、信度和效度。它们相辅相成，形成一个高等教育评估质量标准体系，衡量高等教育评估质量的高低，并指导、规范着评估机构、评估人员的评估行为。

高等教育评估质量保证的实施途径包括内部保证和外部保证。内部保证由评估机构、评估人员（内部人员）根据评估质量标准对评估全程，尤其是对评估全程中的关键环节和重要因素进行反思、审查、检验，如评估指标体系的正确性、独立性、实用性如何，评估信息采集与统计的可靠性和正确性怎样，评估结果的实用性、信度、效度如何，以发现评估中的优缺点，及时改进，同时为评估用户提供评估质量证明。

而外部保证，主要由政府及其建立的专门的外部保证机构实施。针对我国还没有建立这种专门机构的具体国情，特别探讨了美国、荷兰该类型机构及其经验与启示，以及我国高等教育评估质量保证中政府、高等教育评估机构、高校之间的博弈，提出应尽快建构中国特色的高等教育评估质量外部保证机构（具有行会性质的政府机构/官办行会）。该机构实施的外部保证活动，除了监督、审查评估全程以外，最主要是认可、监督高等教育评估机构和评估人员，以证明他们的评估活动及其运作的组织体系是否合格，证明他们是否具备基本的专业资质和能力，同时促使他们积极采取有效的措施，保证、提高评估质量。

关键词：高等教育评估　高等教育评估质量保证　元评价

Abstract

As aeffectual system of promoting higher educational development healthily, as a important means of higher educational administration and higher educational quality assurance, higher educational evaluation is giving increasingly service to which evaluation users or stakeholders including of government, student, parents, employ units, common citizen, etc, make decision and choose behavior. If the quality of higher educational evaluation itself can't be assured, the quality of users' decision-making and behavior-election and the quality of higher education based on evaluation, can't be assured and be improved. Just as H. A. Simon, a famous expert at management, said," rational decision-making is the conclusion deduced from two different preconditions that are value premise and fact premise." Evaluation, the judgement of value based on the judgement of fact, is correlated to not only fact premise, but also value premise. Undoubtedly, that users' decision-making and behavior-election is proper or not is interrelated to that the quality of evaluation is high or low, good or bad.

Meanwhile, in our country some relevant problems, including of the system of index, the information, the outcome, the organization and personnel of higher educational evaluation, have been emerging, resulting in the low quality of evaluation. What's more, evaluation is facing the challenges from the interior factors of higher education, such as massification, industrialization, internationalization, along with from the exterior factors of surroundings, such as, government and public accountability, which ought to improve the quality of evaluation, and to provide some evidence or proof for users.

Therefore, this dissertation take quality assurance in higher educational evaluation as the research object, making reflects and insights into our higher educational evaluation from metaevaluatiom visual angle, in order to establish a quality assurance system with Chinese characteristics, and to enhance persistently the quality of higher educational evaluation.

Thisdissertation believes that, quality assurance in higher educational evaluation is designed and systematical actions which are to monitor and conduct the whole course of higher educational evaluation, and which are to recognize and censor the organization and personnel of evaluation, according to some definite standards, in order to improve and enhance persistently the quality of higher educational evaluation, and to provide its evidence or proof for users.

Thequality standards of higher educational evaluation are gist and yardstick actualizing quality assurance in higher educational evaluation. The standards are divided into three types. The Initial one is that the organization and personnel of higher educational evaluation is recognized, and having the most essentially special competence as well as qualification. The principled one, as the whole guide line, consists of the unity of reasonableness of purposes and rationales, merit and tool, emotion and rationality. The technical one, providing operational criterion for the central phases and factors of the whole course of higher educational evaluation, consists of accuracy, independence and utility of the system of evaluation index, reliability and accuracy of collecting and counting the evaluation information, as well as utility, credibility and validity of the evaluation outcome. These three Supplement each other, becoming quality standards system of higher educational evaluation, in order to weigh that quality of higher educational evaluation is high or low, and to guide and standardize the behavior of evaluation organization and personnel.

Quality assurance in higher educational evaluation is divided into two parts. The one is interior assurance, the other is exterior assurance. The interior one is that evaluation organization and personnel (that is interior personnel), According to the quality standards of higher educational evaluation, censor and reflect the whole course of evaluation, especially the central phases and important factors of its, such as, what about accuracy, independence and utility of the system of evaluation index, what about reliability and accuracy of collecting and counting the evaluation information, as well as what about utility, credibility and validity of the evaluation outcome. By means of doing it, they discover weakness and strong-

Abstract

point in evaluation, improve the evaluation, assure and enhance evaluation quality, along with proving evaluation quality, giving service to evaluation users' decision-making and behavior-election .

On the other hand, the exterior one is that government and the special organization of exterior assurance constituted by government carry into execution. Considering the actual situation of our country that the special exterior assurance organization hasn't been constituted, by probing into this kind of organization in USA and Holland, and their some helpful experience and enlightenment, by analyzing the fights between government and evaluation organization of higher education, evaluation organization of higher education and university in the Quality assurance in higher educational evaluation, this dissertation raise the issue that we should establish a exterior assurance organization of higher educational evaluation quality with Chinese characteristics as soon as possible. The actions of exterior assurance fulfilled by this organization, besides censoring and supervising the whole course of evaluation, is recognizing and monitoring the organization and personnel of higher evaluation which is most important. The aim to these actions is proving their evaluation and the system of their operating eligible or not, Along with spurring them to make effectual measure to assure and improve evaluation quality.

Key words: higher education evaluation; Quality assurance in higher education evaluation; metaevaluation

目 录

绪论 ………………………………………………………………… 1
  一、问题的提出 …………………………………………………… 1
  二、研究意义 ……………………………………………………… 3
  三、文献综述 ……………………………………………………… 5
  四、研究内容与研究思路 ………………………………………… 17
  五、研究视角与研究方法 ………………………………………… 19

第一章 质量保证是高等教育评估的内在诉求 …………………… 23
  第一节 新中国成立以来我国高等教育评估的发展历程 ……… 23
  第二节 高等教育评估存在的问题与挑战 ……………………… 28
  第三节 高等教育评估质量保证及其意义 ……………………… 39

第二章 高等教育评估质量标准 …………………………………… 49
  第一节 逻辑起点：解读评估的内涵 …………………………… 49
  第二节 借鉴与启示：美国元评价标准 ………………………… 59
  第三节 我国高等教育评估质量标准及其构建 ………………… 77

第三章 高等教育评估质量内部保证 ……………………………… 91
  第一节 反思高等教育评估指标体系 …………………………… 91
  第二节 审查高等教育评估信息的采集与统计 ………………… 120
  第三节 验证高等教育评估结果 ………………………………… 131

第四章 高等教育评估质量外部保证 ……………………………… 153
  第一节 美国、荷兰高等教育评估质量外部保证机构 ………… 153
  第二节 政府、高等教育评估机构与高校博弈中的建构 ……… 166
  第三节 我国高等教育评估质量外部保证机构的运行 ………… 188

结语 202
   一、总结 202
   二、建议 203
   三、创新与不足 205

参考文献 207
致谢 218

绪论

20世纪80年代末以来,国际高等教育领域兴起了一场影响广泛的质量保障运动。尤其是1998年10月联合国教科文组织(UNESCO)在巴黎召开首次世界高等教育大会以来,质量成为21世纪国际高等教育政策与行动中的核心理念之一。毋庸置疑,21世纪将是一个质量的世纪,质量已被世界各国家列为重要议事日程,正如美国质量管理协会理事长哈灵顿博士所言:"现在正在进行第三次世界大战,不是军事冲突,而是质量战。"[①] 作为高等教育管理方式和高等教育质量保障手段的高等教育评估,如果评估本身的质量难以得到保证,那么,以评估为基础的政府、高校、学生、家长、用人单位、普通公民等评估用户的决策和行为选择的质量以及高等教育的质量就难以得到保障与提高。因此,应该重视高等教育评估质量保证问题。

一、问题的提出

在国内外大背景的影响下,我国高等教育评估从20世纪80年代中后期以来不断得到重视和开展。例如,政府开展了工科院校评估、学位授予质量评估、标准化考试、优秀教学成果评选、全国高校科研工作评估、重点实验室评估、高校后勤工作和体育工作评估等一系列的评估活动。尤其值得关注的是,2002年教育部把合格评估、办学水平评估、选优评估进行了合三为一的调整,次年开始对全国普通高等学校实施5年一轮的本科教学工作水平评估。另外,社会中介机构(主要是民间评估机构)也开展了多种形式的高等教育评估,其中影响较大的有广东管理科学研究院的"中国大学排行榜"(每年一次)、中国网大和中国校友会发布的"中国大学排行榜"(每年一次)、中国科技信息研究所"中国科技论文编译与分析"的"高校综合基础科研能力排行榜"(每年一次)、美国《科学》周刊评选的"中国最杰出大学"(不定期),等等。除此之外,各高校还开展课程评估、教学评估、教师评估、教学管理评估、德育评估等各种类型的评估活动。

随着我国高等教育评估的大发展,评估质量问题也逐渐凸显出来。例如,哪

---

① 王新华、韩汜清:《质量管理学》,中国矿业大学出版社1999年版,第1页。

些因素影响高等教育评估质量？如何界定高等教育评估质量？什么样的高等教育评估是高质量的？用哪些标准来衡量？怎样保证、提高高等教育评估质量？等等。如果这些问题没有得到应有的关注，如果不能对这些问题做出较好的回答，评估质量难以得到保证，评估目的难以实现，评估功能难以发挥，甚至还会带来负效应。请看以下几个真实的事例。

事例一：

广东管理科学研究院发布的"中国大学评价——1998"和中国网大公布的"1999年中国大学排行榜"中，有一个相同的指标——新生质量。这两个排行榜都以1998年的新生录取成绩作为该项指标的数据。按照这一指标为大学排序，在广东管理科学研究院的排行榜上，华东师范大学、郑州大学和湖南大学分别居于第39、136和230位；而在中国网大的排行榜上，居于第45、820和90位。面对这两个悬殊得令人不知所从的评估结果，我们不禁要问：湖南大学、郑州大学与华东师范大学的新生质量究竟如何？它们的新生质量到底有多大差距？用同样的数据排出来的结果却截然不同，有没有最起码的信度和效度可言？无疑，这样的评估结果会误导用户。

事例二：

2000年，在中国网大发布的《中国大学排行榜》中，中国人民大学排名第25。该校毕业生郭军辉认为此排行榜损害了人大及其毕业生的声誉，一纸诉状将网大告上法庭。指向大学排行榜的质疑、斥骂和诉讼，无疑显示其排行榜质量低劣、公信力匮乏。[1]

事例三：

从2003年起，教育部组织了五年一轮的高等学校本科教学工作水平评估。2003—2005年期间，共评估了171所高校，其中北京化工大学、首都医科大学、河北经贸大学、内蒙古大学、大连理工大学、大连海事大学、长春工业大学、东北农业大学、上海外国语大学、南京医科大学、徐州师范大学、浙江理工大学、中国美术学院、安徽工业大学、山东农业大学、烟台大学、曲阜师范大学、河南理工大学等93所高校为优秀，66所为良好，12为合格。在所有参评的高校中，没有一所大学不合格。[2] 这一可喜的结果，说明我国高等教育质量和高校办学水

---

[1] 《大学排行榜：骂并期待着》，http://www.shm.com.cn/wangping/2004-10/17/content_442232.htm。
[2] 《2003—2005年全国接受本科教学评估高校评估结果》，http://www.dali.edu.cn/pinggu/news_view.asp? newsid=273。

平是优秀的。然而，我们也注意到，"两会"期间的代表、就业洽谈会上的用人单位以及日常生活中的社会公众却认为高等教育的质量下降了。在这些近乎相反的评估结论中，到底哪种评估结论是正确的？有什么证据可以证明评估结论是正确的？优秀率很高（远远超过50%）的评估，还有没有信度和效度可言？

上述事例除反映社会各界对高等教育评估的普遍关心以外，更深层地反映出社会各界对我国高等教育评估质量（包括评估指标体系、评估信息、评估结果、评估机构、评估人员等）的质疑、追问，是对我国高等教育评估的客观性、公正性及科学性的期盼，也反映出他们对保证提高我国高等教育评估质量的期待。

质量低劣的评估不但难以令人信服，而且将危害公众计划和政策的改进①，使评估难以实现改进社会状况和行为目的②，而且错误的评估还可能增加误用的风险③。要使正确的决策基于高质量的评估④基础上，正如库克和格鲁德（Cook & Gruder）所说，任何一个评估要经得起推敲，必须经过元评价。本课题试图从元评价的视角来探讨我国高等教育评估质量保证。

二、研究意义

我国高等教育评估质量保证研究，是一个既有理论价值又有现实意义的课题。对该课题的研究不但符合我国高等教育评估发展的理论需要，也符合我国高等教育评估改革与发展的现实要求。

（一）理论意义

高等教育评估的发展过程，从一定意义上说，就是其质量保证与提高的过程。高等教育评估质量保证既是高等教育评估研究中的一个组成部分，又是高等教育评估不断发展的产物。

---

① Henry, G. T., "Influential Evaluations," *American Journal of Evaluation*, No. 24, 2003.

② Henry, G. T., & Mark, M. M., "Beyond Use: Understanding Evaluation's Influence on Attitudes and Action," *American Journal of Evaluation*, No. 24, 2003.

③ Alkin, M. C., & Coyle, K., "Thoughts on Evaluation Utilization, Misutilization and Non-utilization Studies in Educational Evaluation," No. 14, 1988; Datta, L. E., "Seriously Seeking Fairness: Strategies for Crafting Non-partisan Evaluations in a Partisan World," *American Journal of Evaluation*, No. 21, 2000; Hofstetter, C., & Alkin, M. C., "Evaluation Use Revisited," Kellaghan, T., & Stufflebeam, D. L., *International Handbook of Educational Evaluation*. Dordrecht, the Netherlands: Kluwer, 2003, pp. 197-222; Stevens, C. J., & Dial, M., *Preventing the Misuse of Evaluation: New Directions for Program Evaluation*, San Francisco, CA: Jossey-Bass, 1994.

④ Weiss, C. H., "Where Politics and Evaluation Research Meet," *Evaluation*, No. 1, 1973.

高等教育评估研究的动力主要源于解决当前高等教育评估存在的问题。相关的高等教育质量保障研究或高等教育评估研究主要是研究者个人基于自身的具体实践而提出的经验总结，或者来自研究者基于自我应然的判断分析，对现有的评估理论和评估实践缺乏深层次的审视与批判。如果照此发展下去，高等教育评估研究将难以真正有所发展和创新，难以发挥对高等教育评估实践的引领作用。本课题试图对高等教育评估研究注入新的血液与活力——质量管理学中质量保证理论、元评价范式，等等，以形成高等教育评估研究新的生长点。总之，从元评价的视角去研究高等教育评估质量保证既是对已有高等教育评估研究的批判、超越的结果，又是高等教育评估研究领域中的一个新的重要组成部分。其理论意义主要表现在两个方面：其一，深化高等教育评估理论研究；其二，开辟高等教育评估研究的新领域。

（二）实践意义

本课题基于我国高等教育评估的实际现状和现实需要而提出，在于改进评估实践中出现的问题，保证并提高评估质量。本课题研究的实践意义主要包括两方面：有利于引领、规范评估人员的评估活动，有利于评估用户做出正确的决策和行为选择。

1. 有利于引领、规范评估人员的评估活动

高等教育评估质量标准，不仅是判断评估质量高低的主要标尺，而且还引导评估人员在评估活动中遵循这些标准或要求，规范他们的评估行为。

评估机构、评估人员以自我审查、自我反思的形式，对评估全程，尤其是对指标体系的制定、评估信息的收集和统计、评估结论的形成等关键因素和环节中可能出现的或正在出现的主客观偏差进行适当的自我调控，及时改进。从某种意义上说，这种内部保证活动，是判断评估活动中的每个步骤、每个因素质量如何的一个反馈—矫正系统，通过及时、正确的反馈来改进评估活动，进而保证并提高评估质量。

此外，还有相关外界机构和人员对评估进行严格的审查、监督。例如，对评估机构和评估人员进行资格认可，而且只有获得认可的评估机构、评估人员，才有资格开展高等教育评估活动。无疑，通过这种认可来监督评估机构、评估人员的外部保证活动，能有效地引领、规范评估人员的评估活动。

另外，本课题还对高等教育评估理论、方法等方面进行了深层的元研究，从而实现对评估活动深层的引导与超越。

2. 有利于评估用户做出正确的决策和行为选择

高等教育评估质量保证活动,还给评估用户(包括政府、高校、学生、家长、用人单位、普通公民等)提供评估质量证据或证明。例如,通过认可评估机构和评估人员,证明他们是否有能力提供高质量的评估活动,是否具备符合要求的评估水平、专业能力。还通过反思、监督评估全程,为评估用户提供评估全程中的关键环节和重要因素的质量证明或证据,使评估用户了解评估指标体系的正确性、独立性、实用性如何,评估信息采集与统计的可靠性和正确性怎样,评估结果的实用性、信度、效度如何。

无疑,这些评估质量证明,使评估用户了解评估质量的高低好坏,有利于他们做出正确的决策和行为选择。

三、文献综述

本论题是从元评价的视角来研究我国高等教育评估质量保证,因此,有必要对高等教育评估质量保证、元评价两方面进行比较全面的梳理,以期为本论题的研究奠定相关的基础和前提。

(一)关于高等教育评估质量保证的研究

由于我国高等教育评估实践和研究起步较晚,从现有资料来看,对高等教育评估质量保证的专门研究尚未形成体系,大都是在研究高等教育质量保障或高等教育评估时附带着提到评估质量问题以及采取相关的保证举措。叶国珍、杨晓江在《如何看待我国高等教育评估质量》中,从纵向历史的比较和横向国内外比较两个方面,就我国高等教育评估质量在提高的同时还存在许多不足,谈了一些很有启示的见解[①],除此以外,整篇论及评估质量及其保证的文献并不多见。

1. 明确提出高等教育评估质量保证策略

高等教育评估质量保证最终要落实到保证策略或措施上。从笔者掌握的现有资料看,明确提出我国高等教育评估质量保证措施的学者不多。叶国珍在其硕士毕业论文中提出构建具有中国特色的高等教育评估质量保障体系的基本思路:建立和完善我国高等教育评估制度并法制化;理顺高等教育评估管理体制,形成国家、地方、高校和社会相结合的立体化的高等教育评估体系;建立高素质的高等教育评估专家队伍;重视理论与实践相结合的评估研究工作,研制科学合理的高

---

① 叶国珍、杨晓江:《如何看待我国高等教育评估质量》,载《高教发展与评估》2005年第1期。

等教育评估方案。① 原教育部高等教育司副司长朱传礼负责的课题组认为:"高等教育质量是高等教育的生命线,是高等教育永恒的主题,高等教育评估质量也是评估能否健康发展的关键。确保高等教育评估质量在于明确高等教育评估的目的和目标、制定科学的评估方案、采集客观的有效数据和信息、有严格的评估程序、组织符合评估要求的专家队伍、落实相应的有关政策措施、开展对高等教育评估的再评估等。"②

国外高等教育评估质量保证研究主要集中在元评价、优秀而敬业的专业评估人员③、相关的法律法规④、科学合理的评估方案⑤、规范的评估程序⑥等方面。另外,一些国家,如美国、荷兰,为了保证高等教育评估质量,还专门设置了外部保证机构,如美国的非官方机构高等教育认证委员会COPA⑦或高等教育认证理事会CHEA⑧,美国的官方机构教育部USDE⑨,荷兰的高等教育督导团IHE⑩

---

① 叶国珍:《高等教育评估质量保障体系研究》,硕士学位论文,南京航空航天大学,2005年,第 i 页。
② 《新形势下系统的高等教育评估制度的研究与实践(全国教育科学规划领导小组办公室成果公报)》,www.hie.edu.cn/xshd/news.asp? new=34。
③ 梁钊华:《美、俄、德、日、中五国高教评估比较谈》,载《玉林师范学院学报(哲学社会科学版)》2001年第2期; Ton Vroeijenstijn, "International Network for Quality Assurance Agencies in Higher Education: Principles of Good Practice for an EQA Agency," *Quality in Higher Education*, Vol. 10, No. 1, 2004; Marike Faber & Jeroen Huisman, "Same Voyage of the Netherlands and Denmark to a European Different Routes? The Course Model of Quality Assurance," *Quality in Higher Education*, Vol. 9, No. 3, 2003.
④ 王伟:《美国高等教育评估制度研究》,硕士学位论文,河北大学,2004年;熊志翔:《欧洲高等教育质量保障模式的形成及启示》,载《高等教育研究》2002年第9期;谢安邦:《比较高等教育》,广西师范大学出版社2002年版,第384—399页;李兵:《国际比较视野中的高等教育质量评估与保障问题研究》,硕士学位论文,华东师范大学,2004年。
⑤ 陈玉琨、代蕊华、杨晓江等:《高等教育质量保障体系概论》,北京师范大学出版社2004年版,第40—47页。
⑥ Ronald H. Heck, Linda K. Johnsrud & Vicki J. Rosser, "Administrative Effectiveness in Higher Education: Improving Assessment Procedures," *Research in Higher Education*, Vol. 41, No. 6, 2000; Ratcliff, J. L., "Assessment, Accreditation, and Evaluation of Higher Education in the U. S.," *Quality in Higher Education*, Vol. 2, No. 1, 1996.
⑦ Davenport, Cynthia A., "Recognition Chronology," http://wwwv.asp-usa.org/resources/davenport.html。
⑧ http://www.chea.org/About CHEA.html。
⑨ 周庚渊:《对评估的评估——美国对高教鉴定团体的认证》,载《技术经济与管理研究》2005年第2期。
⑩ 徐景武:《高等教育评估中的政府行为模式探析》,载《江苏高教》2002年第3期。

或荷兰与弗兰德地区认证组织 NVAO。① 这些外部保证机构，根据一定的认可标准②，对高等教育评估机构进行资格认可，必要时还对评估活动进行元评价。对鉴定机构或评估机构进行资格认可，不仅是高等教育评估质量保证的重要策略，而且还成为一种十分重要的高等教育评估质量保证的专业化制度，对促进高等教育评估的发展，保证并提高高等教育评估质量发挥着举足轻重的作用。

2. 笼统提出相关的高等教育评估质量保证策略

我国许多学者在研究高等教育质量保障或高等教育评估时，针对评估存在的问题，笼统提出相关的高等教育评估质量保证策略。

有笼统地针对解决高等教育质量保障或高等教育评估存在的问题，提出保证、提高评估质量的多项举措。例如，冯惠敏提出的改进评估工作的对策是评估制度立法化、评估方式社会化、评估理论科学化、理论与实践相结合。③ 杨晓江从提高教育评估的科学性角度提出：加强理论学习与研究，理顺教育评估体制，重视评估方案研制，提高评估人员素质，加快评估技术的现代化建设，调动评估客体参评与自评的积极性，建立评估监督制度。④ 王致和认为，我国高等教育评估要进一步发展，必须建立并完善具有中国特色的高教评估制度；初步建立社会评估系统；丰富、充实高教评估基本理论；建设高教评估队伍；共同发展官办评估与民间评估。⑤ 钟秉林认为，要提高高等教育评估工作，需进一步加强高等教育评估的研究工作；建立和健全高等教育评估的法律和规章体系；改革和完善高等教育评估的指标体系、方法和技术；充分利用现代信息技术，加快建立高等教育评估信息系统；进一步完善评估专家组织，培训中青年评估专家队伍；扩大和加强高等教育评估领域的国际交流和合作。⑥ 冯永潮认为提高评估科学性必须认真解决这些问题：正确认识教育评价科学性问题；努力解决价值主体错位问题；以国民需要为核心构建教育评价标准体系——教育目标体系；建立社会教育评价

---

① http://nvao.net/content.php?a=s&id=153。
② Standards for Accreditation by Commission on Institution of Higher Education, http://www.neasc.org/cihe/stancihe.html;"Recognition of Accrediting Organizations Policy and Procedures", http://www.chea.org/About/Recognition.Asp; 洪成文：《美国高等教育认证理事会：认可目标、标准和程序》，载《比较教育研究》2002年第9期。
③ 冯惠敏：《我国高等教育评估现状分析》，载《交通高教研究》1996年第1期。
④ 杨晓江：《教育评估的科学性与科学的教育评估》，载《教育研究》2000年第8期。
⑤ 王致和：《高等学校教育评估》，北京师范大学出版社2001年版，第435—462页。
⑥ 钟秉林：《面向新世纪的中国高等教育质量保障与评估》，载《世界教育信息》2001年第7期。

机构；加强教育评价方法研究。①

也有专门针对高等教育评估存在的某个问题，如评估人员和评估机构、评估指标、评估的信度、评估道德、评估方法、评估过程、评估结论等方面，提出保证、提高高等教育评估质量的举措。

杨晓江认为，教育评估的质量取决于评估主体的水平与质量，要提高评估的科学性、客观性与公正性，必须对评估主体的质量进行把关。②梁钊华提出，我国急需组建一支精通业务，熟悉高教评估，富有责任心，有高尚的职业道德，办事公正的评估专家队伍，以确保我国高校教育评估质量。③黄爱华认为，评估主体的价值取向、行为方式是评估质量好坏的关键，并提出了转变思想、规范管理、加强理论指导、鼓励多种机构参与评估等多种改善评估主体行为的主张。④林梦泉从目前我国高等教育评估行业面临的问题和挑战出发，提出建立中国特色的高等教育评估行业规范及评估认证模式的初步构想。⑤

陈玉琨认为，要在评估的实践中不断提高评估方案的质量，必须重视指标系统的理论与设计技术的研究，以提高指标系统的品质。⑥刘军山、徐枞巍、孟万金提出，指标体系的质量优劣程度直接关系到整个评估活动的质量，控制指标体系质量是保证高等教育评估质量的重要措施。其主要任务就是要在宏观与微观上控制指标体系的设计与使用，使其质量得到不断改善。⑦程金霞提出，高等教育评估结果的正确性依赖于是否有一个合理、科学、正确的教育评估的指标体系，在此基础上程金霞对高等教育评估的指标体系的设计原则、基本性质以及各指标的相关性进行了研究。⑧

刘献君、陈伏琴在阐述高等教育评估中的道德问题的产生与表现以及影响因

---

① 冯永潮：《论教育评价的科学性》，载《教育研究》2002年第1期。
② 杨晓江：《试论我国高等教育评估制度的建立》，载《云南教育》2002年第24期。
③ 梁钊华：《美、俄、德、日、中五国高教评估比较谈》，载《玉林师范学院学报（哲学社会科学版）》2001年第2期。
④ 黄爱华：《高等教育评估主体及其行为研究》，载《现代教育科学》2004年第3期。
⑤ 林梦泉：《高等教育评估机构现状分析及评估行业认证初探》，载《科学与科学技术管理》2004年第1期。
⑥ 陈玉琨：《教育评估的理论与技术》，广东高等教育出版社1987年版，第72—227页。
⑦ 刘军山、徐枞巍：《高等教育评价指标体系质量问题的理论探讨》，载《北京航空航天大学学报（社会科学版）》2000年第1期；刘军山，孟万金：载《关于高等教育评价指标体系质量的探讨》，《江苏高教》1999年第6期。
⑧ 程金霞：《高等教育评估指标体系设计分析》，载《邯郸职业技术学院学报》2004年第4期。

素的基础上提出,应规范高等教育评估中的道德问题来提高评价质量。① 李爱民从偶然误差的角度,通过消除评估者、被评估者两方面的因素,以及评估过程中的各种干扰,来提高评估信度,②确保评估质量。还有针对高等教育评估方法、评估过程、评估结论等方面的问题而提出的改进评估的措施。这些相关的文献很多,就不一一例举了。

另外,尤其值得关注的是,有学者针对高等教育评估存在的问题,提出元评价是保证、提高高等教育评估质量的重要举措之一。孙锐、王战军、周学军从高等教育评估机构的社会职能及其实现的角度提出,对高等教育评估机构开展的评估活动进行元评估,根据评估误差产生的原因,可从五个方面进行元评估:对评估所用原始数据的可信度与偏差的分析与评估;对评估指标体系的分析与评估;对评估所用模型的分析与评估;对评估专家的评估数据的分析;对评估总体方案实施效果的评估。另外,根据不同的客观需要,元评估可以由政府部门、第三方机构来组织。③ 杨晓江提出,要保障、提高评估的科学性、客观性与公正性,建立一种元评估制度,对评估报告进行后续性评估监督,由另一智慧集团担当起对评估程序的合法性、评估过程的科学性、评估结论的正确性进行再评估的任务,虽然这样做会加大成本,但评估的质量可以得到进一步的保障。④ 赵霖平、徐宗宁提出,通过元评价对中介评估组织采取权力制衡,从而保证高等教育评估中介组织的独立性、公正性和有效性。⑤ 李福华提出,借鉴具有元评估性质的英国大学校长委员会下设高等教育质量委员会和荷兰的高等教育督导团的做法,在我国开展元评估是高等教育评估有效性、科学性和现实性的重要保证。⑥ 潘武玲提出,要加强对我国研究生教育质量评估的再评价⑦,并提出这种再评价包括对评估目标、评估方案本身的合理性与科学性的评价,评估实施阶段所存在问题的总结,以及评估结果的信度和效度的评价,为改善和优化评估准备阶段和实施阶段

---

① 刘献君、陈伏琴:《高等教育评估中的道德问题研究》,载《国家高级教育行政学院学报》2000年第3期。
② 李爱民:《高等教育评估的信度研究》,载《海军院校教育》2002年第3期。
③ 孙锐、王战军、周学军:《浅议高等教育评估机构的社会职能及其实现》,载《中国高教研究》2001年第11期。
④ 杨晓江:《试论我国高等教育评估制度的建立》,载《云南教育》2002年第24期。
⑤ 赵霖平、徐宗宁:《高等教育评估组织的独立性和公正性——兼论评估组织的外部治理结构》,载《辽宁教育研究》2002年第8期。
⑥ 李福华:《世界高等教育评估的发展趋势与借鉴》,载《安徽教育学院学报》2002年第2期。
⑦ 潘武玲:《我国研究生教育质量评价体系研究》,硕士学位论文,华东师范大学,2004年,第II页。

的工作提供反馈信息,[1]从而有效地保证高等教育评估质量,提高评估体系的运行效益和效率。耿成平、郑少农提出,政府要抓好再评估,政府通过再评估对社会性教育评估机构实行监督和管理,如制定政策规范立法行为,定期鉴定评估机构资格,对评估细节或程序进行监督等,以保证评估工作的科学性、权威性。[2]

总之,从现有的研究成果来看,国外高等教育评估质量保证研究,为本课题的研究提供了一定的借鉴和启示。另外,虽然我国高等教育评估质量保证研究刚刚起步,但在某些方面取得了一些成果。这些成果为本研究的进一步展开奠定了一定的基础。

(二) 关于元评价的研究

"元评价"这一概念由美国评估专家斯克列文(Scriven)在1969年首次正式提出。[3] Metaevaluation,我国学者翻译为"元评估"(徐枞巍等)[4]、"再评估"(许茂祖等)[5]、"再评价"(王刚等)[6]、"后设评价"(陈玉琨等)[7]、"元评价"(侯光文等)[8]。根据本课题研究的需要,主要从元评价的定义、目的、标准、模型与方法等方面进行文献综述。

1. 元评价的定义

自从斯克列文(Scriven)提出"元评价"这个概念后,不同的研究者对元评价的看法和见解不同,甚至同一研究者在不同的研究阶段也有不同的认识。目前,尚未形成一个学界公认的定义。下文是笔者梳理的一些比较有代表性的见解。

斯克列文(Scriven)认为,元评价就是评价的评价(the evaluation of evaluations)。[9] 斯玖和库克(Straw & Cook)提出:"元评价一般是指对评估技术的

---

[1] 潘武玲:《我国研究生教育质量评价体系研究》,硕士学位论文,华东师范大学,2004年,第161页。

[2] 耿成平、郑少农:《构建有中国特色的教育评估运行机制》,载《中国高等教育评估》2001年第4期。

[3] Scriven, M., "An Introduction to Metaevaluation," *Educational Product Report*, No. 4, 1969.

[4] 徐枞巍、许建钺:《元评估及教育评估信度与效度的扩展模型》,载《中国高等教育评估》1997年第2期。

[5] 许茂祖:《论高等教育评估中的再评估》,载《中国高等教育评估》2000年第4期。

[6] 金娣、王刚:《教育评价与测量》,教育科学出版社2002年版,第201—230页。

[7] 陈玉琨:《中国高等教育评论》,广东高等教育出版社1993年版,第46—61页。

[8] 侯光文:《试论教育评价元评价》,载《教育理论与实践》1998年第4期。

[9] Scriven, M., *Evaluation Thesaurus*, Sage: Newbury Park, 1991, p. 228.

质量及其结论进行评价的各种活动。"① 比克曼（Bickman）②、库克和格鲁德（Cook & Gruder）③、格林尼（Greene）④、列文和库科赛（Leeuw & Cooksy）⑤、力普塞、科诺斯、戴恩科、波拉德和斯陶博特（Lipsey, Crosse, Dunkle, Pollard & Stobart）⑥ 等提出，元评价就是系统地反思、审查评估以测定其过程和结果的质量（systematic reviews of evaluations to determine the quality of their processes and findings）。亨利和迈克（Henry & Mark）认为，元评价是一种防止评估过程和评估结论错误，保证并提高评估质量的途径，增加利用评估的潜在可能性。⑦ 斯科特（Scott）提出，元评价是一种评价其他评估的评估（an evaluation of other evaluations）⑧。斯坦弗比尔姆（Stufflebeam）在 1974 年提出，元评价是对评估活动过程的描述，并以一套良好的评估方案为依据而做的评判⑨，后来又提出："元评价就是对原评估（primary-evaluation）进行再评价，从而获得其实用性、可行性、适当性、正确性如何的过程，其目的是为了更好地了解原

---

① Straw, R. B., & Cook, T. D., "Meta-evaluation," 见许建钺、赵世诚、杜智敏编译：《简明国际教育百科全书·教育测量与评价》，教育科学出版社 1992 年版，第 65 页。
② Bickman, L., "Evaluating Evaluation: Where do We Go from Here?" *Evaluation Practice*, No. 18, 1997.
③ Cook, T. D., & Gruder, C. L., "Metaevaluation Research," *Evaluation Quarterly*, No. 2, 1978.
④ Greene, J. C., "A Case Study of Evaluation Auditing as Metaevaluation," *Evaluation and Program Planning*, No. 15, 1992.
⑤ Leeuw, F. L., & Cooksy, L. J., "Evaluating the Performance of Development Agencies: The Role of Metaevaluations," in Pitman, G. K., Feinstein, O. N., & Ingram, G. K., *World Bank Series on Evaluation and Development*, Vol. 7. *Evaluating Development Effectiveness*, New Brunswick, NJ: Transaction Publishing, 2005, pp. 95-108.
⑥ Lipsey, M. W., Crosse, S., Dunkle, J., Pollard, J., & Stobart, G., "Evaluation: the State of the Art and the Sorry State of the Science," Cordray, D. S., "Utilizing Prior Research in Evaluation Planning," *New Directions for Program Evaluation*, No. 27 San Francisco: Jossey-Bass, 1985, pp. 7-28.
⑦ Henry, G. T., & Mark, M. M., "Beyond Use: Understanding Evaluation's Influence on Attitudes and Actions," *American Journal of Evaluation*, No. 24, 2003.
⑧ Carol Scott, "META-EVALUATION," Powerhouse Museum, www.amol.org.au/confernce-papers/meta.pdf.
⑨ Stufflebeam, D. L., "META-EVALUATION," www.umich.edu/eva/ctr/pubs/ops/ops03.pdf Decebmber 1974, paper #3 Occasional Paper Series.

评估的优缺点、指导评估以及提高评估质量。"① 帕特（Patton）认为，元评价就是根据一定的专业标准和原则，对原评估进行评价。② 巴丝特（Bustelo）提出，元评价不仅是控制评估质量（controlling the quality of evaluations）的方式之一，而且是在具体的评估过程中研究公共政策与干预（studying public policies and interventions）。③

另外，我国学者也对元评价的定义进行了一定的探索。例如，金娣、王刚认为，"再评估是指按照一定的标准或原则对教育评价工作本身进行评价的活动。其目的是对评价工作的质量进行判断，规范与完善教育评估，充分发挥评估的积极功能"。④ 郑文认为，"元评价是对评价的结构、过程、结论及其反馈进行全面、系统的评价，以修正评价结论，改进评价活动的过程"⑤。

由上可知，国内外学者对元评价的看法，没有超越斯克列文（Scriven）对元评价最基本的认识，其他学者都是在此基础上对它进行补充、扩展和完善，以更清楚地阐述这个概念。

2. 元评价的目的

对元评价目的的看法和见解也有多种，下面是一些代表性的观点。

武德赛得和玛西亚（Woodside & Marcia）认为，元评价的目的是增加对评估工作好坏的理解和洞察力；为选用有效的评估方法提供指导；为做出某种决策提供有力的参考。⑥ 陈力普塞（Chelimsky）认为，元评价主要有三个目的，即形成性（formative）目的，从错误中学习，追求结论的正确性以及改进未来的评估方案；总结性（summative）目的，要求证明评估过程的适当性和效率；知识相

---

① Stufflebeam, D. L., "The Methodology of Metaevaluation as Reflected in Metaevaluations by the Western Michigan University Evaluation Center," *Journal of Personnel Evaluation in Education*, No. 1, 2000; Stufflebeam, D. L., "The Metaevaluation Imperative," *American Journal of Evaluation*, No. 2, 2001.

② Patton, M. Q., "*Utilization-focused Evaluation*," *The New Century Text*, Sage：Thousand Oaks, 1997, p. 143.

③ María Bustelo, "Metaevaluation as a Tool for the Improvement and Development of the Evaluation Function in Public Administrations," Presentation to the 2002 European Evaluation Society Conference, www.evaluationcanada.ca/txt/newsletter200409.pdf.

④ 金娣、王刚：《教育评价与测量》，教育科学出版社2002年版，第203页。

⑤ 郑文：《关于高校教师课堂教学质量元评价及其机制初探》，载《现代大学教育》2002年第2期。

⑥ Woodside, Arch G., & Marcia Y. Sakai, "Metaevaluations of Performance Audits of Government Tourism-marketing Programs," *Journal of Travel Research*, Vol. 39, No. 5, 2001.

关性（knowledge-related）目的，在于改善评估理论和实践。① 斯玖和库克（Straw & Cook）认为，元评价的目的就是提高结果的信度和效度，提高对重要问题和政策含义的认识。② 斯坦弗比尔姆（Stufflebeam）提出，元评价的目的其一是专业利益（professional interests），帮助评估人员改进评估；其二是公共利益（public interests），帮助消费者接受并利用关于他们正在使用或即将使用的教育产品、计划和服务的评估结论。③ 美国教育评估标准联合委员会（The Joint Committee on Standards for Educational Evaluation）认为，元评价的目的就是适当地引导评估过程，提高评估质量；审查原评估的优缺点，为决策服务。④ 这是一种认可程度最广、最有代表性的观点。

3. 元评价的标准

元评价标准，就是评估者在评估活动中必须遵循或满足的一系列规则或建议。⑤ 一些学者提出了不同的观点。

威顿（Vedung）提出了质量（quality）、可读性（readability）、忠于事实（fidelity to facts）和适当性（proprieties）等四条标准。⑥ 施沃恩德和海普恩（Schwandt & Halpern）提出了四条标准：相关性（relevance），信息、资料和证据应该与评估的目的直接相关；可靠性（reliability），证据必须是能够胜任和可信赖的；充分性（sufficiency），必须有足够的证据得出结论，其风险控制在可接受的范围内；代表性（representativeness），所收集的信息和资料必须代表整个

---

① Chelimsky, E., "The Coming Transformations in Evaluation," Chelimsky, E. & Shadish, W. R., *Evaluation for the 21st Century, A Handbook*, Sage：Thousand Oaks, 1997, pp. 1—26.

② Straw, R. B., & Cook, T. D., "Meta—evaluation"，见许建钺、赵世诚、杜智敏编译：《简明国际教育百科全书·教育测量与评价》，教育科学出版社1992年版，第67页。

③ Stufflebeam, D. L., "The Methodology of Metaevaluation as Reflected in Metaevaluations by the Western Michigan University Evaluation Center," *Journal of Personnel Evaluation in Education*, Vol. 14, No. 1, 2000.

④ Joint Committee on Standards for Educational Evaluation, "The Program Evaluation Standards," *How to Assess Evaluations of Educational Programs*, Sage：Thousand Oaks, 1994, p185.

⑤ Joint Committee on Standards for Educational Evaluation, "*Standards for Evaluations of Educational Programs*," *Projects and Materials*, New York：McGraw-Hill, 1981.

⑥ Vedung, E., "*Evaluación de Políticas Públicas y Programas*, Madrid, Ministerio de Trabajo y Asuntos Sociales," *Instituto Nacional de Servicios Sociales*, 1997, p41.

评估对象；及时性（timeliness），必须衡量成本和时间。① 陈（Chen）认为，评估应遵循以下四条标准：客观性（objectivity）标准，应避免主观偏见，以达到主体间的共识；置信性（confidence）标准，评估所提供的信息，信息应令人信服或值得信任；概括性（generalizability）标准，评估结论应能运用于未来的环境或解决利益相关者的问题；回应性（responsiveness）标准，评估应与用户的需要和利益相关或适用，并产生改进社会的行为和变革。②

最有代表性、运用最广、影响最大的是美国教育评估标准联合委员会的元评价标准。联合委员会在《教育方案、计划、材料评价的专业标准》中提出了四大专业标准。实用性标准（utility），应当满足评估对象及其他相关者对实际信息的需求。可行性标准（feasibility），应该重视评估成本效益，以及在社会现实背景下具有可操作性，即评估应该实际、审慎、富于策略和节俭。适当性标准（propriety），主要反映对评估中法律和伦理问题、被评估者权利的关注。准确性标准（accuracy），旨在确保评估技术的完善性和正确性，产生充分的、有效的、可靠的、客观的信息，使评估结论和资料之间具有逻辑的联系。③

我国学者对元评价标准的研究，以介绍美国的研究成果为主，并初步探索其本土化的及具体实践的问题。例如，陈玉琨在详细阐述美国后设评价标准（元评价标准）的基础上，探讨它和我国教育评估基本原则之间的异同及其启示。④ 吴刚⑤、金娣、王刚⑥、侯光文⑦、史耀芳⑧、方鸿琴⑨等学者在他们的著作或论文中专门介绍了美国教育评估标准联合委员会的元评价标准体系。另外，顾永才提出了再评价（元评价）的三条标准：价值判断的准确性、促进作用的可行性、社

---

① Schwand & Halpern, "Linking Auditing and Metaevaluation: Enhancing Quality in Applied Research," Sage : Nerwbury Park, 1988, p. 34.
② Chen, H. T., "Validity in Evaluation Research: A Critical Assessment of Current Issues," *Policy and Politics*, No. 16, 1988; Chen, H. T., *Theory-driven Evaluations*, Sage: Newbury Park, 1990.
③ Stufflebeam, D. L., "The Methodology of Metaevaluation as Reflected in Metaevaluations by the Western Michigan University Evaluation Center," *Journal of Personnel Evaluation in Education*, Vol. 14, No. 1, 2000.
④ 陈玉琨：《中国高等教育评论》，广东高等教育出版社1993年版，第46—61页。
⑤ 吴刚：《现代教育评价基础》，学林出版社1996年版，第218—241页。
⑥ 金娣、王刚：《教育评价与测量》，教育科学出版社2002年版，第201—230页。
⑦ 侯光文：《教育评价概论》，河北教育出版社1996年版，第189—213页。
⑧ 史耀芳：《略论教育评价中的元评价》，载《教育理论与实践》1991年第5期；史耀芳：《教育评价新策略——谈谈国外有关教育评价中的元评价研究》，载《外国教育资料》1994年第3期。
⑨ 方鸿琴：《国外教育元评估的分析及对我国的启示》，载《江苏高教》2004年第1期。

会伦理的职责性。①

4. 元评价的模型与方法

一些学者还对元评价的实际操作层面进行了探索，主要体现在对元评价的模型与方法的研究上。

刚开始，利用美国教育研究协会（AERA）、美国教育测量协会（NCME）和美国心理学会（APA）的教育、心理测验标准和布鲁斯智力测量年鉴（Buros MMYs）来对评估工具进行元评价。坎贝尔、米切尔和斯坦弗比尔姆（Campbell，Michael & Stufflebeam）运用多向分类方差分析结构，格拉斯和史密斯（Glass & Smith）采用元分析技术来对评估结论进行元评价，等等。②除了对元评价技术进行大量探究以外，研究者还提出了许多元评价模型。例如，斯克列文和斯坦弗比尔姆（Scriven & Stufflebeam）提出了形成性元评价模型；浩斯、瑞文司、斯坦弗比尔姆（House，Rivers & Stufflebeam）、马菲和科恩（Murphy & Cohen）对总结性元评价模式做过积极探讨；高汶（Gowin）运用概念图开发了一种元评价模型（QUEMAC），等等。③尤其值得一提的是库克和格鲁德（Cook & Gruder）根据元评价实施的时间、数据运算的程度和被审核的评价数目三个因素，建构了一个系统的元评价模型。④

我国学者也对元评价的模型和方法进行了一定的探索。例如，贺祖斌探讨了建立评估的信度、效度量化分析模型。⑤徐明欣、高斌等学者分析了运用文献资料法、问卷调查法、德尔菲法、层次分析法、模糊综合评判法、数理统计法等方法进行元评价。⑥徐枞巍、许建钺探讨了包括时序信度、领域信度、评估者信度的评估信度的扩展模型以及包括内容效度、区分效度、相容效度、结构效度的评

---

① 顾永才：《教育评价活动的再评价》，《教育研究》1990 年第 4 期。
② Berk, R. A., *Educational Evaluation Methodolgy: The Slate of The Art*, The John Hopkins University Press, 1981.
③ Madaus, G. F., Scriven M., & Stufflebeam, D. L., *Evaluation Models: Viewpoints on Educational and Human Service*, Klaswer N-sjhoff Publishing, 1983.
④ Straw, R. B., & Cook, T. D., "Meta-evaluation", 见许建钺、赵世诚、杜智敏编译：《简明国际教育百科全书·教育测量与评价》，教育科学出版社 1992 年版，第 65—66 页。
⑤ 贺祖斌：《高等教育评价的元评价及其量化分析模型》，载《广西民族学院学报（哲学社会科学版）》2001 年第 4 期。
⑥ 徐明欣、高斌等：《元评估在学校体育评估实践中应用的研究》，载《青岛大学学报》2002 年第 4 期。

估效度的扩展模型。① 陈伟、侯定胚探索了对评估原始数据可信度与偏差、评估指标体系、评估所用模型、评估结论可信度、评估者的评估水平、评估总体方案实施效果进行元评估的方法。②

总之，以上国内外学者对元评价的研究，一定程度上反映了元评价的本质及其特征，为本课题从元评价的视角去研究我国高等教育评估质量保证奠定了一定的理论基础和实践经验，具有一定的参考意义和启示作用。

（三）对现有研究的评价

综观国内外高等教育评估质量保证和元评价的文献研究，为本课题的研究奠定了一定的基础，提供了一个平台。然而，现有研究还存在以下几个问题。

其一，对我国高等教育评估质量及其保证缺乏必要的关注和重视。现有文献关注和重视的是高等教育质量及其保障，却缺乏对作为高等教育质量保障的方式之一的高等教育评估质量及其保证的重视。如果评估本身的质量难以得到保证，那么，基于评估基础上的政府、学校、学生、家长、用人单位等的决策的质量以及高等教育的质量就难以真正地得到保证。因此，应高度重视我国高等教育评估质量保证。

其二，对我国高等教育评估质量保证缺乏专门、系统的研究。现有的研究大都隐含在高等教育质量保障或高等教育评估研究中，比较零碎和分散，偏重于实践经验的总结以及实际问题的研究，不够系统、深入。尽管有少数学者基于简单的自我应然的判断分析，提出要保证、提高高等教育评估质量，但对此缺乏理论层次的深层思考，也缺少实践层面的具体探索。因此，严格而言，我国的高等教育评估质量保证研究还只存在其"名"，还没有其"实"。

其三，量化研究和实证研究很少。现有的研究，除了少数学者，如刘军山、徐枞巍、孟万金等，曾对评估指标体系的可靠性、有效性和应用性做过问卷调查分析，③ 其余的大都停留在对评估进行常规性的工作总结，或者局限于经验的探讨和逻辑的演绎。高等教育评估质量保证研究恐怕还不能仅仅停留在经验层面、应然判断或逻辑推演上，还需要从量化研究和实证层面上进行分析和论证。

---

① 徐枞巍，许建钺：《元评估及教育评估信度与效度的扩展模型》，载《中国高等教育评估》1997年第2期。
② 陈伟、侯定胚：《关于"元评估"若干方法的探讨》，载《中国高等教育评估》1999年第4期。
③ 刘军山、孟万金：《关于高等教育评价指标体系质量的探讨》，载《江苏高教》1999年第6期；刘军山、徐枞巍：《高等教育评价指标体系质量问题的理论探讨》，载《北京航空航天大学学报（社会科学版）》2000年第1期。

鉴于现有研究存在的不足，本课题研究试图完成以下三个任务。

任务一：论证我国高等教育评估质量保证的必要性和意义，以引起对我国高等教育评估质量及其保证的关注和重视，提高对评估质量保证的自觉性，并积极采取有效举措来保证、提高评估质量。

任务二：从元评价的视角对我国高等教育评估质量保证进行较全面的、系统的研究，包括探索高等教育评估质量保证及其意义、我国高等教育评估质量标准体系、高等教育评估质量内部保证和外部保证的具体实施，等等。

任务三：除经验总结和逻辑推演的质性分析以外，还从元分析等量化和实证研究方面对我国高等教育评估质量进行分析和论证。根据本课题研究的范畴和需要，尤其将对大量的前统计结果进行综合的再分析或元分析，还对相关的资料、数据进行再收集、再整理，通过对它们系统的审查、验证，以寻求科学、正确的结论。

四、研究内容与研究思路

本课题把我国高等教育评估质量保证作为研究对象，从元评价的视角来解析我国高等教育评估质量保证的现实困境、理论探索和实践操作。循着为什么要研究我国高等教育评估质量保证（why）、根据什么样的标准来保证和衡量高等教育评估质量（what）、怎样进行高等教育评估质量保证（how）的研究思路，本研究内容分为以下三个主要部分。

（一）第一部分：探讨研究我国高等教育评估质量保证的原因

本部分包括绪论和第一章（质量保证是高等教育评估的内在诉求），解决"为什么要研究我国高等教育评估质量保证"的问题，主要为本论题研究提供认识基础和观念依据。

绪论主要从高等教育评估现状、文献综述、研究视角和研究方法等方面为整个研究做一定的铺垫。

第一章在阐述建国以来我国高等教育评估发展历程的基础上，讨论目前我国高等教育评估在指标体系、评估信息、评估结果、评估机构与人员等方面存在的问题。同时，它还面临来自大众化、产业化和国际化等高等教育内部因素的挑战以及政府、公众问责等外部环境的挑战。以上我国高等教育评估存在的问题及其所面临的挑战，都共同指向如何保证高等教育评估质量这个问题。最后，按质量管理学中的"质量保证"的逻辑推演，探讨高等教育评估质量保证及其意义。

（二）第二部分：探索高等教育评估质量保证所遵循的质量标准

本部分包括第二章（高等教育评估质量标准），解答"根据什么样的标准来保证和衡量高等教育评估质量"的问题，为第三部分具体实施高等教育评估质量保证活动提供依据。

本部分以解读评估的内涵为逻辑起点，借鉴美国元评价标准，对我国高等教育评估质量标准的建构进行了初步的探索。高等教育评估质量的前提性标准，要求进入高等教育评估市场的机构与人员获得认可，具备最基本的专业能力、资格水平；原则性标准，为评估质量提供基本准则和整体把握，主要包括合规律性与合目的性的统一、合工具性与合价值性的统一，以及合理与合情的统一；技术性标准，为高等教育评估过程的重要环节提供技术规范，即评估指标体系的正确性、独立性、实用性，评估信息采集与统计的可靠性、正确性，评估结果的实用性、信度和效度。这三种标准，相辅相成，形成一个高等教育评估质量标准体系，共同作用于评估质量的保证与提高。

（三）第三部分：探究我国高等教育评估质量保证的具体实施

本部分包括第三章（高等教育评估质量内部保证）和第四章（高等教育评估质量外部保证），回答"怎样进行高等教育评估质量保证"的问题，也是本论题前两部分的最终落脚点和最后归宿。高等教育评估质量保证，归根结底，要落实到具体的内部保证和外部保证活动上才能实现。而且，前两部分研究内容要具有实际意义，必须通过这部分——具体的高等教育评估质量内外保证活动才能得到体现。

高等教育评估质量内部保证涉及诸多方面。第三章主要探讨由评估机构、评估人员（内部人员）根据一定的高等教育评估质量标准对评估全程进行反思、审查、验证，尤其是对评估全程中的关键环节和重要因素，如评估指标体系的正确性、独立性、实用性如何，评估信息采集与统计的可靠性和正确性怎样，评估结果的实用性、信度、效度如何，以发现评估中的优缺点，及时改进评估，同时为评估用户提供评估质量证明，服务于用户。

高等教育评估质量外部保证，主要由政府及其建立的专门的外部保证机构实施。第四章主要针对我国还没有建立这种专门的外部保证机构的具体国情，特别探讨了美国、荷兰该类型机构及其经验与启示，以及我国高等教育评估质量保证中政府、高等教育评估机构、高校之间的博弈，提出应尽快建构中国特色的高等教育评估质量外部保证机构（中国高等教育评估监理会）。该机构实施的外部保证活动，除了监督、审查评估全程以外，最主要的是认可、监督高等教育评估机构、评估人员，证明他们的评估活动及其运作的组织体系是否合格，证明他们是否具备最基本的专业资质和能力，同时促使他们积极采取有效的措施，保证、提高评估质量。

最后是结语部分，在前述研究的基础上，就建立中国特色的高等教育评估质量保证体系提出几点政策性建议并指出本论题研究的创新与不足。

五、研究视角与研究方法

研究视角，是观察、分析、解释一个事物、一种现象的特定角度。[①] 研究方法是认识世界、改造世界的具体途径、策略、工具和操作程序。研究视角与研究方法既有联系又有区别。高等教育评估质量保证研究需要选择比较适宜的研究视角，也需要选择具体的研究方法，两者的选择都要符合特定的研究内容和研究目的。本研究将先确定研究视角的基础上，再确定具体的研究方法。

（一）研究视角

研究我国高等教育评估质量保证，正如研究其他领域一样，可以从不同的角度切入，如从系统论的视角，从组织行为学的视角，从文化学的视角等。本课题从元评价的视角来切入，为研究我国高等教育评估质量保证"提供一些不同的观点及察看方式，这样做，我们就为更多地反思实践提供了可能，并为理论洞见注入实际行动开辟了道路"[②]。这里主要谈谈为什么从元评价的视角来研究我国高等教育评估质量保证。

1. 元评价的反思、批判性、超越性的本质使然

元评价（metaevaluation）是元科学（metascience）的一个分支。meta 意为"above，beyond，behind"，即"在上、在外、在后、超越"[③] 之意，后来引申为一种更高级的逻辑形式和更高层次的研究。把 meta 放在某学科（discipline）或某研究领域前面构成名词，意味着形成一门新的但与原学科或原研究领域相关的学科或领域，意味着对原学科或原研究领域进行质疑、超越。元评价，通过对评估理论、评估实践活动、评估体制等反思、超越，旨在开阔、拓展评估的研究视野，提升评估的合法性、合目的性和合规律性，保证并提高评估质量。

元评价和其他元科学一样，是评估学或评估研究领域发展到一定阶段的产物。叶澜教授有关教育学研究发展的观点对此很有启示。她说："一门学科要摆脱自己发展中的盲目与幼稚，也必须对自己的发展历史做及时的、深刻的反思，

---

① 冯向东：《高等教育研究的"范式"与"视角"辨析》，载《北京大学教育评论》2006 年第 3 期。
② 张新平：《教育组织范式论》，江苏教育出版社 2001 年版，第 21 页。
③ 《牛津高级英汉双解词典（第四版）》，商务印书馆 1999 年版，第 927 页。

形成'自我意识'。"① 同样，旨在保证、提高评估质量的高等教育评估的发展，同样需要这种自我意识与反思。从我国高等教育评估二十多年来的发展历程来看，虽然取得了一定的成果，但无论是评估理论还是评估实践都不是很成熟，需要对其进行深度关注、反思与批判，即需要对它进行元评价，探索高等教育评估到底应该怎样、一个质量好的评估到底应该怎样、怎样才能保证评估质量等等，挖掘高等教育评估中那些被"遮蔽"的本质，揭示高等教育评估中被"褊狭"的实践，才能促进高等教育评估进一步发展和创新，保证、提高评估质量。

2. 我国高等教育评估研究的现状诉求

目前，我国高等教育评估研究对各种评估方案、评估方法、评估策略等的探讨层出不穷，但大多是一种具体层面的经验研究，或者是一种简单的基于研究者自我应然层面上的判断分析，缺少对评估概观的、总体的认识，缺少对评估本身的反思、批判和超越。这样的研究难以深层次地推动高等教育评估的发展与创新，难以有效地促进高等教育评估质量的保证与提高。要超越这种现象，有必要从元评价的视角对高等教育评估及其质量保证进行研究。

作为对评估进行批判、反思与超越的元评价，主要通过对评估实践、评估理论和评估体制的自我追问、质疑、审视，从而促进评估的进步与发展，保证并提高评估质量，实现评估目的，为评估用户服务。正如"特别是当一个时代、一个社会受到了沉重的、精致的传统束缚时，批判与反思就尤其显得宝贵和难得。毫无疑问，每当人们在审视、追问、反省、检讨、质疑、否定那些已根深蒂固于人们内心的价值、规则、标准及信念时，批判与反思虽然遇到强力的抵挡，但也定会给社会创造新的发展机遇，它在打破僵局的同时，必然会带来社会的进步"②。从元评价的视角对高等教育评估及其质量保证进行研究也是如此。

（二）研究方法

广义上讲，研究视角本身就是研究方法论，为选择具体的研究方法奠定了一定的基础。选择具体的研究方法与具体的研究内容有关，也与研究视角有关。具体的研究方法体现着研究视角的本质与特点。本课题根据具体的研究内容，选择元分析、文献研究、历史研究、比较研究等研究方法，但这些研究方法在元评价

---

① 瞿葆奎：《教育学文集·教育与教育学》，人民教育出版社1989年版，第758—772页。
② 张新平：《教育组织范式论》，江苏教育出版社2001年版，第173页。

研究视角的统领下,彰显出元评价的反思、批判性、超越性的本质。

1. 元分析(meta-analysis)

元分析,是本课题研究最主要的方法,是体现元评价研究视角最适宜的研究方法。元分析,简而言之,就是对分析的分析(the analysis of analyses)①,是一种较高级的逻辑分析。这个概念最先由格拉斯(Glass)在1976年美国教育研究联合会(American Education Research Association,缩略为 AERA)上提出。此概念刚提出时仅仅是一个哲学概念,后来发展成一种综合的统计学分析方法或技术。许多统计学家在此基础上做了一定的探索,把元分析称作典型或定量元分析(classic meta-analysis or quantitative meta-analysis)②,将其看作是对以往分析结果进行定量合并的统计分析方法。其主要特点是:不是对原始数据的统计或分析,而是对统计结果进行再统计或再分析;主要是一种定量分析方法,但不排除定性分析;围绕一个既定主题对大量的统计结果进行综合的再分析,寻求一个科学的、客观的、正确的结论。③

本书第三章运用了元分析的方法,通过系统地审查、反思、验证高等教育评估指标体系、评估信息的采集与统计、评估结果等有关资料、数据,并对与这些资料、数据相关的其他资料、数据进行了全面而系统的再收集、再整理,在此基础上对再分析结果进行定量的合并或综合,确定评估质量如何。定量的元分析,尤其体现审视高等教育评估指标体系的正确性和独立性,用可靠性模型去审查高等教育评估信息采集的可靠性,检验统计高等教育评估信息中的虚假的异常值,验证高等教育评估结果的信度和效度等方面。

2. 文献研究

文献研究是本课题采用的主要研究方法之一。本书所研究的文献主要包括:管理学特别是质量管理学中关于质量、质量保证、全面质量管理等方面的思想和理论,高等教育学中关于高等教育规律、高校的本质属性等方面的理论论述,哲学中关于价值论、认识论以及评估等方面的文献,等等。当然,对这些文献进行研究,不是为了简单呈现相关的内容,而是根据本课题的研究目的,对相关文献

---

① Glass,G. V.,"Primary, Secondary, and Meta-analysis of Research," *Education Research*, Vol. 6, No. 5, 1976.

② Milos,J.,"Meta-analysis in Medicine: Where we are and Where we Want to Go," *Journal of Clinical Epidemiology*, Vol. 42, No. 1, 1989.

③ Glass, G. V., Mcgaw, B., & Smith, M. L., *Meta-analysis in Social Research*, Sage Publications, 1981, pp. 21—56.

进行反思、解构、重构。

3. 历史研究

历史研究也是本书采用的主要研究方法之一。本书主要在"建国以来我国高等教育评估发展的历程""美国元评价标准的发展""美国、荷兰高等教育评估质量外部保证机构的形成与发展"等论题中采用历史研究方法。历史研究不是简单地介绍事物发展的过程,其作用正如哈罗德·珀金所认为的:"如果你想要知道你要去哪儿,它帮助你了解你曾去过哪儿。"① 基于本课题的研究需要,笔者对以上历史发展过程进行了反思、批判并从中获得了一定的启示和经验。

4. 比较研究

比较研究是本课题采用的主要研究方法。值得注意的是,我们在借鉴、吸取国外经验和成果时,应该根据本国具体情况具体分析,不能崇洋媚外,唯洋是听。正如日本前首相中曾根所说:"教育决不是从外国采摘下来插在花瓶中的花朵,而是深深扎根在自己国土中盛开的花丛。"② 也正如别敦荣教授在一次沙龙上所提出的见解——介绍国外情况也好,比较研究也好,是为了解决本国具体问题,而不是为介绍而介绍,为比较而比较。本课题采用的比较研究力图在这两种思想的指导下展开。例如,介绍美国、荷兰高等教育评估质量外部保证机构的形成与发展,其目的是对我国建立相关机构以及该机构具体运行时提供有益的经验与启示。又如,介绍美国教育评估标准联合委员会的元评价标准,其目的是在建构我国高等教育评估质量标准时,更深入地了解评估质量标准的本质,同时避免美国元评价标准的缺点,发扬其优点。可以说,比较研究也是一个批判、超越、重构的过程和方法。

---

① [美]伯顿·克拉克:《高等教育新论——多学科的研究》,郑继伟等译,浙江教育出版社 1988 年版,第 45 页。
② 苏真:《比较师范教育》,北京师范大学出版社 1991 年版,第 189 页。

第一章　质量保证是高等教育评估的内在诉求

我国高等教育评估虽然发展较快，但在指标体系、评估信息、评估结果、评估机构与人员等方面存在着较为严重的问题。同时，它还面临着来自大众化、产业化和国际化等高等教育内部因素的挑战以及政府、公众问责等外部环境的挑战。为了应对这些问题和挑战，从中引出本书的主题——高等教育评估质量保证研究。在此基础上，进一步探讨高等教育评估质量保证及其意义。

第一节　新中国成立以来我国高等教育评估的发展历程

新中国成立以来我国高等教育评估发展轨迹大致分为三个时期。新中国成立后至 1985 年前是政府和高校评估零星开展时期，由各地区、部门、高校自行组织。1985—1999 年是政府评估制度化时期，重点由评估试点转向评估规范化的探索。1999 年以来，进入政府、民间评估多元化发展时期，我国高等教育评估呈现出百花齐放的态势。

一、政府、高校评估的零星开展时期（新中国成立后至 1985 年前）

新中国成立初期，主要由于政治原因，我国停止了教育测量、统计和评估的研究与实践。改革开放以后，教育界才重新接触国际教育评估的实践经验和研究成果。评估在推动各国高等教育事业发展和教育目标实现中所起的重要作用给我们很大的启示。又加之，1977 年全国高校统一招生考试制度的恢复以及高校自身的发展从客观层面上提出了开展高等教育评估的要求。

恢复高校统一招生考试后，为了保证并提高高等教育质量，一些地区、部门、高校逐步开展高等教育评估的研究和实践活动。1981 年和 1983 年，国务院学位委员会依靠学科评议组，组织数百名专家对全国高校和科研机构进行同行评议。1982 年，浙江大学率先开展对光仪系的评估试点工作，评估内容包括人才培养质量、师资队伍、管理水平、投资效益和发展方向五个方面。1983 年，高教会议在武汉召开，提出对重点高校进行评估的决议。随后，全国许多高校开展了教学质量、学术水平、学科发展方向等单项指标的自我评估。例如，兰州大学开展对毕业生的跟踪调查、评估课程及其教学质量,同济大学对重点专业进行评审,西安交通大学运用模糊综合评估技术对教学工作进行过程评估。① 一些地方高等教育管理部门也对高等教育评估进行了有益的探索,如上海市原高教局组织了对机械制造工艺及设备专业的同行评估。另外,1983年卫生部对全国30所医学院进行了统考方式的教学质量评估活动。这是我国首次对同一专业院校进行评估,向大规模开展高等教育评估活动迈出了第一步。② 政府、高校零星开展的高等教育评估为以后更大范围内实施评估奠定了一定的基础。

二、政府评估的制度化发展时期(1985—1999年)

1985—1999年,我国高等教育评估几乎是单一的政府评估。在此期间,零星评估逐渐转向有计划、有组织的评估活动,评估逐步走向规范化、制度化的轨道。

1985年,《中共中央关于教育体制改革的决定》提出:"教育管理部门还要组织教育界、知识界和用人部门定期对高等学校的办学水平进行评估,对成绩卓著的学校给予荣誉和物质上的重点支持,办得不好的学校要整顿以至停办。"③ 这是我国首次提出"高等学校办学水平评估"这一概念。从此,有组织、有计划的高等教育评估活动开始展开。

在《决定》的推动下,同年6月原国家教委在黑龙江镜泊湖召开了我国第一个全国性质的高等教育评估研讨会——"高等工程教育评估问题专题研讨会",参会者包括理、工、农、医、师范等科类38所高校和7个部委、4个省(市)高教厅(局)和原国家教委9个司、局代表共近百人。同年11月原国家教委发布了《关于开展工程教育评估研究和试点工作的通知》,35所高等工科院校参与试点。北京、上海以及机电部、煤炭部等所属院校进行试点,分别开展高校办学水平评估、专业评估、课程评估。④ 原国家教委还先后组织高等工程本科教育和专业硕士、博士学位授予质量的检查和评估活动。据1990年不完全统计,"七五"期间,评估活动至少涉及8个部委、6个省市的教委和近500所普通高校。⑤

1990年,我国颁布了第一个高教评估的行政法规性文件——《普通高等学

---

① 金娣、王刚:《教育评价与测量》,教育科学出版社2002年版,第50页。
② 吴钢:《现代教育评价基础》,学林出版社2002年版,第45页。
③ 《中共中央关于教育体制改革的决定》,1985年5月。
④ 陈玉琨:《中国高等教育评价论》,广东高等教育出版社1993年版,第166页。
⑤ 吴钢:《现代教育评价基础》,学林出版社2002年版,第48页。

校教育评估暂行规定》，给高等教育评估活动提出了一系列规范性要求。它明确了评估的目的、基本任务、组织和程序；采用合格评估、办学水平评估和选优评估三种评估形式；按制定评估方案、学校申请和自评、专家小组现场视察，得出评估结论的基本程序实施。①

随后，高教司成立本科教学评估方案研制组，专门研制高等学校本科教学评估方案。1994年，启动了专门针对新建院校的合格评估。1995年，开始对本科教育历史较长、基础较好、工作水平较高的学校进行选优评估。同时，研制随机性办学水平评估方案，对介于二者之间的高校开展办学水平评估。

与此同时，为了加强全国研究生教育和学位工作的宏观指导和科学管理，国务院学位委员会第六次会议决定，从1988年起逐步建立各级学位授予质量检查和评估制度。1995年，在北京理工大学成立了附属于教育部和国务院学位办公室的"高等学校与科研院所学位与研究生教育评估所"。经过多年的探索与实践，初步形成了我国学位与研究生教育评估的政策、方法和制度，取得了较好的成效。

另外，政府还加强了对外交流和评估理论研究，进一步推动了高等教育评估实践的规范化发展。1986年11月，原国家教委组团考察了美国和加拿大的高教评估，出版了《美国、加拿大高等教育评估》，共四个分册。② 原国家教委、北京大学先后与美国有关单位共同举办了三次中美教育评估研讨班，并在期刊杂志上发表了一系列译文，较全面地介绍了国外高等教育评估理论研究与实践工作的经验。有学者还结合我国的实际情况和评估经验，相继出版了有关论文和论著，例如，陈漠开的《高等教育评价概论》③，许建钺的《高等学校教育鉴定与水平评估》④，陈玉琨的《中国高等教育评价论》⑤，王冀生的《中国高等教育评估》⑥，

---

① 《普通高等学校评估暂行规定》，1990年10月。
② 刘盛纲：《高等教育评估概况——美国、加拿大高等教育评估（第一分册）》，浙江大学出版社1987年版；刘盛纲：《高等学校评估——美国、加拿大高等教育评估（第二分册）》，中国矿业学院出版社1987年版；刘盛纲：《高等学校工科类专业的评估——美国、加拿大高等教育评估（第三分册）》，同济大学出版社1987年版；刘盛纲：《研究生学科的评估——美国、加拿大高等教育评估（第四分册）》，成都电讯工程学院出版社1987年版。
③ 陈漠开：《高等教育评价概论》，吉林人民出版社1988年版。
④ 许建钺：《高等学校教育鉴定与水平评估》，中国科技出版社1992年版。
⑤ 陈玉琨：《中国高等教育评价论》，广东高等教育出版社1993年版。
⑥ 王冀生：《中国高等教育评估》，东北师范大学出版社1993年版。

王致和的《高等学校教育评估》①，许茂祖和张桂花的《高等教育评估理论与方法》②等。1988年创刊《高教评估信息》（1994年改名为《中国高等教育评估》），专门发表高等教育评估理论与实践的论文。总之，这些论文和著作，为高等教育评估实践的规范化奠定了理论基础。

尤其值得重视的是，1998年颁布的《高等教育法》中第44条明确规定："高等学校的办学水平、教育质量，接受教育行政部门的监督和由其组织的评估。"③从此，我国高等教育评估的法律地位得到了一定的保障，标志着我国高等教育评估在规范的基础上进一步走向法制化。

三、政府和民间评估多元化发展时期（1999—）

1998年10月，联合国教科文组织（UNESCO）在巴黎召开以"质量与评估"为主题的世界高等教育大会。1999年我国高等教育大扩招以来，政府、高等院校、用人单位、学生、家长等几乎与之相关的所有人员都极为关注高等教育及其评估。我国高等教育评估在这内外两方面的直接推动下，进入政府和民间评估多元化发展时期。

（一）政府评估全面展开

政府继续对全国高校开展合格评估、办学水平评估、选优评估。截止到2002年，共评估了254所学校，其中合格评估192所，选优评估16所，水平评估26所。2002年，教育部组织专家以合格评估、选优评估、水平评估三个评估方案为基础，制定了《普通高等学校本科教学工作水平评估方案》。经2003年试点后，从2004年开始对全国所有普通高等学校实施五年一轮的本科教学工作水平评估。

教育部还加强了其他项目的高等教育评估。2003年教育部对26所高职院校进行评估试点后，从2004年开始进行以省级教育行政部门评估为主、教育部抽查为辅的五年一轮的高职院校评估。④同时，教育部开展了高校学科专业教学质量的试点评估和专项评估。⑤另外，附属于教育部和国务院学位办公室的"学位

---

① 王致和：《高等学校教育评估》，北京师范大学出版社1995年版。
② 许茂祖、张桂花：《高等教育评估理论与方法》，中国铁道出版社1997年版。
③ 《中华人民共和国高等教育法》，法律出版社1998年版。
④ 《健康有序地推进高职高专人才培养水平评估工作》，http://211.71.232.11/admin/read.asp?id=81。
⑤ 《我国高等学校教学评估工作开展情况》，http://www.people.com.cn/GB/jiaoyu/1053/2944406.html。

与研究生教育发展中心",加强了对研究生培养质量和学位授予质量的检查和评估、学位授予权的审核评估、优秀博士论文的评选等活动,还发布了全国高校一级学科整体水平排行。教育部"科技发展中心"通过一系列的单指标排序,如高校科学院院士统计、获国家技术发明奖统计,等等,发布大学排行榜。

(二)民间评估方兴未艾

高等教育质量保证不仅需要政府评估,也需要民间评估。民间评估在新的历史时期,出现了大发展。

自1999年以来,相继成立了辽宁省教育评估事务所(1999年)、云南高等教育评估事务所(2000年)、广东省教育发展研究与评估中心(2000年)、上海市教育评估院(2000年,前身为上海高等教育评估事务所)、福建省教育评估所(2003年)、浙江省新时代教育评估中心(2003年)等评估机构。① 这些评估机构是政府职能转化的产物,但与纯粹的政府评估机构不同,正逐渐脱离政府行政特色,往民间评估机构方向发展。

当前,纯粹的民间评估机构不断地涌现,参与高等教育评估,以沟通高等学校与社会、政府之间的联系,满足多方面的需求。广东管理科学研究院虽然早在1993年在《广东科技报》上就发布了第一个大学排行榜,但这个排行榜及随后的几个排行榜,主要作为一种研究成果发表,对社会影响不大。自从1999年扩招以来,其排行榜作为一种评估结论公布,并出版《挑大学选专业》,在社会上引起了很大的反响。中国网大(www.netbig.com)自1999年在《中国青年报》上发布了一个中国大学排行榜以后,每年在自己网站上发布,充分利用网络资源扩大影响。中国校友会在2003年推出了第一个大学排行榜,同时还开发了众多的杰出校友排行榜。武汉大学中国科学评价研究中心和《中国青年报》合作,根据"同类比较,分类评价"的原则,从2004年开始每年发布"大学竞争力评价报告"系列排行,包括"中国高校人文社会科学研究竞争力评价报告""中国高校科技创新竞争力评价报告""中国重点高校综合竞争力评价报告""中国一般高校综合竞争力评价报告"四个排行榜。上海交通大学2003年开始按年推出"世界大学学术排行榜"。浙江大学2006年发布了第一个"浙江大学2006年世界大学创新力排行榜"。

在未来的时代背景中,随着政府职能的进一步转化,政府将从具体的评估事务中退出,民间评估将会获得更大的发展。

---

① 杨宗仁:《我国高等教育评估的现状与发展趋势》,载《理工高教研究》2005年第1期。

第二节 高等教育评估存在的问题与挑战

我国高等教育评估在指标体系、评估信息、评估结果、评估机构与人员等方面存在着较严重的缺欠与不足。此外，它还面临着来自大众化、产业化和国际化等高等教育内部因素的挑战以及政府、公众问责等外部环境的挑战。面对这些问题和挑战，我国高等教育评估迫切需要保证并持续提高自身的质量，并为评估用户提供评估质量证明。

一、我国高等教育评估存在的问题

我国高等教育评估发展较为完备，在促进高等教育发展和保障高等教育质量中起着举足轻重的作用。当然，也不能否认，我国高等教育评估无论在体制上，还是在理论和实践上都存在着诸多的问题。仅就具体的高等教育评估活动而言，主要在评估实施过程（评估指标体系、评估信息的采集与统计、评估结论等）以及评估实施者（评估机构与评估人员）等方面存在着较严重的缺陷与不足，影响着评估质量。

（一）评估实施过程存在的问题

高等教育评估实施过程，主要包括评估指标体系的制定、评估信息的收集与统计、评估结果的获得等三个核心环节。就我国高等教育评估的实际情况而言，这三个环节都存在着较严重的问题，导致评估质量不高。

1. 高等教育评估指标体系

制定高等教育评估指标体系，至少要遵循科学性、导向性、整体优化、客观性、简易性以及定量与定性相结合等基本原则，全面反映评估的目的、价值主体的需要、价值客体的特征与属性。然而，我国高等教育评估指标体系存在的问题比较突出。例如，评估指标体系设计不够科学，盲目量化；评估内容的选择不够全面，尤其是末级指标（观测点）难以全面、准确地反映评估的目的、价值主体的需要、价值客体的特征与属性；指标权重不够公正和科学；指标尺度模糊，不切实际。这些问题都影响着高等教育评估质量。

透过这些评估指标体系的问题，其深层的主要问题是：评估目的不明晰、对评估用户需求不够了解，仅仅是为了评估而评估，或是出于功利目的，为了增加点击率、制造轰动效应等；对评估对象到底包括哪些本质内涵，其外延到底体现在哪些方面等缺乏深入研究，认识不透彻；简单处理质和量的关系，认为量化就是客观、就是科学；对高等教育本质及内在发展逻辑、对高等教育评估规律的认识和把握不够全面、正确。

2. 高等教育评估信息

制定高等教育评估指标体系后，进入评估信息的采集与统计阶段。评估信息的采集就是根据指标体系（尤其是末级指标或观测点）采集与之相关的信息。由于受各种主客观因素的影响，导致所采集的评估信息常常失真。评估信息的失真主要表现为缺乏真实性、准确性、完整性。例如，在普通高等学校本科教学工作水平评估中，采集指标"毕业论文设计"的评估信息，一般根据它的两个末级指标（观测点）"选题的性质、难度、份量、综合训练等情况""论文或设计质量"，采用随机抽样、机械抽样、整群抽样、分层抽样等方法来获取。这些抽样方法中，分层抽样的误差相对小一些。然而，由于分层抽样较复杂，后续统计较烦琐，一般用得不多。如果采用不恰当的抽样方法，所采集的评估信息难以准确、全面、真实地反映该校"毕业论文设计"的实际情况和真实水平，从而影响评估质量。

统计高等教育评估信息，存在的主要问题是统计的口径不一致，导致错误和偏差。由于我国高等教育数据库系统还处于初步兴建阶段，所采集的评估信息来自不同的信息渠道，而不同的信息渠道针对的目的和用途不同，信息的计量单位、范围、标准、时间限定等方面不同，从而导致统计数据时口径不一致，统计的等质性、可比性和完整性欠缺。

另外，统计高等教育评估信息的方法和工具倾向于简单化。例如，计算大学生、研究生入学考试的总分，一般把各学科的卷面分（原始分）相加得出总和。这种简单的统计方法，难以真实地反映考试中学科之间试题的难易程度，也难以真实地反映学科之间不同的重要程度，难以真实地、客观地反映学生的水平。较合适、较科学的统计方法是，把原始分转化成标准分，如 Z 分数或 T 分数，即 $Z = \frac{x - \bar{x}}{s}$ 或 $T = 10Z + 50$ ①。考虑到 T 分数没有负数和小数，取值范围在 20—80 之间，比较接近百分制的记分习惯，因此，最好转化成 T 分数。然后根据各学科的重要程度确定权重系数，相应与各学科的标准分相乘所得的积的总和。显然，采用标准分以及加权累加方法比简单的原始分累加方法更严谨，也更能反映学生的实际水平。

---

① 其中 Z 为标准分，x 为原始分，$\bar{x}$ 为某门学科所有学生的原始分的平均分，s 为某门学科所有学生的原始分的标准差。

3. 高等教育评估结果

采集、统计高等教育评估信息后，评估人员进行价值判断，得出评估结果。当前我国高等教育评估结果存在的主要问题是：做出一个"A""B""C""D"或"优秀""良好""合格""不合格"的等级判断，或得到一个"98""85""80""78"的分数以后，没有对评估结果进行适当的解释，就不了了之；没有及时把评估结果反馈给包括政府、高校、学生、家长、用人单位等在内的评估用户者或利益相关者，或束之高阁或时过境迁；评估结果信度、效度不高；没有进一步考察评估结果带来的社会效应和经济效应；没有引导和帮助评估用户怎样适当地使用评估结果，等等。

（二）高等教育评估实施者存在的问题

高等教育评估实施者包括评估人员与评估机构。评估人员作为评估主体，参与整个评估活动，把各个评估因素和环节联系起来，是影响高等教育评估质量的重要因素。评估机构作为接受一定高等教育评估任务的委托者，或作为具体的评估活动的组织者或实施者，也是影响评估质量的主要因素。当前，无论是高等教育评估机构还是评估人员都存在着较大的欠缺。

1. 高等教育评估人员

在国外，评估是一种严格意义上的专业活动，评估人员必须经过严格的培训，并获得资格认可，才有资格参加评估活动。而我国还没有对高等教育评估人员的专业技能、专业理论知识等专业素养和专业操守提出严格的要求和规范，还没有建立基本的资质认可的准入制度和相关的退出制度。

从"普通高等学校本科教学工作水平评估专家信息表"①来看，我国评估专家的素质主要包括参加过本、专科教学评估的经历；教学科研的主要经历，以及专业技术职称、最后学历、从事专业领域、职务、其他社会兼职。

根据"关于组建普通高等学校本科教学工作水平评估专家库的通知（教高评函［2005］3号）"②，我国评估专家应具备的条件或资格是：能够贯彻执行党和国家的教育方针和政策，了解高等教育规律，对评估工作有一定的理论研究或实

---

① 《普通高等学校本科教学工作水平评估专家信息表》，http://www.pgzx.edu.cn/upload/files/zxdt/tgl/051008zhuanjiaxinxibiao.doc。

② 《关于组建普通高等学校本科教学工作水平评估专家库的通知》（教高评函［2005］3号），http://www.pgzx.edu.cn/main/webShowDoc? channel ＝ zxdt ＿ tgl&docID ＝ 2005/03/14/1110735945725.xml。

践经验;具有较强的工作能力,有一定的专业背景和管理能力,具有良好的敬业和合作精神;办事公正廉洁,组织性、原则性强;熟悉本科教学工作,一般应具有副高级以上职称;身体健康,能胜任工作。同时,还提出评估专家来源于高等学校、高等教育研究机构、教育行政部门和其他行业,涵盖不同类型学校、不同学科以及从事教育管理的专家,以及退休时间较短、有丰富的教学及管理经验、了解高等教育改革现状和发展趋势的专家。

从上可知,我国评估专家最主要的专业素养是评估实践经验或评估理论研究,以及其他学科专业领域方面的教学科研,而忽视了最基本的评估专业培训和资格认可。专业化程度不高,没有严格的外在督导和资质认证的准入制度,门槛太低,是我国高等教育评估人员存在的最主要问题。这个问题也派生了其他相关的问题。例如,评估人员难以调控自己在评估活动中出现的情感效应、定势效应、近因效应、趋中效应、从众效应、晕轮效应等心理状况;难以正确地理解和把握高等教育价值观、评估指标体系等,筛选、判断评估信息的洞察力不够;难以选择适当的采集、统计信息的方法和工具;难以做出正确的价值判断;甚至出现职业操守问题,等等。

2. 高等教育评估机构

从1993年我国第一家教育评估机构——北京高等学校教育质量评议中心成立以来,随着教育管理体制改革和评估的大发展,至2005年,我国先后成立了49家教育评估机构。[①] 高等教育评估机构在高等教育质量保证和管理体制改革中扮演着越来越重要的角色,在促进高校端正办学指导思想,推进教学建设和改革,提高办学水平和人才培养质量等方面起到了重要作用;在为用人单位、学生、家长等提供高等教育信息,帮助他们决策和做出行为选择等方面起了重要作用。然而,不能否认,我国高等教育评估机构存在一些较严重的问题。

(1) 独立性不强

我国绝大部分高等教育评估机构,如教育部高等教育教学评估中心、江西省高等教育评估所、云南省高等教育评估事务所等,直接由教育行政部门主办或挂靠相关教育行政管理部门,是政府机构改革的副产品。小部分挂靠高等院校或教育科研机构而设置的事业单位或民办非企业单位,如山东省高等教育评估所(挂靠山东省教育科学研究所)、中国科学评价研究中心(挂靠武汉大学)、中国大学排行(挂靠广东管理科学研究院),等等。极少数是由工商部门批准的民营公司

---

① 龚森:《我国教育评估机构的生存状态和发展现状综述》,载《管理与评估》2004年第4期。

的子机构，如中国网大（www.netbig.com）、中国校友会的大学排行机构。

无论何种设置的高等评估机构，虽然名义上有独立的法人地位，但独立性较低，很大程度上取决于政府或挂靠单位的行政长官的认识程度和领导班子的决策水平，未来充满着变数。

（2）专职评估人员水平欠缺

我国高等教育评估机构主要采取"小机构、大网络"的运作模式，专职评估人员的素质和能力水平尤为重要，相当程度上影响着评估工作的有效组织和开展。然而，现实情况是，除了教育部高等教育教学评估中心及挂靠科研机构的评估机构的专职评估人员水平较高以外，大部分评估机构中相当一部分人员是政府机构改革的冗员，即使是专职评估人员也出现年龄老化、数量较少、学历偏低、专业素养较低等问题，难以满足评估工作的需要。

（3）研究开发能力薄弱

我国大多数高等教育评估机构经费不充足，专职人员不多，专业水平不高，除了教育部高等教育教学评估中心及挂靠科研机构的评估机构的研发能力较好以外，大多数评估机构研发力量很薄弱，很少专门开展评估理论和评估技术研究。少数评估机构研发的评估指标体系，或以教育部评估指标体系为参照，执行上级教育行政部门的有关文件，或学习模仿国外的评估指标体系，创新较少。

（4）权威性不强、公信力不高

我国还没有对高等教育评估机构进行必要的资格审查和认可，也没有其他严格的外部监督机制，既容易导致以上提及的问题，又容易在其他利益团体的压力和诱惑下使评估行为具有倾向性，从而失去赖以生存的"合法性"。目前，我国高等教育评估机构的数量不是很多，但开始出现"滥"的现象，好像任何机构只要愿意都可以发布大学排行榜、评估结论，引起轰动。加之我国评估立法相对滞后，对评估机构的性质、地位、职能、义务、权利等没有明确的法律界定。这些都导致高等教育评估机构权威性不强、公信力不高。高等教育评估具有很强的社会导向作用，如果评估机构权威性不强、公信力不高，会造成社会资源的巨大浪费，还会误导评估用户。这是一个比较严重的问题。

二、我国高等教育评估面临的挑战

在新的时代背景下，高等教育自身及其所处的外部环境发生了巨大的变化，世界各国，尤其是发达国家，都意识到高等教育评估面临着新的形势、新的挑战。例如，美国高等教育认证理事会（Council for Higher Education Accreditation，缩写为 CHEA）主席朱迪思·伊顿（Judith S. Eaton）详细论述了美国高等教育出现的新趋势——高等教育普及化、新商业化（New Commercialization）及国际化对认证制度提出的挑战。① 根据我国的具体国情，高等教育评估除了存在以上问题外，还面临着来自高等教育内部和外部的挑战。

（一）来自高等教育内部的挑战

高等教育的大众化、国际化以及产业化等发展趋势，使得高等教育正经历着翻天覆地的变化。这些变化使高等教育质量的内涵和外延发生了深刻的变化，给高等教育评估提出了许多前所未有的挑战。

1. 高等教育大众化

随着我国经济、社会生活领域的巨大变革，始于 1999 年的扩招开启了高等教育大众化的历程，高等教育日益彰显出多样化的态势。一是需求的多样化。高等教育不仅满足社会需要、学生个体需要和高等教育自身发展需要，还要满足"今天"的需要，引导并不断满足"明天"的需要。二是职能的多样化。随着学生求学目的和社会需求的多样化，高等教育除了注重人才培养外，还要实现科学研究、产品开发、社区服务、职业培训、提高综合实力、国际交流等功能。三是机构的多样化。高校层次类型进一步多样化，有 985 高校、211 高校、一般普通高校，还有发展很快的作为高等教育大众化的主力军的高职高专；有科研为主的高校，有教学为主的高校，有教学科研并重的高校，等等。另外，各种各样的社会组织和机构、民间团体和公民个人参与办学，民办高校异军突起，迅速发展。

高等教育大众化的多样化特征，要求从统一的质量观转变成多样化的质量观，从精英教育质量观转变成大众教育质量观，确立多样化的高等教育质量观和质量标准。当今世界发达国家高等教育改革与发展的经验也显示，多样化的高等教育质量定位是基于不同的高等教育层次、类型、培养目标与职能来确定的。正如 1998 年在巴黎召开的世界高等教育会议所通过的《21 世纪高等教育展望和行动宣言》明确指出的，高等教育质量是一个多层次的概念，要考虑多样性，避免用统一的尺度来衡量。② 虽然不能用统一的质量标准来衡量多样化高校的质量，但不能借口质量标准的层次性、多样性来降低高等教育质量。大众化高等教育质量是由不同层次、不同类型的高校质量组成的多样化的质量体系，而同一层次、

---

① Judith S. Eaton, "Taking a Look at Ourselves Accreditation," Remarks Presented to the Council For Higher Education Accreditation Enhancing Usefulness Conference, Chicago, Illinois, Jane 2001.

② 张应强:《高等教育质量观与高等教育大众化的进程》，载《江苏高教》2001 年第 5 期。

同一类型的高校有一个基本相同的质量标准。可以逻辑推演的是，不同类型、不同层次的高等教育质量不同，需要制定、采用不同的评估指标体系来对它们进行评估。

在这样一个多样化的大众化高等教育系统中，高等教育质量的本质到底是什么？如何体现教学型高校与研究型高校、普通高校与高职高专院校的质量及质量标准？如何体现精英教育与大众教育的质量及质量标准？怎样在实际评估活动中体现这些多样化的高等教育质量观？如何通过多样化的高等教育评估指标体系来反映、引导、促进高等教育的多样化发展？高等教育评估如何更好地满足多样化、大众化的需求？无疑，解答这些问题，对于暂时还只适应统一的精英式高等教育系统的高等教育评估来说是一个巨大的挑战。

2. 高等教育产业化

关于高等教育产业化的外延与实质，具有代表性的观点主要有两大类。其一，高等教育产业化的范围在教育过程之外，即主要指高校内部与教育过程无关的经济实体以及校办科技产业的经营活动，其实质是实现校企分离，按"投入——产出"规律运作，加快科技成果向现实生产力的转化。其二，高等教育产业化有阶段性特点。在商品经济阶段，产业化的范围主要在教育过程之外；而到了市场经济阶段，产业化的范围还将渗透和扩大到教育过程之内，即教育过程本身也应遵循"投入——产出"规律，也应讲求经济效率和效益，其实质是校企合一，"产学研一体化"，教育过程的直接产值（包括专门人才的产值、教师服务的产值、科研成果的产值以及知识创新的产值等），应实现与其他产业的等价交换。①

这里不探讨高等教育要不要产业化的问题，也不探讨产业化表现在哪些方面。这里讨论的高等教育产业化，不是指高等教育，尤其是高等院校的公司部分（corporate sector）近年来出现的以关注经济利益、追求高效率以及以市场反应为中心的发展倾向。笔者认为，高等教育产业化对经济利益的追逐应该与服务公共利益共存；对效率的追求应该与对学术价值的信奉共存；依照市场反应定义教育质量应该与按照公众利益和传统学术观点来定义教育质量共存。在产业化的背景下，呈现出院校所有权多样化，高等教育或院校参与经营、获取利润，营利性与非营利性活动趋于融合等现象。面对这些新现象，如何在产业化背景下保证高

---

① 邬大光、武毅英等：《高等教育产业化笔谈》，载《有色金属高教研究》1999年第4期。

等教育质量？如何保证学术与物质的统一、大学精神与产业精神的统一？① 高等教育评估指标体系怎样反映这些方面？高等教育评估如何引领这些方面？这不能不说是高等教育评估面临的重要挑战。

另外，大学作为知识的生产者、批发商和零售商，是摆脱不了服务职能的。② 高等教育产业化是高等教育职责和活动拓展的体现之一。虽然高等教育仍然主要以培养人才为主，但其职责范围和活动空间已得到极大扩展，成为一个以人才培养为核心，由培养人才、发展科学与文化、直接为社会服务等构成的职责和活动体系。"质量是一个包括高等教育所有主要职责与活动的多层面概念。"③ 因此，高等教育质量是一种整体质量，而不只是单一的人才培养质量，对科学发展和文化进步的作用，对社区和职业生活的贡献等，都是开展高等教育评估所要考虑的。这需要确立一种整体的质量观，从总体上，而不是从某一方面确立高等教育质量观，去评价高等教育的质量。④ 无疑，这也对高等教育评估提出了新的挑战。

3. 高等教育国际化

高等教育国际化在我国原来主要表现为留学生在国际范围内的双向或多向流动，以及教师互访和科研跨国合作。进入WTO以后，国际化更多地体现在与其他各国的高等教育在办学理念、功能设定、运行机制、管理方式、教学内容与方法等方面的沟通、交汇与整合，以及教学资源的共享等，还体现在与世界各国的高等教育的相互借鉴、渗透和对接。如今高等教育国际化浪潮呈现出许多新特点。

一是国际化的空间更加扩大。经济全球化为高等教育国际化扫除了许多政治上的障碍，为不同国家的高等教育交流与合作开辟出更多的渠道。二是国际化的内容更加丰富多彩。高等教育国际化从以往单纯的、外在的人员派出或接受，扩大到了课程引进、学分互认和跨国办学等方面，尤其是某些课程已朝全球化和统一化方向发展，并成为各国提高高等教育质量的主要手段。三是国际化的经济色彩更为明显。以往的高等教育国际化主要考虑的是学术和教育因素，现在越来越

---

① 张楚廷：《高等教育哲学》，湖南教育出版社2004年版，第241页。
② [美]约翰·S. 布鲁贝克：《高等教育哲学》，王承绪等译，浙江教育出版社1987年版，第18页。
③ 联合国教科文组织：《关于高等教育变革与发展的政策性文件》，载《教育参考资料》1999年第7—8月，第14页。
④ 张应强：《高等教育质量观与高等教育大众化的进程》，载《江苏高教》2001年第5期。

多地追求经济效益。发达国家开始终止向发展中国家提供无偿高等教育援助而转向高等教育的国际贸易。四是国际化的主体发生改变。由"国家·政府主导型"逐步转变为"政府·院校协作型"和"院校主导型"。五是由国际化向组织化、标准化和统一化方向运动。近年来,出现了不少区域性和全球性的高等院校合作组织。①

高等教育国际化发展趋势为原本局限于国内的高等教育评估打开了广阔的国际视野,提出了新的挑战:高等教育评估要不要国际化?在多大程度上国际化?如何吸收国外的评估指标体系?如何将国内的高等教育评估指标体系推向国际?如何在一个国际化背景下定义高等教育的质量?如何对海外办学进行鉴定?如何鉴定别国院校等?如何在高等教育评估机构或其他各种高等教育质量保障组织之间寻求合作来保证教育质量?如何构建、参与区域或全球范围内统一的高等教育质量保证体系?高等教育评估指标体系如何在体现本国高等教育的价值标准的同时又体现世界高等教育的共同价值标准?评估怎样处理好本土化与国际化的关系?

(二) 来自高等教育外部的挑战

高等教育评估的外部挑战主要来自政府、公众对高等教育的问责(account-abiltity)。

1. 政府问责

如今,高校越来越成为现代社会发展的"动力站"和"服务站",在知识的传承、人才培养、科学创新、技术应用、社会服务等方面日益发挥着重要的作用。正是因为高等教育对社会政治、经济和文化等方面发挥着越来越重要的作用,政府才不断地加强对高等教育的问责。正如布鲁贝克所言:"高等教育越来越卷入社会的事务中就越有必要用政治观点来看待它,就像战争意义太重大,不能完全交给将军们决定一样,高等教育也相当重要,不能完全留给教授们决定。"②

高等教育对财政的依赖使政府加强对高等教育的问责成为现实。不管是采取经费一次性总付,还是把经费分类预算,都主要围绕着入学人数、已招收的人数或是预计招收的人数由上至下拨款,这已成为制度。政府作为社会公众利益的代

---

① 《如何应对高等教育国际化浪潮》,http://www.joxue.com/paper/jyx/jyx06/200610/12435.html。

② [美]约翰·S. 布鲁贝克:《高等教育哲学》,王承绪等译,浙江教育出版社1987年版,第18页。

言人，要确保高等教育符合社会和公众的整体利益，监控和调节高等学校活动，配置高等教育资源，就需要充分了解高等教育宏观和微观的质量状况和效益状况。为了加强对高等教育的问责，我国建立了五年一轮的普通高等学校教学工作水平评估、高职高专院校人才培养工作水平评估。通过这种大面积、连续轮回、制度化的评估方式，检查政府投资效益，并保证高等教育的基本质量。

政府不断重视评估，并加大评估力度，这是国家加强高等教育问责和质量管理的一项重要举措。然而，如何提高评估质量，如何满足政府问责的需要，如何为政府的决策提供服务，是高等教育评估面临的挑战之一。

2. 公众问责

我国公众对高等教育问责始于20世纪80年代末期。随着高等教育的大发展，尤其是1999年扩招以来，高等教育成为大众普遍关注的问题。如何满足日益紧迫的公众问责也成为高等教育评估所面临的一项重大挑战。高等教育质量的界定和管理不再是国家政府控制的领域，包括学生、家长、用人单位、高等院校、投资机构、捐资者等其他各种利益相关者（stakeholder）都有权捍卫高等教育质量，都对高等教育质量有自己独特的见解。他们出于各自的动机，对高等教育评估有着不同的服务要求。例如，普通公众作为纳税人，关心高等教育的质量和效益；学生和家长，关注各院校的总体质量状况、所设专业和所开课程的质量状况、就业率等；用人单位需要了解各高校培养的毕业生的质量和适用性；高校希望评估能客观、科学、公正、正确地反映自身所提供的高等教育质量和组织效益。这意味着广大高等教育评估利益相关者要求更直接、更广泛地参与评估，越来越多的民间机构开展高等教育评估是公众问责的一种重要体现。

而且，公众对高等教育评估机构（包括政府和民间机构）提供的信息并不满意，认为只是简单地公布了评估结果，有的甚至是几个分数或"优""良""合格""不合格"几个等级，有的是一个序列式的排行，而公众对高等院校及其学科专业具体的优缺点不明朗。公众要求解释评估指标体系，介绍评估方法和数据来源，公布可供自己核查的评估信息，详细说明评估结果，尤其对评估的信度、效度提出了更高的要求。这无疑对高等教育评估提出了新的挑战。

三、问题与挑战的应对：高等教育评估质量保证

面对高等教育评估自身的种种问题和高等教育内外的种种挑战，我国高等教育评估承受着比以往任何时候都巨大的变革压力。它迫切需要对这些问题与挑战做出积极、有效的回应——保证并持续提高高等教育评估质量，以持续保持对高

等教育质量的影响力，创造且不断拓展自己的安身立命之所。

在当今的时代背景中，大学日益由一个专门的学术机构变成了"政府的一个组成部分，一个位于公共管理之内的管理机构"①，也日益成为一个公共服务机构②。越来越多的学者提出了作为超越"象牙塔"的现代大学应该承担社会责任的论证。例如，唐纳德·肯尼迪提出了大学应肩负的"学术责任"——"责任一词正在和高等教育逐渐地联系起来，即公众想要更多地了解大学的运转情况，因为他们并不满意那些关于大学产品质量的宽慰人心的保证。"③德里克·博克也提出"大学有理由承认自己的义务，应该向公众提供有助于解决重大社会问题的服务，回报社会"④。因此，高等教育评估作为一种向高等教育机构问责的主要工具和手段——向社会展示或说明是否完成责任以及完成的程度——越来越受到社会各界的广泛关注。高等教育评估也日益服务于为评估用户或评估利益相关者提供客观、公正、正确的信息，日益服务于为他们未来的行动做出明智的决策和选择。

对政府而言，正确的高等教育评估信息和结果（高质量的评估），有助于其在拨款、制定相关政策等宏观调控方面做出正确决策，有利于转变并规范政府管理高等教育的行为和方式。对学生和家长而言，有助于他们在升学报考学校、选择专业及其他高等教育服务等方面做出适当的选择。对企事业单位而言，有助于选用适合本单位的毕业生、签订科研合同或其他合作项目、选择其他高等教育产品以及引导他们向高等教育投资或捐款。对高等院校而言，有助于引导他们正确对待评估，使评估真正成为改进自身工作质量、促进高等教育提高与发展的重要手段。对高等教育评估主体（评估人员和评估机构）而言，只有保证和提高评估质量，才能树立起自身的专业化水平和权威性，确保社会各界对自身的信任。

然而，如前所述，当前我国高等教育评估存在着诸多问题和不足。这些问题都集中指向高等教育评估质量不高，对保证和提高高等教育评估质量提出了诉求。同时，高等教育评估日益成为一种向高等教育或高校"问责"的重要工具和手段，面临着许多高等教育内外的新挑战，迫切需要保证和提高高等教育评估质

---

① 周光礼：《学术自由与制度干预——大学学术自由的制度分析》，华中科技大学出版社 2003 年版，第 88 页。
② [美]德里克·博克：《走出象牙塔——现代大学的社会责任》，徐小洲等译，浙江教育出版社 2001 年版。
③ [美]唐纳德·肯尼迪：《学术责任》，阎凤桥等译，新华出版社 2002 年版，第 5 页。
④ [美]德里克·博克：《走出象牙塔——现代大学的社会责任》，徐小洲等译，浙江教育出版社 2001 年版，第 73 页。

量,为评估利益相关者(用户)做出正确的决策和选择服务。正确的(高质量的)决策和选择基于正确的(高质量的)评估。在评估理论界,这种观点很普及。例如,尼格尔(Nigel)认为,评估应该确认和提供有用的信息以供决策者选择,或者能够用于政策和项目计划的实施。① 威斯和尤科拉丝(Weiss & Bucuvalas)则更加明确地提出政策制定者是否能正确决策基于评估的质量。② 爱尔克和科伊尔(Alkin & Coyle)进一步指出,质量不高的评估,难以实现改进行为和社会状况的目的,而且错误的评估还可能增加误用的风险。③ 同时,生活实践也使人们认识到,只有正确的评估(质量高的评估)才可能带来正确的选择、活动的成功,实现正价值、排除负价值,而那些错误的评估(质量不高的评估),则会导致活动失败,导致事与愿违、得不偿失、害大于利。④

因此,面对着诸多的问题和挑战,高等教育评估迫切需要做出积极、有效的应对——保证并提高自身的质量,为评估用户提供评估质量证据,有效地为用户服务。

第三节 高等教育评估质量保证及其意义

质量保证是质量管理领域的一个核心概念和范畴。质量保证思想源于企业实际经验的总结,还没有形成严格意义上的理论,有待于进一步发展与完善。此外,世界各国在高等教育评估质量保证方面,尚处于"边讨论、边保证、边提高"的状况。因此,研究我国高等教育评估质量保证,有必要对诸如什么是高等教育评估质量保证、从哪些方面对高等教育评估质量进行保证、高等教育评估质量保证有何意义等问题做出回答。

一、高等教育评估质量保证的内涵

这里按从上位概念推演到下位概念的逻辑思路来探讨高等教育评估质量保证

---

① Nigel Norris, *Understanding Education Evaluation*, London: Kogan Page Ltd, 1990, p102.
② Weiss, C. H., "Where Politics and Evaluation Research Meet," *Evaluation*, No. 1, 1973; Weiss, C. H. & Bucuvalas, M. J., "Truth Tests and Utility Tests: Decision-makers' Frame of Reference for Social Science Research," in Freeman, H. E. , & Solomon, M. A. , *Evaluation Studies Review Annual*, Beverly Hills, CA: Sage, 1981, pp. 695—706.
③ Alkin, M. C. , &·Coyle, K. , "Thoughts on Evaluation Utilization, Misutilization and Non-utilization," *Studies in Educational Evaluation*, No. 14, 1988.
④ 马俊峰:《评价活动论》,中国人民大学出版社1994年版,第419页。

的内涵。

（一）质量保证

质量保证（Quality Assurance），是《质量管理学》中一个很重要的概念，20世纪80年代中后期被引入教育领域。

1987年以来，国际标准化组织发布了一系列ISO9000质量管理和质量保证系列标准，从而使真正意义上的质量保证更加完善、系统、规范、一致、适用和可行。质量保证刚开始时只限于流通领域，后来逐渐扩展到企业生产经营的全过程，① 即从顾客需求识别开始，包括设计、制造、检验以及售前、售中、售后服务的全过程。② 后来，ISO9000：2000标准进一步指出：企业必须让相关方面（包括顾客、社会、员工、投资方和供方）对自己的产品（包括服务）和管理体系满意，并具有足够的信任度。也就是说，质量保证又扩展了新的内涵：提供足够的证据，证明所提供的产品和服务是合格的，证实正在运作的体系也是合格的，并且能够提供持续合格的保证。③ 这需要根据一定的标准，对产品生产全程和企业运作体系，进行质量内部保证和外部保证，形成一个完善的质量保证体系（Quality Assurance System），达到预定的质量目标。

从上可知，"质量保证"已超出了一般意义上的"保证质量"，已成为一个具有特定内涵的专有名词。它包括两个主要内涵。其一，质量保证的内容包括监控企业生产经营的全过程，这一般属于内部保证的范畴，也可成为外部保证中的内容或其中的一个环节；验证、审查供方企业，看是否确实具备保证产品或服务质量的生产检测手段以及质量管理手段，这一般属于外部质量保证的范畴。其二，质量保证的目的是保证所提供的产品或服务符合质量标准；为用户提供质量证据或证明。

（二）高等教育质量保证

高等教育评估质量保证源于以上论及的质量管理学中的"质量保证"概念。与企业相比，高等教育领域具有特殊性，且教育领域对高等教育评估质量保证研究得比较少。因此，目前学界对高等教育评估质量保证的认识和理解还处于对管理学领域中的质量保证的初步借鉴阶段。

鉴于对质量保证的理解和认识，本书将高等教育评估质量保证界定为：高等

---

① 刘广弟：《质量管理学》，清华大学出版社2003年版，第11页。
② 刘广弟：《质量管理学》，清华大学出版社2003年版，第15页。
③ 刘广弟：《质量管理学》，清华大学出版社2003年版，第11页。

教育评估质量保证机构根据一定的评估质量标准，监控、引导高等教育评估全程，以及认可、审查评估机构和评估人员，以改进和持续提高评估质量，并为评估用户提供质量证明等一系列环节所必需的有计划、有组织的全部活动。可从以下几方面来理解和把握这个概念。

"根据一定的标准"，是指进行高等教育评估质量保证时，必须遵循高等教育评估质量标准。同时，它也引导着高等教育评估机构与评估人员达到评估质量标准或要求，保证并提高评估质量。高等教育评估质量标准，是对评估质量的一种规范，表征着一个高质量的评估的基本特征和基本要求，是判断评估质量高低的主要标尺。

"监控、引导高等教育评估全程，以及认可、审查评估机构和评估人员"，是指高等教育评估质量保证的内容或对象。它包括两方面：其一，对高等教育评估全程，尤其是对评估全程中的关键环节和重要因素，如评估指标体系、评估信息采集与统计、评估结果进行监督、引导；其二，审查、认可高等教育评估机构和评估人员。

"以保证并持续提高评估质量，并为评估用户提供质量证明"，是指高等教育评估质量保证的目的。高等教育质量保证的目的，是指在开展高等教育质量保证之前所设想或规定的质量保证活动欲达到的效果或结果。它主要体现在两个方面：一是及时发现评估活动中的问题，保证和提高评估质量；二是给评估用户提供评估质量证明，为用户正确的决策和行为选择服务。

"所必需的有计划、有组织的全部活动"，是指要达到以上高等教育评估质量保证目的，所开展的有计划、有步骤、有系统的内部保证和外部保证活动。内部保证活动一般针对监控、引导高等教育评估全程，它也可成为外部质量保证中的内容或其中的一个环节。外部保证活动主要针对认可、审查评估机构和评估人员。

二、高等教育评估质量内部保证

(一) 高等教育评估质量内部保证的含义

根据不同的保证主体，高等教育评估质量保证分成内部保证与外部保证。内部保证是指为保证高等教育评估活动、服务或产品达到规定的水平或质量，由评估机构、评估人员以自我审查或自我反思的形式，根据一定的质量标准，对评估全程（包括评估指标体系、评估信息的采集与统计、评估结果等核心因素与环节）的评估质量进行管理和审查，对评估中可能出现的或正出现的主客观偏差进行适当的自我调控，及时改进。必要时，配合高等教育评估质量外部保证开展自我评估活动，提供自评报告。

评估机构、评估人员作为高等教育评估质量内部保证的主体，对评估质量进行自我调控和自我审核负有极为重要的责任。评估质量保证离不开评估机构和评估人员的内部质量保证活动。它的重要性在于高等教育评估质量归根结底取决于评估人员在实际评估活动中的专业水平、认真负责的态度、相互之间的协作精神，以及评估机构的组织水平、管理水平。

客观地说，由内部人员实施的高等教育评估质量内部保证利弊并存。其优势在于内部人员熟悉评估的背景、评估的开发及实施过程，能直接进入质量保证活动中，而其他局外人员需要一定的时间、精力、经费等才能熟悉评估情况，不能直接进入质量保证活动中。但内部人员难免存在个人认知偏差、思维定势，还带有一定的"敝帚自珍"的感情色彩，这些主客观因素可能降低内部保证的可信度和权威性。一般说来，公众不太认可仅由内部人员实施的高等教育评估质量内部保证。因此，在条件许可的情况下，内部人员可邀请一到两位局外专业人员参与，以增强客观性。

（二）高等教育评估质量内部保证的实施时机

高等教育评估质量内部保证的实施时机，可以伴随着评估过程进行，也可以在评估完成后进行。伴随着整个评估全程而进行的内部保证，主要通过审查评估指标体系的制定、评估信息的采集和统计、评估结论的形成等重要环节和因素发现的问题，为正在实施评估活动的人员提供反馈信息和参考意见，及时做出相应的调整，确保在规定的时限和预算内高质量地完成评估任务。从这种意义上说，伴随着评估全程而进行的内部保证，是判断评估过程中的每一个步骤、每一个因素是否有效的一个反馈——矫正系统，是一种调控、引导评估过程的手段，目的在于通过及时、正确的反馈来改进评估，提高评估质量。

在评估活动结束后而开展的高等教育评估质量内部保证，不仅仅局限于审查评估结果，可根据实际需要，对评估指标体系、评估信息等方面进行全面的审视。从系统论的观点看，仅仅在评估结束后再进行高等教育评估质量内部保证的做法是不充分的。因为评估指标体系的制定、评估信息的收集与统计、评估结论的形成等每个环节和因素都相辅相成，缺一不可。这些环节和因素的质量好坏，都直接影响着评估总体的质量。当然，事后进行的内部保证，除了提供评估质量证明以外，还有利于总结经验教训，提高后续评估工作的质量。

虽然，伴随着评估全程或在评估结束后都可以实施高等教育评估质量内部保证活动，但一般而言，伴随着评估全程进行的主要是内部保证，而评估结束后开展的主要是外部保证。

(三) 高等教育评估质量内部保证应重视的问题

高等教育评估质量内部保证应重视两个主要问题，即遵循三全原则和重视评估人员的质量参与意识。

1. 应遵循三全原则

实施高等教育评估质量内部保证活动，应遵循全面性、全员性、全程性的原则。全面性是指评估机构、评估人员定期对自身的评估工作进行全面的回顾和审查，反思自己的评估行为是否达到了一定的评估质量标准，是否达到了评估目标预期达到的程度，审查自身的质量方针、质量计划、设施、财政和人力资源等方面是否支持了质量目标的实现。全员性指的是评估机构的各个部门和实施评估的所有人员都参与到质量保证活动中来，充分发挥每个人员的积极性、主动性和创造性，根据实际评估过程中出现的新情况、新问题，全面建立内部质量管理、质量控制、自我评估、自我发展、自我约束的机制。全程性是指评估机构、评估人员把质量意识贯穿于评估活动的全程，根据一定的评估质量标准，对评估全程中的各个因素和环节进行反思、批判，了解自身提供的评估产品或服务能否满足质量要求或质量标准，发现评估中的优缺点，及时采取改进措施。

2. 应重视评估人员的质量参与意识

评估人员的质量参与意识，在高等教育评估质量内部保证活动中尤其重要。因为质量保证理念的真正接受者和质量保证行为的真正实施者是评估人员，如果没有他们积极、主动、创造性的参与，就难以实现质量保证的目标。

培育和提高评估人员的质量参与意识，通常通过以下两方面来达成。其一，加强对评估人员进行相关方面的教育培训，帮助他们树立评估质量的责任感和紧迫感，激发他们积极主动地参与质量保证活动。其二，建立并不断完善与外部用户沟通的渠道，在评估机构内外部形成一个简捷、有效的沟通网络，从而提高评估人员的质量参与意识，促使他们不断改进和提高评估质量。例如，尝试建立评估用户情报系统，对评估质量进行跟踪，了解评估在使用中的真实质量状况，及时、妥善处理用户的意见和投诉，定期进行用户访问调查，等等。

三、高等教育评估质量外部保证

（一）高等教育评估质量外部保证的含义

高等教育评估质量保证的另一重要方面是外部保证，主要通过资格认可、外部监督、质量确认等方式实施。为了保证并提高评估质量，来自外界的，除评估机构、评估人员自身以外的其他机构和人员的严格审查、监督是必需的。政府及其所建立的相关专门机构，是最主要、最权威的外部保证主体。与高等教育评估质量内部保证相比，公众更信任外部保证，尤其是由政府及其所建立的专门机构和专业人员组织实施的外部保证。因为专门的外部保证机构和专业的外部保证人员可以更公正、更科学地审查评估全程的质量是否达到应有的标准与水平，更公正、更科学地审查评估机构和评估人员是否具有最基本的从事高等教育评估活动的资格。

高等教育评估质量外部保证，除了监督、审查评估全程以外，最重要的任务是审查、认可评估机构和评估人员的资格，以及必要时对其评估活动进行元评价。外部保证除了发现评估中的问题，改进和提高评估质量以外，更重要的是为评估用户提供评估质量的证据，确保用户对评估质量的信任。

为了有效地开展高等教育评估质量外部保证活动，许多国家专门组建了独立的外部保证机构，如美国的非官方机构高等教育认证委员会（COPA）或高等教育认证理事会（CHEA），美国的官方机构教育部（USDE），荷兰的高等教育督导团（IHE）或荷兰与弗兰德地区认证组织（NVAO），这些机构连续、公开、严谨地履行着外部保证的职能。外部保证机构的主要人员来自政府质量监督和质量管理部门、标准化的社会团体和科研机构、高等教育行政管理部门、高校、社会各界、高等教育评估机构等代表，其中任何一方都不处于支配地位。就我国目前实际情况及发展趋势而言，急需建立一个具有中国特色的高等教育评估质量外部保证机构。

（二）高等教育评估质量外部保证主体的职能

作为高等教育评估质量外部保证主体，政府及其建立的外部保证机构的主要职能如下。

其一，通过立法，规范高等教育评估质量保证行为。政府及其建立的外部保证机构逐步建立、健全高等教育评估质量保证的政策与法规，明确评估机构、评估人员的合法地位以及各自的权责关系，规范评估机构、评估人员的行为，使高等教育评估在一定的制度环境下有序开展，共同作用于高等教育评估质量的保证与提高。

其二，认可评估机构和评估人员，建立资格认可和退出制度。外部保证主体审查、认可评估机构的准入资格，防止评估机构设立过多过滥，保证评估机构必要的资质，并激励已认可的评估机构不断发展评估理论和提高评估技术，提高评估质量。同时，还对评估机构开展的评估活动进行复查，对不负责任的和弄虚作假的评估机构进行处罚，建立评估机构的退出机制。另外，建立高等教育评估专家队伍和信息网络，组织评估人员培训、考试，建立评估人员资格认可制度，防止资质平庸的评估人员进入评估市场，保证评估人员基本的专业水平、职业操守。只有获得认可的评估机构、评估人员，才有资格开展高等教育评估活动。

其三，提供高等教育评估质量保证的公共支持与服务。政府作为公共利益的代表，应为高等教育评估质量保证提供公共支持和服务。如建立评估专家库，建立评估信息中心或资料库，向评估机构或其他社会机构提供评估所需的信息，推动高等教育评估研究，制定高等教育评估质量标准，促进国内外学术交流，等等。

另外，值得注意的是市场对高等教育评估也产生一定的作用。市场调节，是市场作为高等教育评估质量外部保证的主体。这只"看不见的手"主要通过评估业务市场、资金市场和评估人员市场在评估机构之间优化配置，将评估机构置于一定的风险地位，强化评估机构的市场竞争意识和责任意识，从而自觉提高高等教育评估质量。评估人员在市场中，与评估机构的状况相似，只有评估专业水准高、评估业务质量好、评估操守高的评估人员才被评估机构聘用。在市场竞争的作用下，高等教育评估机构、评估人员只有努力提高业务水平，保证并提高评估质量，获得良好的声誉，才会接到评估"订单"，否则，没有评估业务，就会被淘汰。总之，市场作为外部保证的特殊主体之一，引导着评估机构、评估人员保证并提高高等教育评估质量。

（三）高等教育评估质量外部保证与内部保证的比较

为了更明晰地了解高等教育评估质量外部保证，表1—1将其与内部保证进行了比较。

表1-1 高等教育评估质量内部保证与外部保证的比较

	高等教育评估质量内部保证	高等教育评估质量外部保证
保证的主体	由评估机构、评估人员（内部人员）组织实施	除评估机构、评估人员以外的其他局外机构、人员组织实施，其中，最权威、最重要的是由政府及其建立的专门的外部保证机构及专业人员实施
保证的内容	其一，审查、反思高等教育评估全程（内部保证最主要的内容，也可成为外部保证中的内容或其中的一个环节）；其二，评估机构、评估人员的自我审查	其一，审查、认可高等教育评估机构、评估人员（外部保证最主要的内容，也可成为评估机构、评估人员自我审查的内容）；其二，监控高等教育评估全程
保证的时机	可伴随着整个评估全程而进行，也可在评估活动结束后开展，但一般伴随着整个评估全程而进行。	可伴随着整个评估全程而进行，也可在评估活动结束后开展，但一般在评估活动结束后开展。
保证的目的	其一，发现评估中的缺陷和优点，引导自身改进评估，保证、提高评估质量（内部保证最主要的目的）；其二，提供质量证据，为用户做出正确的决策和行为选择服务。	其一，提供质量证据，以确保高等教育评估用户对评估质量的信任，为做出正确的决策和行为选择服务（外部保证最主要的目的）；其二，发现评估中的缺陷和优点，促进评估质量的保证和提高。

四、高等教育评估质量保证的意义

（一）有利于持续改进评估质量

高等教育评估质量保证是高等教育评估发展到一定阶段的产物，是高等教育评估的内在诉求。高等教育评估质量保证根据一定的标准，有计划、有组织地实施内部保证和外部保证活动，促使高等教育评估质量得以保证和提高。

所根据的高等教育评估质量标准，本身就是对评估质量的一种规范，表征着一个高质量的评估的基本品质和基本要求。它不仅是判断评估质量高低的主要标尺，而且还引导着评估人员在实际评估活动中遵循这些评估质量标准或要求，规范他们的评估行为，从而确保评估活动达到评估标准，保证评估质量。

评估机构、评估人员以自我审查、自我反思的形式，对评估全程，尤其是对指标体系的制定、评估信息的收集和统计、评估结论的形成等重要环节和因素进行分析和考察，对评估可能出现的或正出现的主客观偏差进行适当的自我调控，及时改进。从某种意义上说，这种内部保证活动，是判断评估过程中的每个步骤、每个因素是否有效的一个反馈——矫正系统，是调控、引导评估过程的手段，目的在于通过及时、有效的反馈来改进评估，保证并提高评估质量。

另外，通过高等教育评估质量外部保证活动，由相关外界机构和人员对评估进行严格的审查、监督。尤其是政府及其所建立的专门的外部保证机构，有专门的组织体系和制度安排，有专门的具有坚实的评估理论和技术功底、丰富的评估实践经验的专业人员，能更好地履行高等教育评估质量保证的职能。政府及其建立的外部保证机构，对评估机构的准入进行资格审查、认可和复查，防止评估机构设立过多、过滥，保证评估机构必要的资质，防止不合格的评估机构进入评估市场，并激励已认可的评估机构不断发展评估理论和提高评估技术，提高评估质量。另外，组织对评估人员进行资格认可的活动，防止不合格的评估人员进入评估市场，保证评估人员基本的专业水平、职业操守。只有获得认可的评估机构、评估人员，才有资格开展高等教育评估活动。无疑，通过这种认可、监督评估机构、评估人员的外部保证活动，能有效地促进评估质量的提高。

总之，持续改进评估质量是高等教育评估质量保证的"最终意向"，是高等教育评估质量保证内在的、最为根本的意义。

（二）有利于评估用户正确、有效地应用评估结果或相关评估信息

高等教育评估质量保证还给评估用户（包括政府、高校、学生、家长、用人单位、普通公民等）提供评估质量证明，有利于他们正确、有效地应用评估结果或相关评估信息，为他们的决策和行为选择服务。

高等教育评估质量保证，通过认可高等教育评估机构和评估人员，证明他们有能力提供高质量的评估活动。如果某高等教育评估机构获得了认可，则证明它具有合格的组织体系，符合要求的评估水平、专业能力。例如，具有独立法人资格，具有正式注册的机构名称、固定的办公场所，具有有效的人力、物力、财力、信息资源支持系统，对用户负责，评估程序公正、严谨、合理，致力于持续改进高等教育评估质量和高等教育质量，等等。如果某高等教育评估人员获得了认可，则证明他经过了一定的专业培训，完成了评估人员的全部培训课程，具备了必要的评估专业技能、专业理论知识、专业操守等专业素养，具备一定的评估

经历，有能力提供高质量的评估活动。

高等教育评估质量保证，通过自我反思和外界监督，为评估用户提供评估全程中的关键环节和重要因素的质量证明或证据，如评估指标体系的正确性、独立性、实用性如何，评估信息采集与统计的可靠性和正确性怎样，评估结果的实用性、信度、效度如何。另外，还鼓励和支持用户使用评估结果，引导用户在进行决策和行动选择中怎样使用评估结果，并为应用评估结果提供进一步的帮助。

第二章 高等教育评估质量标准

高等教育评估质量标准，表征着一个高质量的评估的核心品质，是开展高等教育评估质量保证活动时衡量评估质量高低的主要标尺，引导着评估人员的评估活动达到评估质量要求。本章以解读评估的内涵为逻辑起点，以美国元评价标准为启示和借鉴，建构我国高等教育评估质量的前提性标准、原则性标准和技术性标准。

第一节 逻辑起点：解读评估的内涵

评估，就是评定价值或价值判断。从本质上而言，它是一种价值认识活动；从过程上而言，它包括确定评估标准（评估指标体系）、获取评估信息、做出价值判断等几个最主要的环节；从应然角度上而言，它要达到"合理"或"理想"，应该具备一些基本的条件和要求。全面、正确地解读评估的内涵，将为我国高等教育评估质量标准及其建构奠定相关的逻辑起点。

一、评估的本质

评估，作为一种价值判断活动，是评估人员对价值（价值客体属性是否满足价值主体需要的价值关系）的反映活动。评估的本质具体包括两个方面：其一，以价值（价值关系）为对象；其二，它是一种认识活动。

（一）评估以价值为对象

评估活动是在把握价值主体的需要和价值客体的属性的基础上，用价值主体的需要衡量价值客体的属性与功能所进行的价值判断。评估就是价值客体的属性相对于价值主体的需要是否有价值、有何价值、有多大价值。价值不依赖评估而存在，评估可以揭示价值，可以引导人们去创造价值，但单靠评估自身不能创造价值。评估的对象，就是评估活动所指向、所要把握的对象，[①] 即把揭示不依赖

[①] 马俊峰：《评价活动论》，中国人民大学出版社1994年版，第286页。

评估而存在的价值作为自己的对象。①

价值不是一个实体范畴,不表示在主体、客体之外的第三种实体。它也不是一个属性范畴,在任何孤立的主体或客体都不存在"价值"这种属性。价值是一个关系范畴,表明价值主客体之间的一种特定关系。②而价值主体、价值客体在价值关系中都不是以实体的形态存在,而是以主体需要和客体属性的形式存在。因此,从深层而言,价值关系是价值主体的需要与价值客体的属性的关系。评估对象就是价值主体的需要与价值客体的属性之间的关系,请见下图。

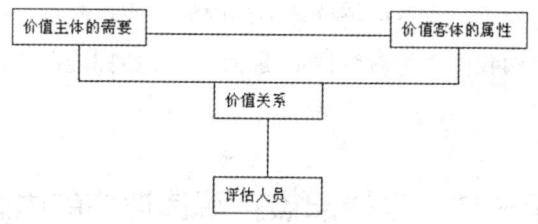

图 2—1 评估对象:价值主体的需要与价值客体的属性的关系

价值,既然是一种关系,就必然包含着关系的双方。价值主体的需要,作为价值关系中的一方,无论是"价值主体"还是"需要",其内涵都很复杂,而且还具有主体性或主体间性③,从而导致这一方更具有复杂性、多维性、独特性、时效性和冲突性。价值主体,既可是社会阶层中各个不同的群体,也可是千人千面的个体,其差异性非常显著、多样。"需要"也非常复杂多样,有情感的、理性的;生理的、心理的;物质的、精神的;长远的、眼下的;长久的、短暂的;社会的、个体的;优势的、非优势的;等等。

同样,价值客体的属性构成了价值关系的另一方。客体的属性是由自身的质与量的内在规定性决定的,不同的客体,属性不同;同一客体,具有多种属性。虽然属性是客体固有的,与该客体与其他事物之间的关系无关,但其表现形式因该客体与其他事物之间的关系的具体变化而不同,正如马克思所言:"一物的属性不是由该物同它物的关系产生,而只是在这种关系中表现出来。"④ 正是客体属性的这种特征,带来了客体属性的复杂性和多样性。

在价值关系中,任何一方的变化都可引起这一关系的变化,尤其是价值主体处于主动性、支配性的地位,其变化所带来的价值关系的变化更是突出。即使就

---

① 冯平:《评价论》,东风出版社 1995 年版,第 35 页。
② 李连科:《价值哲学引论》,商务印书馆 2001 年版,第 101 页。
③ 李德顺:《价值论》,中国人民大学出版社 1987 年版,第 144—160 页。
④ 《马克思恩格斯全集》(第 42 卷),人民出版社 1972 年版,第 72 页。

同一个或同一类价值主体而言,其需要是多方面、多维度的,相对于此维度而言,某价值客体的属性有价值,而相对彼维度而言,可能无价值,甚至还可能是负价值。同一价值客体的属性与不同价值主体的不同需要更是形成不同的价值关系。而且,价值主体的需要不是凝结的,而是不断地发展、变化的,变化前后的需要与同一客体也构成了不同的价值关系。当然,不同的价值主体也可能具有相同的需要而与同一客体构成相同的价值关系。

正是这错综复杂的、不断变化的主体的需要与同样错综复杂的、同样不断变化的客体属性组成了现实世界中五彩缤纷的价值关系图景,也构架了评估对象。而价值主体的需要与价值客体属性之间的关系是内在的、深藏的、难以直接认识的。评估就是对这种内在的、深藏的价值关系的把握。这种把握不是通过简单的观察就能得到的,而要运用思维的能动性、创造性去揭示现象背后的价值关系,建构未来的价值世界。

(二)评估是一种认识活动,且包括认知,是比认知更高一级的认识活动

评估活动是不是一种认识活动,学术界有不同的看法。考察评估活动是否属于认识活动,取决于对认识本质的看法。例如,《中国大百科全书·哲学卷》认为,"认识的本质就是主体对于客体的反映","认识的目的和任务就是要正确地反映客体,获取关于外部现实的精确的知识"。① 肖前、李秀林等认为,认识就是"获取知识",这是"人类认识的主要内容"。② 齐振海也认为,"知识是认识活动的结果",认识是"探讨知识的辩证运用,分析经验知识和理性知识的辩证关系,研究科学理论的本质、结构和功能,揭示形成科学理论、发展科学理论的一般途径和方法"。③ 国内外相当多的学者对认识的理解与以上观点大致相似。如果把认识活动仅仅看作是获取知识、规律、真理的活动,即认知活动,则评估活动确实不属于认识范畴。因此,就出现了以下诸如此类的对评估的见解。

罗素认为:"当我们断言这个或那个具有'价值'时,我们是在表达我们自己的感情,所以也根本不可能找到任何可以证明这个或那个具有内在价值的论据。"④ "如果两个人在价值问题上意见不一,那么他们不是对任何一种真理有不同看法,而是一种口味的不同。"⑤ 显然,罗素把"价值"排除在知识的范围以

---

① 《中国大百科全书·哲学卷》,中国大百科全书出版社1992年版,第297页。
② 肖前、李秀林等:《辩证唯物主义原理》,人民出版社1981年版,第296页。
③ 齐振海:《认识论新论》,上海人民出版社1988年版,第19—20页。
④ [英]罗素:《宗教与科学》,徐弈春、林国夫译,商务印书馆1982年版,第123页。
⑤ [英]罗素:《宗教与科学》,徐弈春、林国夫译,商务印书馆1982年版,第127页。

外,也把评估排除在认识之外。艾耶尔也持相似的观点。他认为,价值判断只是一种情感的表达,不像认知一样是关于事实的判断;它既不是真的,也不是假的,正如命令既不是真的,也不是假的一样,"只是一些妄概念",所以它不属于认识的范围,是认识论应该拒斥的。①

然而,真正的问题是,认识活动仅仅就是认知活动吗?怎样正确地考察认识的本质?笔者认为,应从思维与存在的关系这个哲学基本问题的高度来理解认识的本质②,再据此判断评估活动是否是一种认识活动。恩格斯在谈到哲学基本问题的第二方面时说:"我们的思想能不能认识现实世界?我们能不能在我们关于现实世界表象和概念中正确地反映对象?"③列宁在谈到认识论的两条路线时说:"意识总是反映存在的,这是整个唯物主义的一般原理。"④显然,这里的"现实世界""存在"不仅包括客观事物,还包括人、人与客观事物之间的关系,不仅包括自然,也包括社会。从哲学基本问题的高度来看,认识的本质是反映,反映是揭示意识对存在、思想对现实世界的最根本、最普遍的本质关系的范畴。"辩证唯物主义的反映论是一种全面的反映观。"⑤显然,评估作为一种评估人员对价值(价值客体属性是否满足价值主体需要的价值关系)的反映活动,属于认识活动的范畴。

基于把认识看作一种全面的反映论,评估自然地被归为一种认识活动。例如,王玉梁认为,"认识包括认知与评价",不能把"反映性认识"仅仅理解为"只能反映客观事物自身的属性,不能体现(价值)主体与(价值)客体之间的价值关系"。⑥陈新汉认为,认识活动包括认知活动、评价活动和审美活动。⑦冯平认为,评估就是"一种以揭示客观世界的价值,观念地建构价值世界的认识活动"⑧。

国内外大多数学者之所以把评估活动排除在认识活动之外,是因为他们所理

---

① [英]艾耶尔:《语言、真理与逻辑》,尹大贻译,上海译文出版社1981年版,第116—130页。
② 陈新汉:《评价论导论——认识论的一个新领域》,上海社会科学院出版社1995年版,第5页。
③ 陈新汉:《评价论导论——认识论的一个新领域》,上海社会科学院出版社1995年版,第5页。
④ 《列宁选集》(第2卷),人民出版社1972年版,第330页。
⑤ 李德顺:《价值论》,中国人民大学出版社1987年版,第40页。
⑥ 王玉梁:《价值哲学》,陕西人民出版社1989年版,第221,232页。
⑦ 陈新汉:《评价论导论——认识论的一个新领域》,上海社会科学院出版社1995年版,第6页。
⑧ 冯平:《评价论》,东风出版社1995年版,第31页。

解的认识,是主体对客体的认知,而不是意识对存在、思维对现实世界的反映或认识。然而,认识论不仅仅包括认知论,认知论只是认识论的一个重要组成部分。认识论,从本质上而言,是反映论意义上的认识论,应该把评估活动包含在认识活动内。

虽然评估是一种认识活动,但与认识世界"是什么"的认知活动不同,它是以把握价值为对象的认识活动,其目的是进行价值判断。价值判断建立在对价值主体需要和价值客体属性的认知(事实判断)基础上。正如别敦荣教授提出的,认知性特征是评估的本质特征,评估的主客体之间是一种认知关系。① 评估,作为建立在事实判断基础上的价值判断,处于"认识论和价值论的交叉点上"②。可见,评估是"以认知为基础的,将认知包含于自身的,更高一级的认识活动"③。

二、评估的过程

评估过程,是评估各种要素和环节的动态组合、相互作用的实际过程,是主体(评估人员)运用、调控各种要素使之有序地趋向目标的活动。④ 一个完整的评估过程,具体包括确定评估标准(评估指标体系)、获取评估信息、做出价值判断等几个最主要的环节。

(一)确定评估标准(评估指标体系)

从评估目的出发,价值主体需要、价值客体属性决定着评估标准。主体需要就是客观的价值标准,是评估标准最主要的决定者,但不是唯一决定者。价值标准和客体属性统一才完全决定着评估标准,即评估标准是主体的价值标准和外部的客体之间所谋求的一种具体的、积极的统一。⑤

1. 确定价值主体的现实需要

评估标准,作为价值标准的最主要的反映,只有符合价值主体的现实需要,才能与价值标准及其变化相契合。一般而言,从以下三个方面去确定价值主体的现实需要。

第一,了解价值主体的需要及其变化,尤其是优势需要。价值主体的需要不

---

① 别敦荣:《论高等教育评估的功能》,载《高等教育研究》2002年第6期。
② 冯平:《评价论》,东风出版社1995年版,第24页。
③ 冯平:《评价论》,东风出版社1995年版,第31页。
④ 马俊峰:《评价活动论》,中国人民大学出版社1994年版,第243页。
⑤ 李德顺:《价值论》,中国人民大学出版社1987年版,第280—281页。

仅多样,而且无限,因此,应重点分析优势需要。优势需要是在具体的情况下,价值主体当下最迫切、最重要的需要,其他需要服务且服从于它。还要了解包括优势需要在内的各种需要的种种变化,了解各种需要满足的边界条件和界限范围,使评估标准具有一定的弹性和灵活性。

第二,把握价值主体的能力。价值主体的能力包括行为能力、财政能力、消费能力、思维能力,等等。能力对需要有一种服从性品格,它总是指满足一定需要的能力。① 主体的需要是无限的,但主体的能力是有限的。因此,应了解主体所具有的各种实际能力,弄清哪些需求是现实或有效需求,哪些是无效或不现实的需求,重点把握具有现实可能性的需要。

第三,考虑价值主体所能付出的"代价"。代价,是一定的收支和亏赢的比值。价值主体的需要不仅受到能力的限制,而且与主体所能付出的代价有关。如果所付出的代价太大,可能得不偿失。英国学者拉蒙特提出的"预估机会成本"对此很有启发。"预估机会成本"是指主体可能付出的代价。由于主体所付出的能力(成本)有限,主体为满足某种需要所付出的能力(成本),会导致其他需要不能满足,这些未满足的需要总量,就是机会成本或代价的实际内容。②

2. 确定评估标准体系

评估标准归根结底是价值主体需要的反映,而主体需要的有机系统性,使得评估标准也成为一个体系,它是自觉标准和非自觉标准、理性标准与非理性标准、多样性标准与统一性标准、流变标准与稳定标准的统一。③

价值主体存在着复杂的需要,但它们之间并不是完全离散的、无序的、毫无联系的,恰恰相反,不同的需要好似从一个光源发出的多道光线,有一个中心点,服从于同一个或同一类价值主体的存在与发展,都是主体的基本需要在不同方面的不同表现或显现。④

而且,价值主体的需要是一个多样化、多层次的结构系统。在这个系统中,在什么情况下哪种需要得到满足,又产生哪种新的需要,哪一种情况下最适于哪种需要,在一定条件下获得哪一种需要最经济,某种需要的满足会对其他需要产

---

① 马俊峰:《评价活动论》,中国人民大学出版社 1994 年版,第 275 页。
② [英]W. D. 拉蒙特:《价值判断》,马俊峰、王建军、王晓升译,中国人民大学出版社 1992 年版,第 68—80 页。
③ 陈新汉:《评价论导论——认识论的一个新领域》,上海社会科学院出版社 1995 年版,第 128,133—140 页。
④ 马俊峰:《评价活动论》,中国人民大学出版社 1994 年版,第 264 页。

生什么样的影响，此种需要与彼种需要是什么关系，哪些是基本的需要，哪些是派生的需要，哪些是社会需要，哪些是个人需要，哪些是长远需要，哪些是眼前需要，等等。而且，各种需要之间还存在着千丝万缕的联系，这些联系构成了需要的运动和发展。

评估标准体系与价值标准体系（主体需要体系）及其变化相契合，才是合理的。当然，在确定评估标准体系时，还应注意该标准体系与其他相关标准体系的联系，注意到该标准体系与既有的其他标准体系的协调性和自洽性。

分析、确定价值主体的需要，应遵循一条最基本的整合和分化原则。价值主体需要经过基本与派生，派生与再派生，形成一个评估标准体系。该体系具备以下特征：其一，体现价值标准（价值主体的需要）和客体的属性；其二，是一个由一级指标、二级指标、三级指标等组成的分层的多指标体系；其三，各指标根据自身的重要性或地位不同，有各自相应的权重值；其四，各指标在逻辑上是自洽的，各指标之间不重合、不相关，各层次的指标之间符合包含关系，等等。

（二）收集评估信息

确定评估标准体系（评估指标体系）后，进入收集评估信息阶段。评估信息是指根据评估标准体系所采集的符号、信号、数据等。这些信息携带着、表征着客体或对象的某些内容，反映着客体的实际情况和属性。评估信息与评估标准，从某种意义上说，是内容与形式的关系。评估标准属于形式，如果没有评估信息的填充和具体表达，则是空洞的、无用的。而评估信息如果没有评估标准的规范和指导，则是离散的、无序的、无目的的，是一种单纯的客观信息。

收集评估信息应严格根据评估标准体系来进行，否则，所收集的信息是离散的，分不出重点与非重点，必要与不必要，还可能会收集一些不相关的、无用的信息，带来人力、物力、财力的浪费。收集评估信息的方法很多，可根据实际情况，采用测验法、问卷法、访谈法、观察法、文献法、调查法、搜索数据库，等等。

由于受各种主客观条件的限制与制约，如评估人员或评估信息收集者自身素质和能力、评估对象本身、信息来源渠道等，评估人员不可能完全地、详尽无遗地收集客体的信息，也没有必要那样做。过量的信息会造成信息冗余，干扰评估的正常进行，同时也使获得信息的代价或成本增大。然而，绝大部分情况是，所采集的评估信息不足，尤其是一些主要情况或重要数据没采集到，导致评估的后续工作难以进行，难以做出可靠的结论。不管如何，评估人员应尽量采集到一定时间、一定空间范围内的重要信息。另外，在评估信息收集中，还要注意核实和鉴定所收集的评估信息的真伪。

（三）做出价值判断

评估人员在获取评估信息以后，根据评估标准体系（评估指标体系）进行判断，得出评估结果。价值判断就是评估活动的结果，是评估人员根据价值主体的需要，衡量价值客体属性是否满足以及在多大程度上满足主体需要的一种判断。

1. 价值判断的表达

价值判断可用语言和非语言的形式来表达。一般根据当时的具体情境、当时的目的或动机、所要表述的内容和结论等实际情况来采用适当的价值判断表达形式。

价值判断的语言表述因人、因事、因情、因地表现出多种方式，可用陈述句或描述色彩很浓的句子，可用情感色彩很浓的句子，如感叹句、祈使句；有的表达很严谨，有的表达很简洁；有的表达很严肃，有的表达很亲切；等等。价值判断的非语言表达根据实际情况可用面部表情、身段表情、言语表情等表情来表达，一个眼神、一个会意的微笑、拍手、摇头、采取行动等都属于此。

2. 定量的与定性的价值判断相结合

价值判断按是否量化分成定量的价值判断和定性的价值判断。作为价值判断标准的评估标准体系（评估指标体系）是量化的，价值判断一般通过统计等数学计算才能得到，比较客观，这就是定量的价值判断。这种定量的判断方式，形式化程度较高，评估人员往往是按照一定的形式化程序对客体的意义进行判定。如果标准体系（主要是末级指标）明确具体，但没有量化，评估人员在进行价值判断时有较强的自我意识和主观能动性，那么评估结果不必通过数学计算才能得出。这两种价值判断方式虽然不同，但有一些共同点：价值判断标准都由评估标准体系（评估指标体系）决定；都是衡量价值客体属性是否满足以及在多大程度上满足主体需要。实际上，定量或定性只是一种是否通过数理统计进行价值判断的手段，与价值判断的本质无关。

定量的价值判断与定性的价值判断相互补充、相互包含。评估人员根据实际情况，正确地运用适当的价值判断形式，合理地进行价值判断。

3. 价值判断的特殊性和普遍性相统一

价值判断是具体的、个别的，总是特指具体的客体属性针对具体的主体需要是否有价值以及有多大的价值。在这方面有价值并不等于在另一方面有同样的价值，在此时有价值并不等于在彼时有价值，对该主体有价值并不等于对其他主体有价值。然而，价值判断还具有一定的普遍性和一般性。具体的客体属性属于一定的范畴，与同类、同种的其他客体具有相同性或相似性。判断某客体具有某种价值，相对于与该客体相同或相似的同类的事物，其价值也大致相似。判断某客体对某主体有价值，也包含了对与该主体相同需要的其他主体有大致相似的价值。即使同一主体的需要是多方面的、不断变化的，但也具有一定的同一性和稳定性。

价值客体及其属性、价值主体及其需要是个别和一般的统一，因此，价值判断也是特殊性和普遍性相统一。另外，需要指出的是，价值是一种主体性事实，而价值判断是对这种主体性事实的反映和指陈，不可能具有自然科学那样的普遍性，且不同的价值判断的普遍性程度也有高低之分。①

三、评估的合理性模型与理想的评估

"评估的合理性模型"与"理想的评估"，是从规范和应然的角度来表征着怎样使评估成为合理的评估和理想的评估，更好地指导评估用户的行为。

（一）评估的合理性模型

冯平根据赫伯特·西蒙的观点——合理性是一种规范的行为方式提出，评估的合理性是指评估的合事实、合逻辑、合规范、合目的性。基于此，建构了评估的合理性模型，即一个评估是合理的，必须满足"真""美""善"三个标准或条件②。

"真"的标准，指必须准确把握评估客体以及评估中所涉及的事实，即评估所包含的所有信息必须符合实际。如果评估客体及其他事实的信息错误，不符合实际，那么该评估必然不合理。"真"是评估合理性的必要条件之一。

"美"的标准，指整个评估必须以评估目的为支点，在确定评估标准（评估指标体系）、采集评估信息、做出价值判断之间具有逻辑自洽性、和谐性。"美"也是评估合理性的一个必要条件。

"善"的标准，指评估所引导的行为必须合目的，从最高意义上说，必须合人类发展和社会进步的最终目的。任何评估都是为一定行为提供依据，都将引导一定的行为。如果评估所引导的行为符合人类追求进步的目标，对人类发展起着积极的作用，那么它是善的、是合理的。这个标准，是评估合理性的充分条件。

---

① 马俊峰：《评价活动论》，中国人民大学出版社1994年版，第319页。
② 冯平：《评价论》，东方出版社1995年版，第245—293页。

评估的合理性模型包括以上"真""美""善"三个标准或条件,缺一不可。一个评估同时具备这三个标准,才是合理的。评估的合理性模型还是一个动态模型,随着一定的社会历史条件的发展而发展,随着评估实践、评估研究的不断深入而不断进步。

(二)理想的评估

一个理想的评估,根据马俊峰的研究,应具备两个最起码的标准,即得当性的内在标准和有效性的外在标准[①]。评估的得当性是其有效性的内在根据和保障,有效性则确证了评估的得当性,也是其得当性的外在表现。

1. 内在标准:得当性

是否得当,是从评估的内容方面来衡量一个理想评估的内在标准。一个评估是否得当,必须满足这几个条件。第一,全面、科学地认知价值客体,即认知达到"真"。第二,可靠、合理地把握价值主体的需要以及需要之间的关系,尤其合理地把握优势需要和非优势需要、高层次的需要与低层次的需要、社会需要和个人需要的关系,有一种整合、提升各种需要的冲动和努力,即向"善"。第三,合理、可靠、恰当地把握主体的能力和当时的具体环境条件。第四,评估过程遵循一定的程序和规则,遵循科学的方法和逻辑。第五,合理、正确地计算各种价值,得出正确的价值判断。以上几方面相互制约、相互影响,任何一方出了问题,都会影响评估的得当性。

2. 外在标准:有效性

是否有效,是从评估的功用与效果方面来衡量一个理想评估的外在标准。追求最大效益是人们从事各种活动的共同原则,总是力图以最小的代价、最低的成本来获得最大的收益。评估活动和其他活动一样,同样应注意效率和效益。开展评估活动总需要一定的投入或成本,包括"生产成本"和"机会成本"。任何评估人员、价值主体及其他利益相关者都希望相关的评估能带来最好的、最大的效益或收益。这也是不断改善评估,不断提高评估质量,使评估活动不断趋于合理性、科学化的内在动力。一般说来,要提高效益,最主要、最直接的办法就是提高评估的精度,即把握住在特定条件下的特定对象对主体的最大可能的价值,以便在行动中最大程度地创造和占有这种价值。另外就是尽可能降低评估的成本。

综上所述,理想的评估包含了真,以真为前提条件,但又不限于真,它是一种真、善、美、利的统一。作为一种规范,理想的评估表征着应如何改善评估,

---

① 马俊峰:《评价活动论》,中国人民大学出版社1994年版,第339—349页。

如何使评估趋向于理想，更好地为评估用户或各种利益相关者服务。

第二节　借鉴与启示：美国元评价标准

美国元评价标准源于解决评估质量问题，引导、保证、提高评估质量。元评价标准表征着一个良好评估的基本特征和要求，是判断评估好坏的主要标尺，实际上就是评估质量标准。研究美国元评价标准，目的在于更深入地了解评估质量标准的规定性，发扬美国元评价标准的优点，设法避免它的缺点，为建构我国高等教育评估质量标准提供有益的借鉴与启示。

一、美国元评价标准的发展

美国元评价标准的发展历程大致分两个阶段。60年代至70年代末为探索时期，70年代末尤其是80年代以来进入规范化时期，重点转向研发体系化的元评价标准。

（一）探索时期

1965年美国颁布了《中小学教育法案》（ESEA），加强资助补偿教育项目，同时也加强评估这些项目的执行情况。在评估中，评估人员欠缺专业性、评估指标体系不科学、评估方法因循守旧、评估过程不规范、评估结果令人生疑等问题凸显出来，评估质量开始受到美国各界的关注。在此背景下，元评价应运而生。1969年美国评估专家斯克列文（Scriven）最早正式提出Metaevaluation（元评价）这个概念。[1] 从此，学界开始了元评价标准的探索。

研究者当时主要引用、改造相关技术或标准来进行元评价。例如，利用美国心理学协会（APA）、美国教育研究协会（AERA）、美国教育标准协会（NCME）制定的《教育和心理测验标准》和布鲁斯智力测量年鉴（Buros MMYs）来对评估工具进行再评价。[2] 坎贝尔和斯坦利（Campbell & Stanley）、布拉奇特和斯坦利（Bracht & Stanley）、斯坦弗比尔姆（Stufflebeam）、谢波德（Shepard）等学者提出了评估一个评估的指标或标准。坎贝尔、米切尔和斯坦弗比尔姆（Campbell, Michael & Stufflebeam）运用多相分类分析结构，概括并分析了

---

[1] Scriven, M., "An Introduction to Metaevaluation," *Educational Product Report*, No. 2, 1969.
[2] Berk, R. A., *Educational Evaluation Methodolgy: The State of The Art*, The Johns Hopkins University Press, 1981.

评估体系的各个维度的评判指标。①

这个时期，比较有代表性的是美国学者沃森（Worthen）以概括性问题形式总结了一个质量好的评估所应当具备的11条特性，并建议用这些特性作为判断评估质量的标准。以下就是沃森以概括性问题形式总结的元评价标准：概念明确——应明确阐述评估的中心问题、目的、作用和一般方法；突出被评估对象的特性——应全面、详尽地描述被评估对象的特性；确认并表达合法评估报告接受者的观点——所有合法的评估报告接受者应具有发言权并有机会审查评估结果；对评估中涉及的政治性问题敏感——应满意地处理好产生分歧的政治、人际和伦理问题；详细说明信息需求和来源——应当详细说明所需的评估信息及其来源；全面性——应收集所有重要的，但无相互矛盾的变量和问题的评估信息；技术的充分性——评估设计、程序和所产生的信息应当满足效度、信度和客观性的科学准则；成本考虑——应考虑评估的成本因素；明确的标准——应明确列出并讨论、判断被评估对象的标准；判断或者建议——除了报告评估结果外，还应当提供适当的判断和建议；面向评估报告的接受者——应适时地向已确认的评估报告接受者提供形式适当的评估信息。②

总之，60年代至70年代末研究者对元评价标准的探索，为它进一步的规范化奠定了基础。

（二）规范化时期

1975年，美国学校管理者协会（AASA）、美国教育研究协会（AERA）、美国评价协会（AEA）、美国教师联盟（AFT）、美国心理学协会（APA）、咨询评价协会（AAC）、课程发展与监督协会（ASCD）、高等教育鉴定协会（CPA）、小学校长全国协会（NAESP）、中学校长全国协会（NASSP）、教育测量国家委员会（NCME）、国家教育协会（NEA）等12家教育团体共同组织了"教育评估标准联合委员会"（The Joint Committee on Standard for Educational Evaluations）。在会上，斯坦弗比尔姆（Stufflebeam）、坎贝尔（Campbell）、曼德斯（Madaus）、枯巴（Guba）、瑞文司（Rivers）、波瑞卡尔（Brickell）、罗塞尔（Russell）、卡夫（Carver）、林肯（Linn）等评估专家提出了研制体系化的元评

---

① 史耀芳：《略论教育评价中的元评价》，《教育理论与实践》1999年第5期。
② Worthen,B.S.,*A Look at the Mosaic of Educational Evaluation and Accountability*.Research,Evaluation,and Development Paper Series No.3,Northwest Regional Educational Laboratory,1974,http://files.eric.ed.gov/fulltext/ED137415.pof；金娣，王刚：《教育评价与测量》，教育科学出版社2002年版，第209—210页。

第二章　高等教育评估质量标准

价标准的议题。联合委员会成为一个研究元评价标准的专业机构，总部设在西密执安大学评估中心。自召开联合委员会第一次会议以来，全美测量专家、评估专家、方法技术专家、校长、教师、董事会成员、课程专家、法律顾问等各方面人士开始了长期、稳定、建设性的合作。[1]

1981 年联合委员会发表了《教育项目、计划、材料评价标准》（*Standards for Evaluations of Educational Programs, Projects, and Materials*），作为衡量教育评估的标准，并于 1994 年、2004 年进行了修订。1988 年联合委员会又研制出《人事评价标准》（*Personal Evaluation Standards*）。2003 年又发布了《学生评价标准》（*Student Evaluation Standards*）。联合委员会认为，一个好的评估，必须满足正确性（accuracy）标准、实用性（utility）标准、可行性（feasibility）标准、适当性（propriety）标准[2]，突破了长期以来的狭隘观点——任何一个好的评估只要满足通过实验设计的内外信度要求和效度测量要求，即一个好的评估只要满足正确性标准[3]。

另外，还有一些评估专家提出了自己的元评价标准[4]。例如，1983 年拉森和柏利（Larson & Berliner）按评估输入（evaluation input）、评估过程（evaluation process）和评估输出（evaluation outcome）提出 23 条标准。1995 年拉格斯（Rogers）专门就评估结果提出 5 条元评价标准：出示有效的信息（producing valid information）、给决策者提供有用的信息（providing useful information to decision-makers）、得出无偏见的价值判断（producing unbiased judgements of merit or worth）、涉及并向利益相关者阐明（involvement & illumination of relevant stakeholders）、授权于确定的计划委托人（empowerment of the intended program clients）。2000 年，康昆波和易禅构（Keun-bok Kang & Chan-goo Yi）提出一个很严谨的元评价标准，详见表 2—1。

---

[1] Stufflebeam, D. L., "A Note on the Purposes, Development, and Applicability of the Joint Committee Evaluation Standards," *American Journal of Evaluation*, Vol. 25, No. 1, 2004.

[2] Joint Committee on Standards for Educational Evaluation, *Standards for Evaluations of Educational Programs, Projects and Materials*, New York: McGraw-Hill, 1981.

[3] Stufflebeam, D. L., "A Note on the Purposes, Development, and Applicability of the Joint Committee Evaluation Standards," *American Journal of Evaluation*, Vol. 25, No. 1, 2004.

[4] Keun-bok Kang & Chan-goo Yi, Poster presented at the annual meeting of the Canadian Evaluation Society, Montreat, Canada, 2005—5—16. Canadian Evaluation Society 20th Annual Conference, 2000—5—16.

表 2—1 Keun—bok Kang & Chan—goo Yi 的元评价标准[①]

		标准
评估范式	目的	合理 rationality
	类型	适当 appropriateness
	对象	与水平和范围相宜 suitability（level and range）
评估资源	人员	质量、数量适当 quality/quantity
		用户参与 user involvement
	机构	结构与功能适当 structural and functional appropriateness
	预算	适当 appropriateness
	信息	在数量上足够，在质量上可靠 quantity and quality（adequacy, reliability, etc）
评估过程	程序	客观、公平 objectivity and fairness
	调速	适合评估类型 fitness to evaluation type, etc
	方法	正确、有效 accuracy and validity
	标准	适当 appropriateness
评估绩效	引导	合理 rationality
	结果	有效 validity
评估用途	信息	有用 usefulness
	报告	清楚、无偏见 clarity and impartiality
		及时性、传播 timeliness and dissemination
	工具性用途	改善、改革现有的计划 improving & changing the existing program
		制定新的计划 developing the new program
	观念性用途	阐明方针 enlightment of policy

总之，规范化、体系化的元评价标准是美国教育评估界力图保证评估质量而

[①] Keun-bok Kang & Chan-goo Yi, A Design of the Metaevalution Model, CES 20th Annual Conference, 2000—5—16.

取得的成果，虽不能说这些标准完美无缺，但在很大程度上积极地引导了评估实践活动的规范性、科学性、合理性，有效地促进了评估理论研究的不断发展与完善，有力地保证并提高了评估质量。

二、美国教育评估标准联合委员会的元评价标准

在美国，教育评估是一门严格意义上的专业，无论是评估实践工作者还是理论工作者，都十分重视评估质量，并积极推进元评价标准的规范化和体系化。迄今为止，比较著名且影响深远的元评价标准是教育评估标准联合委员会制定的三类标准，即《教育项目、计划、材料评估标准》《人事评估标准》和《学生评估标准》。这三类评估的专业标准，都以实用性（utility）标准、可行性（feasibility）标准、适当性（propriety）标准和正确性（accuracy）标准四大标准为纲，形成一个元评价标准体系。尤其值得一提的是，尽管联合会元评价标准主要用于教育评估领域，然而，随着元评价实践活动的推广，这些标准逐渐在社会福利、通讯技术、工业、商业、公共政策、慈善事业、军事等非教育评估领域中被广泛使用。

《教育项目、计划、材料评估的专业标准》比其他两类标准使用范围更广，影响更大，更有代表性。因此，这里具体介绍该标准体系。①

（一）实用性标准（共8条）

为了满足实用性（utility）标准，评估应该：

- U1：确定利益相关者（Stakeholder Identification）
——明确评估委托人
——和领导者一起确定其他利益相关者
——和一些有潜能的利益相关者商议，明确他们的信息需求
——通过一些利益相关者确定其他利益相关者
——和委托人一起对利益相关者的相对重要性排序
——对整个评估中涉及的利益相关者整理分类
——保持评估的开放性，为新确认的利益相关者服务

---

① Stufflebeam, D. L., "The Methodology of Metaevaluation as Reflected in Metaevaluations by the Western Michigan University Evaluation Center," *Journal of Personnel Evaluation in Education*, Vol. 14, No. 1, 2000; Stufflebeam, D. L., "Program Evaluation Metaevaluation Checklist Based on The Program Evaluation Standards," www.wmich.edu/evalctr/checklists.

——表达利益相关者的评估需要

——为适当范围的利益相关个体服务

——为适当范围的利益相关团体服务

- U2：评估者的信度（Evaluator Credibility）

——聘用有能力的评估者

——聘用利益相关者信任的评估者

——聘用能表达利益相关者关注点的评估者

——聘用能适当地对性别、社会经济状况、种族、语言、文化等分歧做出反应的评估者

——确保评估计划反映核心利益相关者的关注点

——帮助利益相关者理解评估计划

——给利益相关者提供评估计划的专业品质和实用性的信息

——重视利益相关者的批评和建议

——和政治、社会力量与时俱进

——向利益相关者汇报评估进展

- U3：信息范围与选择（Information Scope and Selection）

——理解委托人最重要的评估需要

——和相关人员访谈，以明确他们不同的观点

——确保评估者和委托人商谈，以确定相关的听取人、问题和所要求的信息

——确定最重要的利益相关者的优先权

——确定最重要问题的优先权

——在评估过程中有足够的添加新问题的弹性

——获取充足的信息，表达利益相关者最重要的评估问题

——获取充足的信息，评估该评估方案的优点

——获取充足的信息，评定该评估方案的价值

——根据信息，确定优先权，分配评估的努力程度

- U4：价值观鉴别（Values Identification）

——为解释评估结果，考虑可供选择的价值观来源

——对价值判断提供明晰的、可辩护的依据

——确定适当的团体对评估做出解释

——确定适当的社会需要

——确定适当的消费者需要

——参考相关法律

——如果合适，参考相关学院的使命

——参考项目的目标

——考虑利益相关者的价值观

——如果合适，基于冲突的但可信的价值基础，阐述可供选择的解释

• U5：报告的清晰性（Report Clarity）

——清晰地报告最基本的信息

——提供简洁、朴素、直接的报告

——报告聚焦于冲突的问题

——描述项目及其背景

——描述评估的目的、程序、结果

——支持结论和建议

——避免用专业性的行话报告

——用利益相关者能接受的语言报告

——提供一个可执行的总结

——提供一个技术性的报告

• U6：报告的及时性与传播（Report timeliness and Dissemination）

——给目标用户及时提供中期报告

——一旦需要，就交付最终报告

——及时与项目政策委员会交换意见

——及时与项目成员交换意见

——及时与项目用户交换意见

——及时与大众媒体交换意见

——及时与各方面有知情权的听取人交换意见

——利用媒体有效地让不同的听取人了解情况

——陈述简洁

——利用案例帮助听取人把结果和实际情况结合起来

• U7：评估影响（Evaluation Impact）

——与听取人保持联系

——在整个评估的过程中涉及利益相关者

——鼓励和支持利益相关者使用评估结果

——引导利益相关者在他们的工作中怎样使用结果

——预测和阐明结果的潜在用途
——提供中期报告
——保证报告的开放性、真实性、具体性
——用即时的口头信息补充书面报告
——召开专题反馈会议以仔细检查、应用评估结果
——解释和应用评估结果，安排并提供进一步的帮助

（二）可行性标准（共 3 条）

为了满足可行性（feasibility）标准，评估应该：

• F1：符合实际的程序（Practical Procedures）
——根据信息的需要，选择合适的方法或工具
——尽可能地减少混乱
——尽可能地减少资料负荷
——任用有能力的人员
——培训人员
——选择人员有能力履行的程序
——根据现有的条件选择程序
——制订一个现实的进度表
——利用本地人（locals）促进评估的实施
——如果合适，使评估程序成为日常事务的一部分

• F2：政治上的可行性（Political Viability）
——预期不同利益群体的不同立场
——避免或消除对评估结论的偏见和误用的行为
——促进合作
——在整个评估过程中关注所有的利益相关者
——认同编辑或传媒的权威
——发布临时或中期报告
——汇报有分歧的观点
——向有知情权的听取人汇报
——使用一份有法律效力的公开的合约
——终止任何腐败的评估

• F3：成本效益（Cost Effectiveness）
——高效率

——充分利用内部各种服务

——提出的信息有价值，值得所投入的资金

——汇报各种决定

——促进项目改进与提升

——提供问责信息

——产生新的见解

——促进推广有效的实践举措

——尽可能地减少分歧

——尽可能地减少项目人员所花的时间

（三）适当性标准（8条）

为了满足适当性（propriety）标准，评估应该：

· P1：以服务为导向（Service Orientation）

——确定项目用户的需求

——根据目标用户已确定的需求来评定项目结果

——确定所服务的全部合法项目的受益者

——促进优质服务

——使利益相关者明白评估的服务导向

——确认该项目的优点

——确认该项目需要改正的缺点

——为项目的改进提供中期反馈

——揭发有害的行为或举措

——向所有有知情权的人士通告该项目的积极的和消极的结果

· P2：正式的合同——达成正式的书面契约（Formal Agreements——Reach advance written agreements on）

——评估目的与问题

——听取人

——各种评估报告

——评估报告的撰写

——评估报告的发布

——评估过程和评估进程表

——评估数据的保密/不公开

——评估人员

——元评价
——评估资源
- P3：人权主体（Rights of Human Subjects）
——使利益相关者明白：评估将尊敬和保护人权主体
——明晰评估的预期作用
——使利益相关者了解相关情况
——遵循既定的程序
——维护公民权
——理解参与者的价值观
——尊重差异
——尊重保密/匿名的契约
——无害
- P4：人际交往（Human Interactions）
——以专业方式与所有的利益相关者保持持续的联系
——与利益相关者保持有效的沟通
——遵循组织的协议
——尽量减少分歧
——尊重参与者的个人隐私
——尊重自愿工作时间
——能意识到并明确提出参与者对评估关注之处
——敏感地认识到参与者价值观分歧与文化差异
——平等地与每位利益相关者谈话
——重视或揭露参与者的无能、不道德行为、造假行为、浪费行为或滥用行为
- P5：完整、公正的评估（Complete and Fair Assessment）
——评定并汇报该项目的优点
——评定并汇报该项目的缺点
——汇报预期之中的结果
——汇报预期之外的结果
——详细说明评估过程
——适当的话，展示该项目的优点如何被用来克服其缺点
——审查报告初稿

——恰当地提出对初稿的批评

——承认终期报告的局限性

——评估、汇报该评估的局限性对全面判断该项目所带来的影响

- P6：评估结果的公布（Disclosure of Findings）

——界定有知情权的听取人

——以所签定的合同为基础，遵循知情权的要求

——告知听取人评估的目的和拟订的报告

——以书面的形式汇报所有的结果

——汇报该项目支持者和反对者的有关观点

——汇报权衡的、已知的结论及建议

——出示结论和建议的依据

——公布评估的局限性

——严格坚持直接、公开、完整的原则

——确保报告到达所有听取人的手中

- P7：利益冲突（Conflict of Interest）

——在评估早期（开始之前）就确定潜在的利益冲突

——以书面合同的形式对已确定的利益冲突采取防范措施

——聘请多元化的评估人员

——保管好评估记录，以便独立地复查

——适当的话，聘请独立团体来评定评估中因利益冲突所引起的影响或腐败问题

——适当的时候，向公众发布评估程序、数据和报告

——与资助部门签合同，而不是和资助项目签合同

——让内部评估人员直接向主要执行官员报告

——平等地向所有有知情权的听取人汇报

——聘请特别有能力的人士参与评估，即使他们可能有潜在的利益冲突（可采取措施来防范这种冲突）

- P8：财政责任（Fiscal Responsibility）

——明确规定并预算开支项目

——预算保持充足的灵活性，允许适当的再分配来增强评估

——对预算做必要的调整时，要获得相关的许可

——为管理评估财政承担责任

——正确无误地记录资金来源和花费

——充分记录人员的工作安排和工作时间

——通过比较去选购评估物资

——通过比较来签约竞价

——节约使用评估资源

——适当的话,把开支小结作为公开的评估报告的一部分

(四) 准确性标准(11条)

为了满足准确性(accuracy)标准,评估应该:

• A1:项目记录(Program Documentation)

——从各种书面材料中收集有关预期项目的描述

——从各种利益相关者和委托人那里收集有关预期项目的描述

——阐述该项目预期如何运作

——记录该项目如何运作的各种信息来源

——可行的话,聘请独立的观察员来描述该项目的实际运作

——描述该项目实际上是怎样运作的

——分析项目预期如何运作的各种描述之间的差异

——分析项目预期运作和实际运作之间的差异

——请委托人和利益相关者评估项目预期运作和实际运作的描述记录的准确性

——提出一份专业性的报告来记录该项目的运作

• A2:背景分析(Context Analysis)

——运用多种信息来源,描述项目的背景

——阐述背景的专业性、社会、政治、组织、经济的特征

——保存一份异常环境记录

——记录个体或团体有意或无意干涉项目的事例

——记录个体或团体有意或无意协助项目的事例

——分析该项目的背景与该项目可能被采纳的背景有什么相似与不同

——汇报那些可能对项目产生巨大影响的背景因素,和那些潜在的采纳者可能感兴趣的背景因素

——估计背景对项目结果的影响

——确认并描述与该项目在同样的环境中同时存在的其他激烈竞争的项目

——叙述局内人对该项目的存在、重要性和质量的见解

- A3：目的和程序的描述（Described Purposes and Procedures）
——评估伊始，记录委托人的评估目的
——观察、描述利益相关者预期使用评估结果
——观察、描述评估目的如何随着时间而改变或保持不变
——确认、评定利益相关者对评估目的相同或不同的观点
——适当的话，更新评估的程序以适应评估目的的改变
——记录执行中的实际评估程序
——解释评估结果时，考虑不同利益相关者对评估的预期使用
——解释评估结果时，考虑预期程序有效执行的程度
——在总结性、详细的评估报告中，描述评估的目的和程序
——可行的话，聘请其他独立的评估人员监控和评定评估目的和程序

- A4：可靠的信息来源（Defensible Information Sources）
——从各种不同渠道获取信息
——利用以前收集的恰当的有效的信息
——适当的话，运用多种数据采集方法
——记录、汇报信息来源
——记录、证明、汇报选择信息来源时所用的方法和标准
——界定每一种信息来源的类别
——对于每一种类，合适的话，详细说明所用的样本
——记录、证明、描述每一渠道采集的信息所用的手段或方式
——把数据收集工具放入评估报告的技术附录中
——记录、汇报所获信息中任何偏见的信息

- A5：有效的信息（Valid Information）
——评估聚焦于关键问题
——适当的话，运用多种方式来表述每一个问题
——详细叙述获取所需信息时的行为和构想
——评定、汇报每种所用程序所要求的信息种类
——培训数据采集者，校准计量单位
——记录、汇报数据采集的条件和过程
——记录如何评分、分析、解释每个程序中的信息
——以单独或组合的推论方式做出合理的汇报和证明
——评定和汇报程序中所用信息，以及回答评估问题所需信息的全面性

——使用质性评估程序所收集的信息，通过确认常规或反复出现的主题来建立有效的信息类别
• A6：可靠的信息（Reliable Information）
——确认并证明所宣称的可靠性的程度和类别
——对每个数据收集的仪器、工具，详细说明分析单位
——可行的话，选择那些在过去使用中已显示可接受的可靠性水平的度量仪器
——在汇报仪器的可靠性时，评定并汇报影响可靠性的因素，包括被评估者的特点、数据收集的条件以及评估人员的偏见
——检查、汇报评分、分类及编码的一致性
——培训评分者和分析者，并向他们提出相关标准，以得出一致的结果
——试测新仪器，以确认和控制误差的来源
——适合的话，检查不同观察者之间的一致性
——在最终报告中承认可靠性问题
——估计并汇报数据不可靠性对该项目全面评判的影响
• A7：系统化的信息（Systematic Information）
——制定评估信息质量控制协议
——培训评估人员要遵守数据协议
——系统地检查评分和编码的准确性
——可行的话，聘请多元化的评估人员，并检查他们工作的一致性
——核实数据条目
——校对、核实计算机输出的或其他途径而来的数据图表
——系统化并控制评估信息存储
——规定谁有权接触评估信息
——根据所定的协议，严格控制评估信息的接触权
——让数据提供者核实他们提供的数据
• A8：定量信息的分析（Analysis of Quantitative Information）
——一开始就进行基础的考察分析，以确保数据准确以及更好地理解数据
——选择适合于评估问题、数据特征的程序
——详细说明如何满足每一程序的关键假设
——汇报每一分析程序中的局限性，包括没有满足的假设
——使用多种分析程序来检查结论的一致性和再现性

——检查其变量和主要趋势
——确认、检查局外信息，核实其正确性
——确认、分析统计的相互影响
——评估统计的重要性和实践的重要性
——使用直观的呈现手段，阐明、展示、解释统计结果
- A9：定性信息的分析（Analysis of Qualitative Information）
——聚焦关键问题
——界定所用信息的边界
——获取对重要评估问题起关键作用的信息
——通过包括利益相关者在内的多种渠道获取确凿的证据，以核实评估结果的准确性
——选择适合于评估问题和所用质性信息的分析程序和总结方法
——得出一系列记载、阐明和反映评估问题的类别
——证明所得的类型的信度和效度
——将所获得的信息分成有效的分析类别
——从中引出结论和建议，并说明其意义
——汇报所参考的信息，分析和推论所存在的局限性
- A10：合理的结论（Justified Conclusions）
——结论直接关注评估问题
——准确地反映评估程序和评估结果
——结论限于可适用的时间段、背景、目的和活动
——例举、引用支持每个结论的相关信息
——确认、汇报项目的边际影响（side effects）
——汇报似是而非的其他可供选择的结果解释
——说明一些相反解释被拒绝的原因
——温和地反对普遍的误解
——获得并说明评估报告初稿发布前的评估结论
——报告评估中存在的局限性
- A11：无偏见的报告（Impartial Reporting）
——委托人制定相关的措施，以确保报告的公平公正
——建立适合的编辑机构
——确定有知情权的听取人

——建立并遵守合适的计划,以向所有有知情权的听取人发布结果
——确保报告不受到故意的或无意的曲解
——汇报所有利益相关团体的观点
——汇报其他似是而非的结论
——获得报告的外部审计
——描述控制偏见的措施
——公开发布结论,以防范、更正其他利益团体对它的曲解
- A12:元评价(Metaevaluation)
——设计或界定判断该评估所用的标准
——指定人员专门负责记载和评定评估过程和产品
——采用形成性和总结性的元评价
——划拨适量并充足的预算,使元评价顺利实施
——根据所规定的标准全面记录判断该评估所需的所有信息
——可行的话,签订一份独立的元评价合同
——决定并记录哪些听取人可以收到元评价报告
——根据相关的标准,对评估的仪器、数据采集、数据处理、编码和分析进行再评价
——根据相关的标准,对该评估涉及的利益相关者以及把评估结果反馈给利益相关者的情况进行再评价
——记录所有元评价的步骤、信息和分析

三、借鉴与启示

目前,我国没有严格意义的高等教育评估质量标准。具体阐述美国元评价标准的发展过程和教育评估标准联合委员会的元评价标准,意在建构我国高等教育评估质量标准时,更深入地了解评估质量标准的规定性,并借鉴美国元评价标准的优点,设法避免它的缺点。

(一)元评价标准(评估质量标准)是一种对评估的规范机制和应然要求,而不是对现实的表述

从美国元评价标准的发展历程来看,它源于解决评估质量问题,作为保证、提高教育评估质量的一种重要规范机制而不断得到发展。

从美国元评价标准的内容来看,它是对教育评估的本质和规律、评估质量的内涵、评估技术和评估程序的规范等方面的应然要求。它不是描述现实中或实际

中所进行的教育评估是怎么样的，而是从更高层面的应然角度，探讨一个好的教育评估应该是怎么样的，什么样的教育评估才是好的。元评价标准，实际上就是评估质量标准，全面而充分地表征着一个良好评估的基本特征和基本要求。它还是判断评估好坏的主要标尺，衡量某个评估为什么是好的，而另一个评估为什么不好。它提出了一种奉劝或规劝，对教育评估提出应有的规范和要求，并说明这种规范和要求的理由以及使用范围，促使评估机构和评估人员在评估过程中遵循这种基本规范，按评估的客观规律和基本要求开展评估工作，以及明晰怎样才能达到这些评估要求，提高评估质量。另外，元评价标准（评估质量标准）还为达到评估质量提供了可操作的程序和要求，促进有关人员对适当的评估程序、技术、方法达成共识，引导、规范评估人员的评估行为。

还值得注意的是，元评价标准（评估质量标准）是不断发展的，总是随着评估理论研究和评估实践活动的发展而发展，也随着社会对评估质量要求的提高而发展。这从美国元评价标准的发展历程以及教育评估标准联合委员会不断修订元评价标准、不断开拓新类型的元评价标准上可以得到明证。

（二）元评价标准（评估质量标准）是一个体系，而不是零散的

由于评估自身的系统性，美国元评价标准即使在其探索时期，也不是零散的，而是自成体系的。例如，沃森（Worthen）提出的评估质量标准，包括评估的中心目的、评估对象的特性、评估中涉及的政治人际和伦理问题、评估信息及其来源、评估技术、评估的成本、提供适当的判断和建议、面向评估报告的接受者等十一个方面，囊括了一个质量好的评估所应当具备的最基本的特性和要求。

元评价标准规范化时期所提出的标准更加体系化。康昆波和易禅构（Keun-bok Kang & Chan-goo Yi）从评估范式、评估资源、评估过程、评估绩效、评估用途五个方面提出了 20 个标准。教育评估标准联合委员会研究的元评价标准更是具有严密的体系，都以实用性标准、可行性标准、适当性标准和正确性标准四大标准为纲，四大标准又继续分成 20－30 个不等的分标准。例如，《教育项目、计划、材料评价的专业标准》有 30 个分标准，每个分标准下还分别罗列出 10 个小标准，一共包括 300 条小标准。该标准体系针对决定是否评估（deciding whether to evaluate）、界定评估问题（defining the evaluation problem）、设计评估方案（designing the evaluation）、收集评估信息（collecting information）、分析评估信息（analyzing information）、报告评估结果（reporting the evaluation）、预算评估成本（budgeting the evaluation）、鉴定评估合同（contracting for evaluation）、管理评估（managing the evaluation）、聘请合格的评估人员（staffing the evaluation）等10个评估任务（evaluation task），① 构成了一个完整的体系，涉及评估的方方面面，全面、系统、清晰地表征着一个高质量的评估的品质与要求。

（三）制定我国高等教育评估质量标准应注意和避免的问题

美国元评价标准主要有以下两个缺点，建构我国高等教育评估质量标准时应注意和避免。

美国元评价标准体系过于繁琐和机械。《教育项目、计划、材料评价的专业标准》一共有300个小标准，虽然覆盖面极广，几乎涉及评估中的每个细节，但过于繁琐，且有相当一部分小标准重复，过于机械，阻碍了评估人员的创造能力和创新意识的发挥。不能否认，评估质量标准是应该有一定的体系，也应该有一定的全面性，但不能过于微观，以免禁锢评估人员的创造能力和创新意识。只有在遵循一定标准的基础上，鼓励评估人员不断创新，才有可能不断地提高评估质量。

因此，制定我国高等教育评估质量标准时应避免这个问题。把高等教育评估质量标准体系分成原则性标准与技术性标准两大类。原则性标准把握评估质量的整体方向，重点解决高等教育评估的本质和规律、评估质量的内涵等问题，使评估人员在把握原则性标准的基础上，拥有一定的创新空间。技术性标准，从具体操作方面重点解决评估技术、评估程序的规范要求，促使评估人员在具体的评估过程中遵循基本要求，确保评估质量。

另外，美国教育评估标准联合委员会的元评价标准更适合于整个评估结束后对评估质量进行整体衡量。在评估过程中，并不适宜采用该标准来发现评估中的问题，指导评估进程。因为该标准是根据评估质量的整体要求（实用性、可行性、适当性和正确性）来制定的，适合于用整个元评价标准体系来对整个评估质量进行全面衡量。

而拉森和柏利（Larson & Berliner）按评估程序（评估输入、评估过程和评估输出）的角度提出的元评价标准，既适用于评估过程中，又适用于评估结束后。因此，建构我国高等教育评估质量标准可按具体的评估过程，分别针对评估指标体系、采集统计评估信息、评估结论制定相应的技术性标准，扩大评估质量标准的适用性和适应面。

---

① Joint Committee on Standards for Educational Evaluation, *The Program Evaluations Standards*, Thousand Oaks: International Education and Professional publisher, 1994, pp. vii—x.

第三节　我国高等教育评估质量标准及其构建

高等教育评估质量标准是对高等教育评估的本质和规律、评估质量的内涵、评估技术和方法等客观要求与规范的主观把握，并把这种主观把握用规则性的方式表述出来。基于此，本研究尝试建构我国高等教育评估质量标准体系：高等教育评估质量的前提性标准，要求进入高等教育评估市场的机构和人员获得认可，具备必要的专业能力、资格要求；原则性标准，为评估质量提供基本准则和整体把握，主要包括合规律性与合目的性的统一、合工具性与合价值性的统一以及合理与合情的统一；技术性标准，为高等教育评估的各个环节提供技术规范，即评估指标体系的正确性、独立性、实用性，评估信息采集与统计的可靠性、正确性，评估结果的实用性、信度和效度。三者相辅相成，形成一个高等教育评估质量标准体系，共同作用于评估质量的保证与提高。

一、高等教育评估质量标准的规定性

（一）高等教育评估质量的界定

质量是一个说不清道不明但又很常用的概念。正如英国学者格林（Diana Green）所说的"虽然人们能够对质量有一种直觉上的理解，但却难以清楚表述"，就像"自由""正义"等一样，它是一个难以准确界定的概念。[①] 质量最早属于一个物理学上的概念，表示"物体中所含物质的量，也就是物体惯性的大小，通常是一个常量，不因物体所在高度和纬度而改变，所用单位与重量单位相同"[②]。后来这一概念被其他领域吸收借鉴和发展，带来了对质量的界定和认识的多种多样。

随着时代的发展，质量观也发生了演变，从最初的质量就是符合性演变成质量就是适用性。符合性的质量观是从生产者（producer）的角度出发来判断质量，是指产品符合规格。适用性的质量观是从用户（user）的角度出发来判断质量，是指产品满足用户的需求。大部分人持第二种观点。例如，美国学者刘易斯（Ralph Lewis）认为"质量就是一种能满足或超过期望的产品、服务、人员、过

[①] Diana Green,"What is Quality in Higher Education?",Buckingham:*Society for Research into Higher Education*,Open University Press,1994,pp.12—17.

[②] 潘武玲：《我国研究生教育质量评价体系研究》，博士学位论文，华东师范大学，2004 年第 13 页。

程和环境相联系的动态的状态"①。美国学者朱兰（J. M. Juran）更加干净利索地提出，质量就是适用性（fitness for use）。②

  类似的质量定义和解释有很多。"质量"这个概念至少包含以下四个基本含义。第一，任何一种实体或活动都具有质量。这种实体可以是产品，也可是活动、过程、组织、体系，也可以是上述各项的任何组合。质量具有普遍性，广泛存在于各种实体或活动中。第二，质量作为实体或活动的内在规定性，具体表现为一组特性，是实体或活动特性或品质的总和。而且，这种内在规定性是实体或活动所特有的，区别于其他实体或活动的性质，是事物的客观属性。第三，质量必须以满足相关的需求为目的，这种需求既可是明示的，也可是隐含的。质量是实体或活动的客观属性与主体的需要相结合后才形成的，没有满足主体的要求，也就谈不上所谓的质量。第四，质量体现的是实体或活动的属性是否满足主体的需求及其满足的程度。满足程度高，则质量高；满足程度低，则质量差。

  ISO9000族2000版对质量的定义较好地反映了质量的本质特性："一组固有特性满足要求的程度。"（ISO9000：2000—3.1.1）③ "固有特性"是实体或活动本来就有的客观特性，尤其是那种永久性特性。"要求"是用户或主体明示的或隐含的需求和期望。"满足要求的程度"是指将实体或活动的固有特性与用户或主体的要求相比较，根据特性满足需求的程度对其质量的优劣好坏做出判定。也就是说，质量就是实体或活动特性满足用户明确或隐含需要的程度。

  鉴于以上认识，高等教育评估质量就是在特定的环境和背景下，高等教育评估本身所固有的一组特性或特征，是否满足以及满足政府、高校、学生（家长）、用人单位等主体或用户明显或隐含需求的程度。"高等教育评估本身所固有的一组特性或特征"，是指评估本身客观存在的属性或特征，构成了满足主体或用户的需求的客观基础，是评估的客观性所在。这些属性或特征符合评估自身的规律，是对评估的实然状态的把握与认知，体现了评估质量的客观性与合规律性。"是否满足以及满足政府、高校、学生（家长）、用人单位等主体或用户明显或隐含需求的程度"，是指把高等教育评估固有的特性与主体或用户的需求相比较，根据评估特性是否满足主体或用户需求及其满足的程度，做出优劣好坏的判断。

---

① 施晓光：《西方高等教育全面质量管理体系及对我国的启示》，载《比较教育研究》2002年第2期。
② 刘广弟：《质量管理学》，清华大学出版社2003年版，第24页。
③ 柴邦衡：《ISO9000质量管理体系》，机械工业出版社2003年版，第86页；刘书庆、杨水利：《质量管理学》，机械工业出版社2003年版，第1页。

也就是说，高等教育评估质量归根结底只有与主体或用户的需求相结合才能得到体现、才有意义，这是评估的主观性或目的性所在。主体或用户的需求，是对评估应然方向的认识与向往，反映了评估质量的主观性与合目的性。因此，高等教育评估质量是客观属性和主观要求的完美结合，是合规律性和合目的性的完美结合。另外，"政府、高校、学生（家长）、用人单位等主体或用户明显或隐含需求"，是随着时代的发展和环境的变化而不断地发展的，因此，高等教育评估质量还是一个持续改进（continuous improvement）的动态发展过程。

（二）高等教育评估质量标准的规定性

高等教育评估质量标准，是对评估质量的一种应然和规范性要求，描述一个高质量的高等教育评估应该是怎么样的，什么样的高等教育评估才是高质量的。它是判断评估质量高低的主要标尺，是评估人员在评估过程中必须遵循的基本要求，引导他们按高等教育评估的客观规律和评估的基本规范和原则开展评估工作，提高评估质量。从这种意义上而言，高等教育评估质量就是把评估质量标准贯彻于具体的评估过程后的结果，它有效地引导评估人员实现评估质量。总之，高等教育评估质量标准是对高等教育评估的本质和规律、评估质量的内涵、评估技术的规范等客观要求和规范的主观把握，并把这种主观把握用规则性的方式表述出来。

高等教育评估质量标准，尽管看起来理想化，但它是建立在现实的基础上，并以现实为前提，具有一定社会历史局限性的。不可能存在不具有任何社会历史局限性的高等教育评估质量标准，也不可能建构一个永恒的、无论什么历史条件下都适用的评估质量标准体系。高等教育评估质量标准是相对的，又是绝对的。所谓绝对，是指它在现有的社会历史条件下是一定的。而所谓相对，是指它不是静止的、凝结的，而是随着历史条件的发展而发展。因此，高等教育评估质量标准是在一定的社会历史条件下的质量标准，随着高等教育评估自身的发展以及社会对高等教育评估质量的要求的不断提升而不断发展变化的。

从现有的研究成果来看，评估质量标准在以冯平为代表的基于评估理论框架而提出的"评估合理性模型"中得到一定的体现。他提出三个标准或尺度：真——对评估客体和评估中所涉及的事实的把握必须准确；美——评估必须具有自洽性、和谐性，尤其必须具有逻辑自洽性；善——评估所引导的行为必须合目的，合人类发展和社会进步。以美国教育评估标准联合委员会为代表的基于评估技术规范的框架而提出的"元评价标准"也一定地反映了评估质量标准。联合委员会详细地提出了四条主要的元评价标准：实用性——评估应当满足评估用户的需求，建设性地利用评估结果和评估信息；可行性——评估应具有实际的可操作性，注意成本效益；适当性——评估应当关注评估对象的权益，符合法律和伦理；正确性——评估应在技术、方法和工具上保证评估信息的正确性，得出合逻辑的结论。

基于以上认识，拟建构我国高等教育评估质量标准体系。原则性标准，是对我国高等教育评估质量的整体把握，从基本准则层面上对高等教育评估提出的规范和应然要求，重点解决评估的本质和规律、评估质量的内涵等方面的问题，以观念或理念的形式贯穿于所有的高等教育评估活动中。技术性标准，是对高等教育评估全程的各个因素和环节，尤其是评估指标体系、评估信息的采集与统计、评估结果等质量的把握，从技术规范层面上提出的应然要求，以可操作的形式贯穿于评估全程。另外，还针对我国没有对高等教育评估机构和评估人员进行资格认可的现实，特别提出高等教育评估质量前提性标准，即要求进入高等教育评估市场的机构与人员获得认可，具备最基本的专业能力、资格要求。这三类标准，相辅相成，形成一个完整的高等教育评估质量标准体系，共同作用于评估质量的保证与提高。

二、高等教育评估质量的前提性标准

前提性标准，是高等教育评估质量的初始标准，即要求高等教育评估机构与人员获得认可，具备必要的专业能力、资格要求，才能进入评估市场。

（一）我国现有的认可机构没有且不适宜于认可高等教育评估机构、评估人员

国际标准化组织（ISO）将评定分为认可和认证两大类，其中认可包括机构认可（认证机构认可，审核机构认可，校准、检验机构认可，评估机构认可）和人员认可（审核员、评审员、评估人员认可）。我国据此制定了一些相关法律、法规，建立了一些相关的认可机构，认可认证机构和认证人员，确保达到质量标准或要求。

1994年4月，原国家技术监督局成立中国质量管理体系认证机构国家认可委员会（CNACR），并颁布了《中国质量管理体系认证机构认可规则》和《中国质量管理体系认证实施程序规则》，负责认可质量管理体系认证机构。同年12月成立中国认证人员国家注册委员会（CRBA），负责组织国家考试、认可审核人员，并颁发认可注册证书。同年10月中国实验室国家认可委员会（CNACP）成立，负责校准和检测实验室资格认可及认可后的日常监督。1995年5月成立中国产品质量认证机构国家认可委员会（CNACP），实施对产品质量认证机构的认

可。2001年,成立中国国家认证认可监督管理委员会,由国务院授权履行行政管理职能,统一管理、监督和综合协调全国认证认可工作。

这些认可机构围绕审核、认可和监督认证机构、认证人员资质这一核心职责,研究起草并贯彻执行国家认证认可和合格评定方面的法律、法规、方针政策、规章制度、工作规则;研究贯彻与认证认可有关的国际准则、指南和标准;依法监督和规范认证市场和认证行为,监督管理自愿性认证、认证咨询与培训等中介服务和技术评估行为,指导和推动认证中介服务组织的改革;协调并指导认证工作,受理有关认证认可的投诉和申诉,并组织查处;管理认证认可与相关的合格评定的信息统计和通报工作;代表国家参加国际标准化组织的合格评定组织及其活动,并会同国家标准化管理委员会参与国际标准化组织的有关质量管理和质量保证活动。① 目前,我国已经建立了质量管理体系、产品、实验室认证机构与认证人员的认可制度,保证了相关认证机构与认证人员最起码的质量要求。相关认证机构与认证人员获得了认可,证明他们符合认证质量的要求,具备了从事认证工作的资格。

国务院为了加强有关部门之间的协作配合,共同做好全国认证认可工作,自2002年起建立了一年一度的全国认证认可工作部际联席会议制度。部际联席会议由国家认监委牵头召集,日常工作由国家认监委认可监管部承担,各成员单位指定一位司局级干部为联席会议联络员。2006年第五次全国认证认可工作部际联席会议,有科技部、建设部、铁道部、信息产业部、农业部、卫生部、海关总署、国家环保总局、中国民航总局、国家林业局、国家食品药品监督管理局、国家旅游局等22个部门参加。② 教育部从来没有参加过这个联席会议,因为这些认可机构没有开展对高等教育评估机构和评估人员的认可活动。这种现状给认可教育评估机构、评估人员带来一定的障碍,也给其他认证机构参与教育评估业务设置了一定的壁垒。

如今,我国高等教育评估机构和评估人员还没有意识到应该向这些相关认可机构提出认可申请。因为就我国的实际情况而言,高等教育评估机构大都是政府下属机构,或者是政府机构改革和职能转化的产物,它们的地位使其在现有体制下没有必要向相关认可机构申请认可,而那些纯粹的民间评估机构,即使通过了

---

① 韩福荣:《质量管理体系认证:理论、标准与实践》,经济科学出版社2002年版,第166—169页。
② 《中国认证认可协会. 第五次全国认证认可工作部际联席会议在北京召开》,http://www.cnca.gov.cn/ccaa/xwfb/xwbd/8590.shtml。

认可机构的认可,如果没有得到政府的授权或委托,也无法进入相关的评估业务领域。因此,它们向认可机构申请认可没有实际意义。

而且,以上认可机构不宜认可高等教育评估机构与评估人员。这些认可机构主要是对ISO 9000族质量管理体系或国家质量管理体系(GB/T 9000族标准)的认证机构和认证人员进行资格认可。然而,高等教育管理体系认证与高等教育评估存在着本质的不同。按古默森—格龙鲁斯质量形成模式①,高等教育评估除了对教育管理、教学安排和过程、教学手段、教学质量考核等一般层面(即古默森—格龙鲁斯模式中质量形成的供给来源、关系来源以及功能质量)的评估以外,更主要的是对培养目标、学科专业设置、学术水平、学术声誉、科学研究、社会服务、师资队伍水平、学生质量等高等教育本质层面(即古默森—格龙鲁斯模式中质量形成的设计来源、技术质量)进行评估。高等教育管理体系认证只对高等教育质量形成的供给来源、关系来源以及功能质量进行评定,且培养目标、学科专业设置、学术水平、学术声誉、科学研究、社会服务、教师队伍建设、学生质量等的水平差异并不影响认证结论②。不能否认,高等教育管理体系认证(ISO 9000认证)能有效地规范管理体系、改进教育质量、转变办学观念,但与高等教育评估有着本质的不同,可与高等教育评估并行不悖,但不能代替高等教育评估。因此,这些认可机构不宜认可高等教育评估机构与评估人员,需要建立新的认可机构专门对其进行认可。

(二)我国高等教育评估机构和评估人员需要资格认可

根据我国非政府组织登记管理的两个主要法规《社会团体登记管理条例》③、《民办非企业单位登记管理暂行条例》④ 的规定,包括高等教育评估机构在内的社团组织或民办非企业单位实行双重审批体制。成立一个高等教育评估机构,必须先由业务主管单位预审,后由民政部门登记审批。这规定往往使一些高等教育评估机构,尤其是那些由教育行政部门主办或挂靠教育行政部门的评估机构,与相关职能部门的关系扯不清。更为严重的是,这种双重管理的模式,不仅在客观上使某些业务主管单位在管理过程中过多地包揽了一些直接管理事项,有时甚至

---

① 龚益鸣:《质量管理学》,复旦大学出版社2000年版,第456—463页。
② 陆震、尤建新、杜学美:《对建立我国教育评估组织认可制度的理论思考》,载《全球教育展望》2005年第8期。
③ 《社会团体登记管理条例(1989年10月25日中华人民共和国国务院令第43号发布)》,http://www.cnread.net/cnread1/kszl/ls/ygfg/059.htm。
④ 《民办非企业单位登记管理暂行条例(1998年10月25日国务院令第251号发布)》,http://www.mca.gov.cn/artical/content/PMJN/2003122285909.htm。

还通过颁布部门文件来强化这种趋势，把高等教育评估机构当作政府部门的附属组织。高等教育评估机构，特别是那些直接由教育行政部门主办或挂靠教育行政管理部门的评估机构，有意无意地延伸了政府的行政职能。它们甚至凭借所挂靠的政府部门的背景，以宏观管理的名义，行使评估权力。在这种环境下，一些高等教育评估机构受利益驱动往往不够自律以及忽视评估市场的公平竞争规则。而且，这种体制随着市场经济发展、政府改革和社会进步，越来越阻碍高等教育评估机构的健康发展。

这种行政审批制度，根据《中华人民共和国行政许可法》[①] 的规定，充其量是一种行政许可制度。许可（permission）是由政府行政部门直接实施的行政行为，根据机构、组织、团体、个人等主体的申请，依法审查，准予其从事特定的活动，其目的是为了确立特定主体的独立法人资格，而非确定、证明其所从事的活动是好的、高质量的。认可（recognition）是根据机构、组织、团体、个人等主体的申请，由法律或政府依法授权的机构经过严格的审查、论证，确定该主体能否把特定的活动做好，证明该主体所从事特定活动的能力和水平，既保证具备一定资质的机构和人员从事特定的活动，又禁止无资质的机构与人员（即使在民政部门登记注册手续是合法的）进入这种特定的活动。政府成立专门的高等教育评估质量评论机构，由该机构对高等教育评估机构、评估人员进行认可和审查，判断、证明他们的专业能力、资质，防止不合格的评估机构和人员进入评估市场，保证评估机构和人员最起码的资质，并对不负责任、弄虚作假的评估机构和人员进行处罚，建立退出机制。

综上所述，应从我国实际情况出发，提出高等教育评估质量的前提性标准，即要求进入高等教育评估市场的机构与人员获得认可，具备最基本的能力、资格要求。

三、高等教育评估质量的原则性标准

原则性标准是对高等教育评估质量的整体把握，从基本准则层面上对高等教育评估质量提出规范和应然要求，并以观念或理念的形式贯穿于整个评估活动。它重点反映评估质量的整体方向，重点解决评估的本质和规律、评估质量的内涵等方面的问题，主要体现在合规律性与合目的性的统一、合工具性与合价值性的统一以及合理与合情的统一。

---

① 《中华人民共和国行政许可法（2003 年 8 月 27 日中华人民共和国主席令第 7 号发布）》，http://www.cin.gov.cn/law/main/2004031004.htm。

(一) 合规律性与合目的性的统一

不合规范、不合事实的活动,人类不能为之,因为违背规律的活动是无效的,甚至还会产生负效应;不合目的的活动,人类不愿为之,因为人类所有的活动都是有目的的。一个高质量的高等教育评估活动,应该既合乎规律,又合乎目的。因此,高等教育评估质量的原则性标准,首先体现为合规律性与合目的性的统一。①

1. 合规律性与合目的性

合规律性,是指与客体或对象的属性、规律相一致的性质。是否具有合规律性,既取决于客体或对象的状况,又取决于主体利用资源、寻求信息的能力以及客观条件。合目的性,是指与主体及其现实需要相符合的性质,是主体基于认识,在把握了客体的发展规律、属性的前提下,在活动中达到自己的目的。所有活动都是从主体尺度出发,特别是从自身存在与发展的需要出发,根据自身的目的和需要进行。合目的性是核心,任何活动离开目的就难以产生,任何既定的活动如果不能实现或达不到目的,就没有意义。合规律性与合目的性存在着本质的不同,其主要区别请见表 2-2。

表 2-2 合规律性与合目的性的区别

合规律性	合目的性
要求主体按客体的本来面目、属性和规律去认识它、评判它、改造它,即按物的尺度来规定主体活动。	要求按主体的目的和需要去认识、评判、改造客体,把客体改造得更加符合主体的要求和目的,即按主体的尺度去规定活动。
意味着客体的本来面目、属性、规律独立于主体意志的存在,揭示这种本来面目、属性、规律的认识,是客观的、普遍的、有效的、一元性的。	意味着同一事物对不同主体有着不同的意义和价值,受不同主体的需要的影响,甚至受同一主体的不同需要的影响,意味着价值的非一义性、多样性。
在一定程度上限制了主体及其需要的随意与自由,强调主体及其需要受客体属性、规律的制约和决定。	在一定程度上承认主体及其需要的自由,承认主体的动机、目的的自由,强调实现一定目的的方法、手段、途径的多样性和主体选择目的、手段的灵活性。

---

① 马俊峰:《评价活动论》,中国人民大学出版社 1994 年版,第 109-102 页;陈翠芳:《主体需要的合理性是价值判断合理性的标准》,载《湖北大学学报(哲学社会科学版)》2005 年第 3 期;刘凯:《评价合理性的意涵》,载《东岳论丛》2003 年第 5 期。

2. 合规律性与合目的性的统一

"动物只是按照它所属的那个种的尺度和需要来建造，而人却懂得按照任何一个种的尺度来进行生产，并且懂得怎样处处都把内在的尺度运用到对象上去。"① 客体的尺度、物的尺度与人的需要、人的尺度既相互区别又相互联系，作为必然性和规律性的东西存在于人的一切活动中，共同制约着人的活动。人的尺度与物的尺度、合规律性和合目的性之间必然存在着统一的一面。

主体的需要直接包含着既依赖世界又利用世界的辩证统一，需要总是对一定对象的需要，体现了对对象世界的依赖，而需要又是主体利用对象及如何利用对象的根据。物的尺度总是主体发现的物的尺度。主体的目的、需要的确立，既要按照主体尺度，又要以客体尺度为基础，认识客体属性、客观规律越正确，实现目的的可能性就越大。合规律性与合目的性越统一，活动成功的概率就越高。主体对世界的依赖通过主体对世界的掌握和利用来实现，主体对世界的利用又以对世界的依赖为前提。这就规定了主体在处理和改善人与世界的关系时，总是努力寻求两个尺度的契合点，把人的尺度与物的尺度结合起来。

就高等教育评估而言，主体开展评估活动的目的，是使客体符合自己的尺度，即自己的需要，利用客体为自己服务，但客体遵循自身的规律和尺度，不会主动地、自动地为主体所用、为主体服务。主体在开展评估活动之前就在观念上预设了一定的目的，即确定自己的需要得到满足的状态，并据此来规划、安排自己的活动。由于客体有着不依人的意志和目的为转移的客观规律和联系，主体只有认识、把握并遵循这些联系和规律，找到物的尺度和人的尺度的契合点，才可能实现评估目的。这既体现了主体必须服从客体规律、物的尺度的一面，又表现了主体掌握客体规律和属性，使客体符合、适应主体需要和主体尺度的一面。前一方面是评估活动的合规律性，后一方面是评估活动的合目的性。因此，一个质量好的高等教育评估，集中体现在追求规律和追求目的的统一，人的尺度和物的尺度的统一。合规律性与合目的性的统一，就是在高等教育评估活动中，要求遵循高等教育的内在逻辑和发展规律，尊重高校作为培养人才的学术机构的属性和特点，遵循高等教育评估自身的规律，来实现评估目的。

（二）合工具性与合价值性的统一

包括高等教育评估在内的任何实践活动，不仅要重视达到目的的工具、手段的有效性，而且要关注目的本身的合理性、价值与意义。因此，高等教育评估质

---

① 《马克思恩格斯全集》(第42卷)，人民出版社1979年版，第97页。

量的原则性标准，还体现在合工具性与合价值性的统一。

马克斯·韦伯的"理想模型"的社会研究模式，将人的社会行为分成合理性和非合理性两大类、四种类型。合理性行为包括工具合理性行为（或称工具——目的合理性行为）和价值合理性行为。工具合理性行为，是一种以数学形式量化和预测后果，强调手段的合适性和有效性，却忽视目的是否恰当的行为。它"把对外界对象以及他人行为的期待作为达到目的的手段，并以最为有效的途径达到目的和取得成效"①。而价值合理性行为，是一种强调并关注道德、宗教、政治上的义务和责任，不以成败得失和功用效益为取舍准则的行为。它"表现为对纯粹自身行为本身绝对价值所持的自觉信仰，无论这种价值是表现在伦理上、美学上、宗教上，还是表现在其他方面，这种行为并不考虑有无实现的成效"②。

根据韦伯的观点，合工具性是指对不同事实之间的因果关系判断，指涉着事实，属于客观的合理性，以普遍的、抽象的规则和可计算的程序为依据，在追求目标的过程中做出合理安排，主要表现为"在技术上可能的计算和内在真正应用的计算程度"。③ 它拒斥价值判断，主张价值中立，强调手段对目的的绝对性。而合价值性是关于不同价值之间关系的判断，指涉着价值，属于主观的合理性，以某种特定的终极立场或方向为归依，不考虑通过行动来实现可以预见的结果，而仅仅出于对义务、尊严、美、宗教等的信仰。它把价值关怀置于判断的中心，强调目的的绝对性。

从上可知，合工具性与合价值性存在着尖锐的对立。合工具性重点考虑的是手段对达到特定目的的能力或可能性，仅仅为追求功利的目的所驱使，漠视人的情感和精神价值，不考虑特定目的所针对的终极价值是否符合人们的心愿。合价值性重点关注的是行动本身是否符合绝对价值。合工具性仅重视达到目的的工具、手段的有效性，而不关注目的本身合理与否，容易导致张扬工具、手段而遮蔽目的、意义的工具主义。合价值性则注重对目的本身的合理性进行反思，其途径是从人的价值、利益等方面考虑目的的合理与否，忽视对达到目的的工具、手段应有的关注，容易产生脱离实际、缺乏可行性的"乌托邦"式的价值理想主义。可见，合工具性和合价值性都存在着不可避免的内在缺陷。因此，必须对合工具性和合价值性进行扬弃，把二者有机结合起来。

具体到高等教育评估活动，应从人特别是人性的无限丰富性和人的自由解放

---

① 童星：《发展社会学与中国现代化》，社会科学文献出版社 2005 年版，第 31 页。
② 童星：《发展社会学与中国现代化》，社会科学文献出版社 2005 年版，第 31 页。
③ ［德］马克斯·韦伯：《经济与社会》，林荣远译，商务印书馆 1997 年版，第 106 页。

出发，在评价活动的目的与手段、过程与结果、理论与现实等方面的辩证统一的关系中对评估质量进行理性规范，从而提出高等教育评估质量的又一原则性标准：评估的合工具性与合价值性的统一。所谓评估的合工具性，是指达到高等教育评估目标或目的的工具、手段的有效性和可行性。所谓评估的合价值性，是指开展高等教育评估活动必须从人和社会的需要出发，体现人和社会的利益要求，符合人和社会的根本利益，有利于人和社会的生存和发展。高质量的高等教育评估必须体现合工具性与合价值性的统一。另外，还须指出的是，高等教育评估是否符合人及社会的价值需求，比评估工具和手段是否有效地达到评估目的具有更重要的意义。

（三）合理与合情的统一

评估作为一种基于事实判断的价值判断，评估质量不仅与评估是否合乎理性或科学性等问题相关，而且不可避免地涉及评估是否合乎情感、人文、伦理等问题。因此，高等教育评估质量的原则性标准，还体现在合理与合情的统一上。

合理，即合乎理性，具体到高等教育评估活动中，是指主体（评估人员）在遵循客观规律的前提下，充分发挥理性的过程。没有理性，就没有评估的科学性可言，好的评估质量就成为无稽之谈。因此，在评估活动中，必须高扬理性精神。理性，在理论层面上表现为合乎规律性和逻辑性，在实践层面上体现为合乎某种形式或规则，并由理智去调控。然而，受科学主义和唯知主义的影响，评估中的理性过分崇尚量化，有的评估权重甚至精确到小数点后4—6位数，评估指标体系中充斥着数字化了的大楼、场地、图书、设备、实验室、师生比、论文数，等等，把复杂的高等教育现象和属性简单化、表面化、僵死化，丢失了高等教育中最有意义的、最根本的内容，如心理健康、健全人格、主体意识、创新精神和实践能力等，扼杀了高等教育、高等院校的个性、主体性和创造性。这种片面的理性，过分崇尚科学主义和科学精神，缺少必要的人文精神和价值理性，缺少必要的基于生命关怀和人性建构的心灵对话与沟通，造成高等教育评估中人的缺位。这种状况具体表现为：过于追求评估手段的技术化、评估标准的统一性和唯一性，忽视了具体个体的存在与个性差异；过于重视对教育结果与既定目标之间相一致或吻合程度的一种理性估计与判断，缺少对客体的人文关怀，缺少以一种发展的眼光去看待客体；采取各种过于严格的程序，却很少考虑所使用的评估方式是否能给客体带来益处，是否对客体的利益有所损害[①]；等等。总之，这种

---

① 蔡敏：《美国教育评价的伦理规范建设及其启示》，载《外国教育研究》2005年第6期。

片面的理性，被量化、标准化、程序化、模式化，却忽视了评估中必要的人性、人文、情感、伦理等方面。

高等教育评估这种过分崇尚理性，忽视情感、人文、伦理等方面的状况严重损害了客体的权益，降低了评估人员自身的威信，阻碍了评估功能的发挥，最终影响高等教育评估质量。缺乏"人情味"的评估，合理而不合情，容易走向理性的反面。因此，在高等教育评估中，要求克服这种形式合理的弊端，恢复被遮蔽的人性、人本、情感、伦理等本义，做到合理又合情。合情就是合乎人情、伦理、人道，尊重客体各方面的需要及其个性、自主性、特殊价值和人格等。评估中的合情，体现为评估人员在评估活动中遵守必要的职业道德，避免各种偏见，**尊重客体的人格**，维护他们的利益，保护他们的隐私权，避免对他们的伤害，并满足他们不同的需要；体现在不刻意追求所谓的客观和量化，根据实际情况，采用主观性的、质性的方法和指标，反映高校的定位、特色、**精神**、传统，反映师生主体意识、教风与学风、创新能力、精神风貌，等等；也体现在尊重客体的主体性，致力于对客体的理解而不是对他们的控制，使评估成为一个充满人文关怀，充满理解的过程；还体现在帮助客体全面认识自己，主动引导他们自我反馈、自我调节、自我教育、自我超越，并在评估中认识到自我存在的意义和自我价值实现的重要性，促进客体自主发展。

总之，高等教育评估的合理合情，既要体现理性要求，又要符合人文、情感、伦理等非理性要求。评估如果只合乎理性，忽视或违反人文、情感、伦理等非理性要求，就只是一种片面的理性，评估质量不高。因此，高等教育评估质量的原则性标准之一，就是特别注重合理与合情的统一，即合乎人情与合乎理性的统一。

四、高等教育评估质量的技术性标准

高等教育评估的现实质量，从某种意义上说，是高等教育评估质量标准在评估过程中贯彻的结果。高等教育评估质量的形成过程就是按评估质量标准来开展评估的过程。评估质量形成过程的各环节的有机统一，也是评估质量标准在各环节之间的转换、传递，是一种"质量标准链"的达成与实现。任何一个环节的缺失或不协调，都会导致评估现实质量与质量标准之间的背离。而且，每一个评估环节都是评估过程中的一个特定的方面，都有自己特定的机制、程序、方法，都有自己特定的质量标准，对自身质量的实现都是一个复杂的过程。因此，技术性标准，是对高等教育评估全程的各个因素和环节，尤其是评估指标体系、评估信息的采集与统计、评估结果等质量的把握,从技术规范层面上提出应然要求,以可操作的形式贯穿于评估全程。

(一)高等教育评估指标体系的质量标准

高等教育评估指标体系的质量标准,最重要的是正确性、独立性、实用性标准。

正确性标准,要求高等教育评估指标体系完整、无偏离地体现评估目的或主体需要,正确地体现客体或对象的本质、属性、现实情况,还包括单个评估指标正确地表征着所要评估的分项目的内容。

独立性标准,要求在同一个高等教育评估指标集合中的每个指标都各自表征一个独立的方面,它们之间相互独立,不存在因果关系,不能由一个指标推演出另一个指标;它们之间也不相互重叠,不存在所属和被所属关系,当然,也不能相互矛盾。

实用性标准,要求高等教育评估指标体系有效地为用户服务。它包括高等教育评估指标体系应有利于内部用户(评估人员)继续开展评估活动,如指标系统有利于评估人员采集评估信息;尺度系统有利于评估人员给各末级指标(观测点)做出价值判断;权重系统有利于评估人员给整个评估指标系统评分。它还包括高等教育指标体系应反映外部用户(主要指目标用户)的需求和关注点,为目标用户服务;不同的评估指标体系应侧重于为不同的目标用户服务,有的侧重于政府,有的侧重于学生、家长,有的侧重于高校、教师,有的侧重于社会用人单位、普通公民,等等。

(二)高等教育评估信息采集与统计的质量标准

高等教育评估信息的采集与统计应遵循可靠性和正确性这两条最重要的标准。

可靠性标准,要求所采集的高等教育评估信息真实、准确、完整。具体而言,是指所采集的高等教育评估信息与其所要表达的高等教育属性、本质、状况的一致性或吻合性;切实根据高等教育评估指标体系,尤其是末级指标的内涵去采集评估信息,所采集的评估信息与想要采集的评估信息一致,且完整地反映高等教育客观实际情况、属性、本质等。

正确性标准,要求统计高等教育评估信息时,应采用适宜的统计方法与工具;在计量单位、范围、标准、时间限定等方面的统计口径应统一;还应剔除并校正高等教育评估信息中的虚假的异常值,等等。

（三）高等教育评估结果的质量标准

高等教育评估结果最重要的标准是实用性、信度和效度标准。

实用性标准，要求高等教育评估结果（包括解释、反馈、效应等方面）全面地实现评估目的，有效地为评估用户服务。就高等教育评估结果的解释而言，应对评估结果进行解释，解释应基于评估指标体系和高等教育本身，解释应采用适当的语言和方式，解释应是"负责"的。就评估结果的反馈而言，应及时、全面、具有针对性，且与指导相结合。就评估结果的效应而言，应促进高校、教师、学生的发展，持续提高高等教育质量，应给教育行政部门的治理和决策带来正效应，应给企事业单位、学生、家长等提供正确的决策和行为选择，应引导评估人员有效地改进和提高评估工作。

信度标准，要求高等教育评估结果具有一定的可靠性或稳定性，主要包括两方面：对同一评估对象施评一次的情况下，不同评估人员的评估结果之间应该具有一定的一致性；对同一评估对象施评多次的情况下，每次评估结果之间应该具有一定的稳定性。验证评估结果的信度，一般采用量化的相关分析，如肯德尔和谐系数法、分半法、再测信度法，等等，用相关系数的大小来表示信度的高低。

效度标准，要求高等教育评估结果有效地、正确地测评到了想评的对象或客体的属性、功能和现状，即评估结果应真正地反映客体的属性、功能和现状。效度标准，反映的是评估结果本身的正确程度，主要通过效标关联效度、多层次灰色综合评估结论效度检验模型等方法来验证。

第三章 高等教育评估质量内部保证

内部保证是高等教育评估质量保证的途径之一，主要由评估机构、评估人员（内部人员）具体实施。他们根据一定的评估质量标准，对评估全程进行反思、审查、验证，尤其是评估全程中的关键环节和重要因素，如评估指标体系的正确性、独立性、实用性如何，评估信息采集与统计的可靠性和正确性怎样，评估结果的实用性、信度、效度如何，以发现评估中的优缺点，及时改进评估，同时证明评估质量如何，为评估用户服务。

第一节 反思高等教育评估指标体系

一个好的高等教育评估指标体系能有效地指导、协调评估活动，能引导、促进高等教育健康发展；一个不好的评估指标体系难以实现评估目的，还可能带来消极作用。评估指标体系的好坏事关重大，直接关系到评估活动的成败，直接关系到评估质量的高低好坏。因此，反思评估指标体系是高等教育评估质量内部保证的重要环节和内容。当然，对评估指标体系的审查，不是重新制定一个指标体系，而是根据评估指标体系的正确性、独立性、实用性等质量标准，确定正在实施的评估指标体系质量如何。还需说明的是，评估指标体系的高质量并不等于整个评估的高质量，只是高质量评估的前提条件之一。

一、正确性

正确性是高等教育评估指标体系的质量标准之一，包括整个指标体系的正确性和单个指标的正确性。审查正确性，主要从指标体系是否完整地、无偏离地反映评估目的或主体需要，是否正确地体现评估客体或对象的属性、本质与现实情况，单个指标是否正确地反映所要评估的分项目内容这三个方面来分析。

（一）正确性的内涵

评估指标体系，从本质上而言，是"人们在自己的价值标准和外部客观现实之间谋求一种具体的、积极的统一所得出的历史结论"①。价值标准是主体的客观需要和利益。② 外部客观现实，是指对象或客体的属性、本质与现实情况。因此，正确性不仅包括高等教育评估指标体系正确地体现评估目的或主体需要，正确地反映客体或对象的属性、本质、现实情况，还包括单个评估指标的正确性。

1. 高等教育评估指标系统正确地体现评估目的

高等教育评估指标系统正确地体现评估目的（主体需要），主要包括两方面：指标体系是否完整地体现评估目的③；没有偏离评估目的。

高等教育评估指标系统由评估目的逐级分解而来，从某种意义上说，评估指标由评估目的决定，但正确性取决于评估指标系统是否真实地、完整地、无偏离地反映了评估目的。从评估指标系统的层级而言，所有的一级指标集合完整地体现评估目的，每一个一级指标下的二级指标集合完整地体现该一级指标的范畴，每一个二级指标下的三级指标集合也完整地体现该二级指标。依此类推。如果整个评估指标系统恰好完整地反映评估目的，则正确性高。大于评估目的或小于评估目的，正确性不高，质量不好。如果大于评估目的，意味着指标系统中存在着多余的指标，应该删除；小于评估目的，意味着遗漏了重要的或本质的指标，应该补上。

在现实中，为了追求末级指标（观测点）具有具体性、可操作性、可测性，评估目的在由抽象转化为具体的多层次分解中，分解的次数越多，具体化的环节越多，评估指标越多，受到干扰的可能性越大，偏离评估目的的可能性也就越大。如果高等教育评估指标系统偏离了评估目的，应纠正偏差，正确地体现评估目的。

2. 高等教育评估指标系统正确地体现对象或客体的属性、本质与现实情况

在现实生活中，客体的类型纷繁复杂，参照卡尔·波普尔"三个世界"观点，有学者将客体分为四大类型或四个世界，且每个世界又分解成很多小类型。世界一，物理实体和物理状态的物理世界；世界二，精神的或心的世界，包括意识状态、心理素质、思维模式、道德品质、情感方式等；世界三，客观化了的心理世界、意识世界，如书籍、艺术作品等；世界四，人的行为。④

---

① 李德顺：《价值论》，中国人民大学出版社1986年版，第280—281页。
② 李德顺：《价值论》，中国人民大学出版社1986年版，第282页。
③ 基于我们已经习惯于用评估目的，而且评估目的是由主体需要转化而来，以后文章的措辞中，主要用"评估目的"，同时也表达了"主体的需要"的意蕴。（作者注）
④ 冯平：《评价论》，东方出版社1995年版，第86—87页。

进入高等教育评估领域的客体同样纷繁复杂。单就高校而言，按高等教育学历层次来分，有以专科教育为主的院校、以本科教育为主的院校、以研究生教育为主的院校；按专业、科类来分，有以工科、理科、林科、医药、师范、财经、政法、体育、艺术、管理、文科、军事等为主的高校；按办学形式来分，有全日制大学、业余大学、电大、夜大、函大、自考等；按所属关系或投资主体来分，有国家办的、地方办的、民办的高校。显然，不同类型、层次的高校，它们的本质、属性与现实情况存在着很大的区别。评估不同类型、层次的高校，应制定、采用不同的评估指标体系，且指标体系必须正确地反映该类型、该层次高校的本质、属性和实际情况。

例如，评估专科教育为主的高校，评估指标体系应体现专科教育的属性、本质和实际情况，而不宜照搬"院士长江学者""硕士点、博士点""科研经费""SCI、SSCI""重点实验室"等评估以研究生教育为主的高校的指标。而专科教育为主的高校主要包括高专和高职院校，如果评估高职院校，指标体系中除了与高专相似的"教学"方面的指标以外，还应该体现高职的特征与属性，加强"实践教学""学生动手能力、实际操作能力""双师型教师""实习基地"等方面的指标。

又如，高等教育中专业（科类）多种多样。不同专业（科类）的性质、属性、客观情况不同，不具有可比性，同专业（科类）之间才具有较大的可比性。因此，评估不同专业（科类），应制定不同的指标体系。正是如此，美国种类众多的专业认证机构（评估机构），针对不同的专业，制定了不同的认证指标体系，对高等院校内各学科领域的专业（Program）或学院（School）以及单一学科的高校进行认证。就我国而言，未来的高等教育评估尤应重视专业评估。可考虑在教育部的指导下，由行业学会或专业评估机构或同类专业、同类院校共同制定相应的专业评估指标体系，由全国行业学会或专业评估机构共同组织实施，各院校按专业自主申请评估。

高等教育评估指标体系的正确性，还应正确地、有针对性地反映客体或对象的属性、本质和实际情况，不能用一个大统一的指标体系去评估多样化的高校（客体或对象）。

3. 单个高等教育评估指标正确地反映所要评估的分项目内容

整个高等教育评估指标体系的正确性主要与评估目的（主体的需要）以及客体的属性、本质与现实情况有关。考虑到评估指标系统由单个指标组成，单个指标的正确与否也对指标体系产生影响。因此，还应重视单个高等教育评估指标

(主要是末级指标)的正确性。

随着评估指标的逐级分解,在很多情况下,具体的东西往往并非是所要评估的东西,只不过是与所要评估的东西存在着相关效应或某种有关联的因素。例如,评估大学教师的科研水平,把教师发表的学术论文的总数或篇均引用数以及所发表的期刊级别作为评估指标,但这些指标毕竟并不是教师的科研水平,而是与教师科研水平相关联的因素。

单个高等教育评估指标的正确性,主要指每个指标正确地反映所要评的分项目内容,即正确地反映评估目的(主体需要)以及客体(对象)的某一特定的侧面。具体分析,请结合以上对整个评估体系正确性的阐述。

(二)审查评估指标系统是否正确地体现评估目的

审查高等教育评估指标系统的正确性,一般重点考察各指标是否具有典型性与代表性,是否完整地、无偏差地体现评估目的,也可通过对评估结果的信度、效度的量化分析来进行验证(具体情况,请见后面章节的专门阐述)。下面,用逻辑分析方法审查上海交通大学 ARWU－2003(Academic Ranking of World Universities－2003)指标体系的正确性如何。

1. 上海交通大学 ARWU－2003 评估指标体系

表 3-1　上交大 ARWU-2003 指标体系①

	指标	权重
Nobel	物理、化学、医学、经济学诺贝尔奖的获得者数	20%
HiCi	在 21 个大学科领域被引用率最高的教师数量	20%
N&S	发表在 Nature 和 Science 上的论文总数	20%
SCI	被 SCI、SSCI 收录的论文总数	20%
Performance per faculty	以上四项指标得分的师均数量	20%
Total		100%

2. 分析

从表 3-1 可知,上交大的世界大学学术排行指标,主要有五个。第一个是诺贝尔奖,包括校友和教师两类。一个高校的学术水平,绝对不可能简单地由它

---

① Shanghai Jiao Tong University Institute of Higher Education,"Ranking Methodology,"http://ed.sjtu.edu.cn/rank/2003/methodology.htm#Criteria.

是否培养了物理、化学、医学、经济学的诺贝尔奖获得者来决定。是否培养了诺贝尔奖获得者仅仅是高校所培养的诸多优秀人才中微乎其微的一部分，非诺贝尔奖获得者难道不是高水平的学术人才？而且诺贝尔奖仅仅局限于4个学科，其他学科没有涉及，难道培养其他学科的高水平人才就不能反映学校的学术水平吗？同理，整个高校的教师质量也不能由极少数获得诺贝尔奖的教师来决定。

第二个指标是"被引用率最高的教师数量"。虽然这个指标在学科领域上由"物理、化学、医学、经济学"4个学科扩展到"21个大学科领域"，但是"被引用率最高的教师数量"，意味着其研究成果得到了国际学术界的广泛认可，其文章被引用次数才可能达到某一可观数目。这样的教师确实太少。然而，几个顶尖级教师的成就并不能代表整个学校的学术水平。如果可以的话，学校只要多花钱，聘几个"院士"或其他顶尖级人才，学校整体学术水平就能立刻上升几十名甚至上百名吗？

第三个指标是"发表在 Nature 和 Science 上的论文总数"。不能否认，在顶尖级刊物上发表论文的情况，是衡量研究成果质量的指标之一，但仅仅就 Science 和 Nature 而言，那太简单化了。Science 和 Nature 主要针对理工类学科而言，几乎不涉及文、哲、法、艺等人文社会学科。而且，每个学科都有一两个或几个顶尖级刊物，不仅仅是 Science 和 Nature。

第四个指标是"被 SCI、SSCI 收录的论文总量"。收录论文总数只注重数量和规模，难以全面、正确地反映研究成果的质量，这个指标存在着偏差。当今国际评估界几乎不用"论文总量"这个指标，而用"篇均论文引用次数"（Citations Per Paper）来表示论文的学术价值和质量。之所以用 SCI、SSCI 等收录来衡量科研水平，在于它们提供了"引用"（Citations）、"篇均论文引用次数"（Citations Per Paper）和"影响因子"（Impact Factor）等各种科学性标志。① 利用 SCI、SSCI 等收录来评估大学学术水平是必要的和值得倡导的，但不应该仅仅基于"论文总量"这一没有本真意义和内涵的指标，而应该用"篇均论文引用次数"指标，重视论文的质量。如果只看数量不看质量，那么那些规模大而水准较低的院校反而超过规模小而水平高的院校。例如，一个一流大学400名教授每年共发表1200篇高水准论文，一个二流大学1000名教师每年共发表2000篇一般水平的论文，如果按该论文总数指标，这个二流大学的学术实力比一流大学强。

第五个指标是"以上四项指标得分的师均数量"。按上交大对该指标的解释，

---

① 刘明：《学术评价制度批判》，长江文艺出版社2006年版，第38—44页。

是对前几项表现除以学校教师总数（以千人为单位），分数越高表示平均学术水平越高。然而，国际上排学术平均质量，不用"教师总数"来进行这种简单的除法运算，公认方法是篇均论文引用次数（Citation Per Paper）。因为并不是所有高校的教师都以科研为主，还存在着以教学为主的老师。而且，篇均论文引用次数真正体现着学术质量。因此，这个指标偏离了高校学术水平。

3. 结论

从以上分析来看，上海交大 ARWU—2003 的核心指标就是诺贝尔奖和 Nature、Science、SCI 等论文数量，遗漏了高校培养的非诺贝尔奖的人才，遗漏了非诺贝尔奖的教师，遗漏了人文、医、商、法、艺术、体育等科研成果，遗漏了大学的教学（尤其是研究生培养）……这样的评估指标体系不全面，较狭隘，没有完整地体现评估目的，难以反映大学实际的学术水平。另外，第四个指标"被 SCI、SSCI 收录的论文总量"和第五个指标"以上四项指标得分的师均数量"偏离了评估目的。因此，ARWU—2003 指标体系没有正确地体现评估目的，质量较低。评估指标体系要正确地体现"大学学术质量"这个评估目的，应在系统研究"大学学术质量"到底是什么的基础上，正本清源，补充遗漏的范畴，纠正偏差，全面体现"大学学术质量"的本真内涵和核心外延。

放眼看去，像 ARWU—2003 这样的高等教育评估指标体系比比皆是。提高评估指标体系的正确性，应在全面、系统地研究评估目的（主体需要）的基础上，在怎样完整地体现评估目的、怎样不偏离评估目的等方面下工夫。

（三）审查指标系统是否正确地体现客体属性：以教育部"普通高等学校本科教学工作水平评估"指标体系为例

就整个高等教育评估指标体系的正确性而言，除了与评估目的（主体需要）密切相关以外，还与客体或对象的属性、本质与实际情况密切相关。这里具体分析教育部普通高等学校本科教学工作水平评估指标体系[①]，审查它是否正确地体现了不同本科院校的属性、本质和实际情况，并提出改进建议。

1. 分析

自 2003 年以来，我国开展了第一轮普通高等学校本科教学工作水平评估。不可否认，它在"加强教学工作，落实教学工作的中心地位，改善办学条件，规

---

① 《教育部办公厅关于印发〈普通高等学校教学工作水平评估方案（试行）〉的通知》，教高厅 [2004] 21号，http://www.pgzx.edu.cn/main/webShowDoc? channel = zxdt_jyb&docID = 2005/03/13/1110712094205.xml。

范教学管理,提高教育质量等方面发挥了非常重要的作用"。然而,用一个大统一的评估指标体系来评估全国不同类型、不同层次、不同区域的本科院校,能否正确地反映这些不同的本科院校的属性、本质和实际情况呢?

根据教育部最新公布的《全国普通高校名单》,全国一共有1683所高校,其中本科院校679所①。在这些本科院校中,从专业(科类)来看,既有综合性大学,也有师范、理工、农业等专门院校;从学校层次来看,既有研究型大学,又有教学型大学,还有教学研究型大学;从发展水平和实力来看,既有综合实力很强的高校,更多的是一般水平的高校,还有相当一部分是实力较低的新建院校。而且,随着高等教育大众化的深层推进,正如多样化是美国高等教育的特色和骄傲一样,② 我国高等教育和高校的多样化特征将更加彰显。复杂多样的本科高校,其目标、地位、性质、学科特点、社会服务的范围、教学科研的比重、教师要求、生源等都不同。

显然,用一个统一的评估指标体系来评估这些复杂多样的本科院校,难以体现它们各自的属性、本质和实际情况,这样的指标体系的正确性不够。而且,如果不加区别地用相同的评估指标体系去评估不同的高校,会导致事与愿违的结果,影响高等教育发展的价值取向以及高校的健康发展。这些复杂多样的本科院校在统一的评估指标体系的引导下,自觉、不自觉地会不同程度地向综合性大学看齐,向研究型大学看齐,试图扩大学科专业覆盖面,加强综合性,盲目地追求"高大全"。这种状况不利于高等教育合理结构的形成和整体功能的发挥,也不利于高等教育多样化的发展。因此,评估指标体系的"大统一",不但不能正确地体现多样化高校的本质、属性和实际情况,而且容易导致"样板大学"产生,抑制多样性,鼓励趋同化和统一性。③ 这是应避免的。

2. 改进建议

"普通高等学校本科教学工作水平评估"的指标体系要正确体现不同本科院校的属性、本质和实际情况,首先应对高校进行合理分类。根据国外的经验,高等教育评估首先建立在对高校合理分类的基础上。例如,《美国新闻与世界报道》的全美大学排名、《麦克林》的加拿大大学排名、《亚洲新闻周刊》的亚洲地区最佳大学排名,都是先对大学进行分类,然后再进行评估。

---

① 邱均平:《大学评价与科研评价》,华夏出版社2005年版,第516页。
② [美]德里克·博克:《美国高等教育》,乔佳义编译,北京师范大学出版社1991年版,第3—4页。
③ 张应强、肖起清:《中国地方大学:发展、评价与问题》,载《现代大学教育》2006年第6期。

对高等院校合理分类是提高高等教育评估指标体系正确性的基础和重要举措。根据我国本科院校层次不同、类型多样、区域发展不平衡的实际状况，可以考虑按"三个层次、多种类型①、多个区域"对所有本科院校进行分类。只有科学地分类，才能更加明确同类相关高校的属性、本质与实际情况到底怎样，并正确地体现在相应的评估指标体系中。

三个层次：根据我国高校建设与办学的现实水平，将全国本科院校从纵向上分成三个层次。一是国家重点建设大学，如985、211高水平大学和重点大学；二是新建或升格时间不足六年的各类本科院校；三是介于前两者之间的一般性高校，包括部属高校、地方高校、民办高校。或者根据科研与教学的比重，把全国的高校分成以研究为主的研究型大学、以教学为主的教学型大学、教学与研究并重的教学科研型大学三个层次。基于以上分层，研究各层次院校的属性、本质与现实情况，制定不同的评估指标体系。

多种类型：针对我国高校科类复杂的实际情况，将全国本科院校从横向上分为多种类型。参考《普通高等学校基本办学条件指标（试行）》，把全国高校分成6种类型，再根据各高校的特点、性质、任务、数量，把全国本科院校分成8种类型：综合大学、民族院校、理工大学、农林院校、师范院校、医药院校、语言、财经、政法院校、体育、艺术院校。据此，分别制定相应的各类型高校的评估指标体系。

多个区域：我国高等教育发展的不均衡性是一个不争的事实，东、中、西部本科院校发展水平差异性非常大，不分地区对它们用同一套指标体系进行统一评估，对欠发达地区的高校来说是欠妥当的，也是不公平的。因此，可以考虑在教育部的统筹协调下，在各高校的自愿协议下，将全国高等院校按地理位置或经济发展情况划分成几大片区，如西南地区、华东地区、华中地区、华北地区、中南地区、华南地区等，联合成立区域评估中心或委托相关评估机构，制定符合本区域院校的本质、属性和实际情况的评估指标体系，组织实施本区域高校的评估工作。

基于此，评估不同的类型、层次、区域的高校，所制定和采用的评估指标体系（包括指标系统、权重系统、尺度系统）也相应地有所不同。可以逻辑推演的是，反映不同类型、不同层次、不同区域的高校的多样化的评估指标体系将会涌现，同时，也将提高指标体系自身的正确性。

---

① 上海市高等教育评估研究中心：《突出分类指导实现模式创新——关于我国第二轮普通高校本科教学评估整体方案的构想》，载《教育发展研究》2006年第10期。

(四)审查单个高等教育评估指标的正确性:以指标"论文总数"和指标"论文篇均引用次数"为例

高等教育评估指标系统由单个指标组成,单个指标的正确与否直接影响着整个指标体系的正确性。因此,审查单个评估指标(主要是末级指标)的正确性很重要。这里具体分析指标"论文总数"和指标"论文篇均引用次数",到底哪个指标更正确地反映了科研论文的质量。

1. 国际上的经验

衡量科研成果的质量,国际上通常用这两个指标:一是在顶尖级刊物上发表论文的情况(请参考中国科学院文献情报中心对不同学科的顶尖级刊物的选择);二是已发表论文的被引用情况,尤其是"论文篇均引用次数"(Citations Per Paper)。

论文被引用,说明它所包含的知识和信息在学术交流系统中被利用了。"论文篇均引用次数"是学术水平、价值的量度。例如,从对历届诺贝尔奖得主的论文引用情况来看,在物理学、化学、医学领域中,被引用次数最多达 18888 次,最低的也有 79 次,其中只有 6 名低于 200 次,而 SCI 中的平均"论文篇均引用率"仅为 6.25 次。许多相关研究也得出同样的结论。因此,把"论文篇均引用次数"或"论文篇均引用率"作为论文价值的测度是合理的,可以用来作为评估论文质量和学术人才、成果、机构的创造力的标准。加菲尔德做过三次试验。1977 年,他利用 1961—1975 年的 SCI 中近 3000 万条引文,选出 250 位被引用最多的作者,他们的被引次数都在 4000 次以上。这些作者中,有 42 名(占 17%)是历届诺贝尔奖得主,151 名(占 60%)至少是欧美发达国家的一个科学院院士。在 1978 年和 1981 年,他又做了同样的试验,结果相近。① 三次实验引用次数高的作者群中,聚集了如此多的诺贝尔奖得主和科学院院士,说明"论文篇均引用次数"比"论文总数"在评估人才和科研论文质量上更具有客观性、正确性、有效性。

2. 国内的分析

为了更清楚地分析指标"论文篇均引用次数"是否比指标"科研论文总数"更正确地体现了科研论文的质量,下面将采用"中国大学国际论文质量排名"的数据,对它们做进一步的相关分析。

---

① 刘明:《学术评价制度批判》,长江文艺出版社 2006 年版,第 41 页。

表 3—2 中国大学国际论文质量排名①

排名	学校名	收录论文总数	引文数	总引次数	被引比例—得分	篇均引用次数—得分	质量分
1	南大	1527	1261	2817	0.8258—100	1.844793—100	200
2	科大	1446	1078	2450	0.7455—90.3	1.694329—91.8	182
3	中大（合）	604	403	1034	0.6672—80.8	1.711921—92.8	174
4	北大（合）	1868	1294	3065	0.6927—83.9	1.640792—88.9	173
5	复旦（合）	1182	856	1803	0.7242—87.7	1.525381—82.7	170
6	吉大（合）	1006	549	1297	0.5457—66.1	1.289264—69.9	136
7	武大（合）	693	394	800	0.5685—68.8	1.154401—62.6	131
8	山大（合）	1225	522	1091	0.4261—51.6	0.890612—48.3	99.8
9	川大（合）	736	319	602	0.4334—52.5	0.817935—44.3	96.8
10	浙大（合）	2297	886	1745	0.3857—46.7	0.759687—41.2	87.8
11	清华	5137	1196	2641	0.2328—28.2	0.514113—27.9	56.1
12	上交（合）	2333	366	761	0.1569—19.0	0.326189—17.7	36.7
13	天大	1017	174	298	0.1711—20.7	0.293019—15.9	36.6
14	华科（合）	1152	191	264	0.1658—20.1	0.229167—12.4	32.5
15	西交（合）	1255	166	315	0.1323—16.0	0.250996—13.6	29.6

把上表的原始资料进一步转化，得出以下 3 个表格。

表 3—3 论文质量排名 x VS 论文总数排名 y

学校	南大	科大	中大	北大	复旦	吉大	武大	山大	川大	浙大	清华	上交	天大	华科	西交
论文质量排名 x	1	2	3	4	5	6	7	8	9	10	11	12	13	14	15
论文总数排名 y	5	6	15	4	9	12	14	8	13	3	1	2	11	10	7
位差 $(x-y)$	−4	−4	−12	0	−4	−6	−7	0	−4	7	10	10	2	4	8

---

① 《中国大学国际论文质量排名》，http://www.rainbowplan.org/webjb/edu/messages/3285.shtml。

表3-4 论文质量排名 x VS 论文篇均引用次数排名 y

学校	南大	科大	中大	北大	复旦	吉大	武大	山大	川大	浙大	清华	上交	天大	华科	西交
论文质量排名 x	1	2	3	4	5	6	7	8	9	10	11	12	13	14	15
论文篇均引用次数排名 y	1	3	2	4	5	6	7	8	9	10	11	12	13	15	14
位差 $(x-y)$	0	-1	-1	0	0	0	0	0	0	0	0	0	0	-1	1

表3-5 论文篇均引用次数排名 x VS 论文总数排名 y

学校	南大	科大	中大	北大	复旦	吉大	武大	山大	川大	浙大	清华	上交	天大	华科	西交
论文篇均引用次数排名 x	1	3	2	4	5	6	7	8	9	10	11	12	13	15	14
论文总数排名 y	5	6	15	4	9	12	14	8	13	3	1	2	11	10	7
位差 $(x-y)$	-4	-3	-13	0	-4	-6	-7	0	-4	7	10	10	2	5	7

把以上数据代入等级相关系数公式中，分别计算论文质量与论文总数、论文质量与论文篇均引用次数、论文篇均引用次数与论文总数之间的相关性。

$$r = 1 - \frac{6\sum(x-y)^2}{n(n^2-1)} \quad (x \text{ 和 } y \text{ 为排名顺序数，}(x-y) \text{ 为位差，} n \text{ 为数据对数})$$

则 $r_{\text{论文质量,论文总数}} = 1 - \frac{6\sum(x_{\text{论文质量}} - y_{\text{论文总数}})^2}{n(n^2-1)} = 1 - \frac{626}{15 \times (15^2-1)} = 0.052$

$r_{\text{论文质量,论文篇均引用次数}} = 1 - \frac{6\sum(x_{\text{论文质量}} - y_{\text{论文篇均引用次数}})^2}{n(n^2-1)} = 1 - \frac{4}{15 \times (15^2-1)} = 0.994$

$r_{\text{论文篇均引用次数,论文总数}} = 1 - \frac{6\sum(x_{\text{论文篇均引用次数}} - y_{\text{论文总数}})^2}{n(n^2-1)} = 1 - \frac{638}{15 \times (15^2-1)} = 0.033$

查相关系数临界值表得：

$r_{(13)0.05} = 0.441 \quad r_{(13)0.01} = 0.592 \quad r_{(13)0.001} = 0.760$

由此可得，$r_{\text{论文质量,论文篇均引用次数}} = 0.994 > r_{(13)0.01} = 0.592$，$r_{\text{论文质量,论文篇均引用次数}} = 0.994 > r_{(13)0.001} = 0.760$，论文质量与论文篇均引用次数之间是"极为显著相关"，几乎是一种线性相关。而 $r_{\text{论文质量,论文总数}} = 0.052 < r_{(13)0.05} = 0.441$，说明论文质量与论文总数极为不相关，其不相关程度如同论文总数与论文篇均引用次数

相似（$r_{论文篇均引用次数,论文总数}=0.033<r_{(13)0.05}=0.441$）。因此，指标"论文篇均引用次数"比指标"论文总数"更正确地体现论文质量。

而且，从我国科研论文的实际情况来看，根据中国科学院文献情报中心的统计，我国SCI论文总数已经从世界排名第15名升至第6名。① 我国科研论文量的扩张已经达到相当的程度了，现在是从对量的重视转向对质的提高提出明确要求的时候了。评估指标体系作为具有导向作用的航灯，应对"论文总数"量的重视转向对"论文篇均引用次数"质的重视，正确处理质与量的辩证关系，引导我国大学科研论文质量的提高。

3. 改进建议

横览我国现行高等教育评估指标体系，都很注重规模指标或量的指标，从总量上来体现高等教育质量如何。例如，高级职称的师资数量，取得博士、硕士学位的教师数量，教师总数，教学经费数，专业数，课程总数，获教学成果奖数，精品课程数，选用优秀教材、新教材数，获奖教材数，应用多媒体授课课时数，自行研制开发的多媒体课件数，双语教学授课课程门数，开展实践教学数量，发表科研论文数、科研项目数，学生课外科技文化活动数量（含社团数、参加活动人数、科技文化活动获奖数等），学生总人数，等等。

然而，从上面对指标"科研论文总数"与指标"论文篇均引用次数"的分析中，可以明显地证明：比率指标（质的指标）优于规模指标（量的指标），或者说，比率指标（质的指标）更正确，更能正确地表征着所要评估的内容。为了提高高等教育评估指标体系的正确性，尽量用比率指标（质的指标）代替规模指标（量的指标），如专任教师中具有硕士、博士学位的比例，高级职称教师比例，科研论文引用率，生师比，生均教学资源数，多媒体授课比例，双语教学授课比例，综合性、设计性实验课程比例，毕业设计（论文）优秀及公开发表的比例，教学经费的增长率，优秀教材的选用率，等级考试通过率，大学生体质标准合格率和应届毕业生年底就业率，等等。

二、独立性

独立性也是衡量高等教育评估指标体系的质量标准之一，反映同一个集合中的评估指标之间相互独立、线性无关。审查评估指标体系是否具有独立性，就是

---

① 邹承鲁、王志珍：《质量比数量更重要——科学研究成果质与量的辩证关系》，http://www.cas.ac.cn/html/Dir/2004/07/11/4244.htm。

检验同一个指标集合中的两两指标之间是否具有相关性及其程度如何,并根据结论、调整、删改、合并、优化相关指标,确保指标之间的独立性,提高指标体系的质量。

(一) 独立性的内涵

独立性是指同一个高等教育评估指标集合中的每个指标都各自表征着一个独立的方面,它们之间相互独立,不存在因果关系,不能由某一指标推演出另一指标;它们之间也不相互重叠,不存在所属与被所属的关系,不存在交集关系。如果在同一个集合中出现两个或两个以上的指标反映同一项目或同一项目的同一个方面,就会导致重复的指标被重复地评分,人为地提高该项目在评估中的权重(地位),同时也增加了指标数目,增大评估工作量,降低评估结果的效度、信度等,从而影响评估质量。

需要强调的是,同一个指标集合中的指标不但应该相互独立,而且应该相容,共同指向上一级指标。如果将几个相互矛盾的指标放在同一个指标集合中,会引起不必要的思想混乱,让人不知所从,干扰评估指标的导向作用。

由于高等教育的属性、本质和现实情况十分复杂,所涉及的各个因素、环节十分复杂,在审查高等教育评估指标体系的独立性时,绝对的独立性几乎不可能。因此,两两指标之间的低度相关意味着指标之间独立性较高,质量较好。如果指标之间出现"显著相关",尤其是"极为显著相关"时,则证明指标之间独立性不高,应进一步深入研究,将相关性指标删改、合并、优化,使指标之间都具有相对独立性,避免指标的相关性带来信息冗余,影响评估质量。

(二) 审查高等教育评估指标体系的独立性

一般采用相关分析来审查高等教育评估指标体系的独立性。相关分析可以是定性的、定量的,也可是以两者相结合的方式进行。由于高等教育评估指标之间关系的复杂性和隐蔽性,难以仅仅通过观察和逻辑推演来判断两两指标之间的独立性如何,而应根据实际情况,采用积差相关系数、等级相关系数、偏相关系数等定量方法来分析和审查。

1. 采用积差相关系数分析:以全国优秀博士论文评估指标体系为例

同一指标集合中只有 2 个指标(或超过 2 个指标时的两两相关),且对各指标的评分是具体的分数,或者把等级赋值后转化成相应的分数,可采用积差相关系数①来分析它们的独立性。下面，审查全国优秀博士论文评估指标体系中的指标之间的独立性如何。

表 3—6 全国优秀博士论文评估指标体系②

一级指标	二级指标	评分（百分制）
选题和综述（0.2）	论文选题的理论意义和现实意义（0.4）	
	对本学科及相关领域的综述与总结（0.6）	
论文成果的创新性与效益（0.6）	论文在理论或方法上的创新性（0.4）	
	论文成果的效益（0.6）	
论文体现的理论基础、专门知识及科学研究能力（0.2）	论文体现的理论基础、专门知识（0.4）	
	论文体现作者独立从事科学研究能力（0.4）	
	写作能力（0.2）	

上表可看到，优秀博士论文评估指标体系共有 3 个一级指标，7 个二级指标，评估专家给 7 个二级指标以百分制评分，因此，可用积差相关系数来审查两两指标之间是否具有独立性。

以 2001 年入选的 100 篇优秀博士毕业论文的评分结果为样本，设"论文选题的理论意义和现实意义 U_{11}"为 X，"对本学科及相关领域的综述与总结 U_{13}"为 Y。

把皮尔逊（Pearson）相关系数的计算公式 $r_{XY} = \dfrac{\sum\limits_{i=1}^{n}(x_i - \bar{x}) \cdot (y_i - \bar{y})}{[\sum\limits_{i=1}^{n}(x_i - \bar{x})^2 \cdot \sum\limits_{i=1}^{n}(y_i - \bar{y})^2]^{\frac{1}{2}}}$ ③

转化成：$r_{XY} = \dfrac{\sum\limits_{i=1}^{n} x_i y_i - \dfrac{1}{n}(\sum\limits_{i=1}^{n} x_i)(\sum\limits_{i=1}^{n} y_i)}{\sqrt{[\sum\limits_{i=1}^{n} x_i^2 - (\sum\limits_{i=1}^{n} x_i)^2][\sum\limits_{i=1}^{n} y_i^2 - (\sum\limits_{i=1}^{n} y_i)^2]}}$

---

① ［美］D.怀特：《教育统计——附数据处理》，叶佩华译，人民教育出版社 1981 年版，第 62—65 页；陈书肖：《教育评价方法技术》，北京师范大学出版社 2004 年版，第 139—141；扈涛：《教育统计学》，河南大学出版社 2004 年版，第 121—130 页；王孝玲：《教育统计学》，华东师大出版社 1998 年版，第 252—269 页；曹延亭：《教育统计学基础》，辽宁教育出版社 1985 年版，第 120—140 页。

② 代宁：《全国优秀博士学位论文评选办法研究》，硕士学位论文，西南交通大学，2003 年，第 69、71 页。

③ $\bar{x}$ 表示 100 个样本中对所有 X 指标评分的平均值，x_i 表示参评专家对第 i（i 为 1—100x 的整数）篇论文的 X 指标的打分。$\bar{y}$ 可表示 100 个样本中对所有 Y 指标评分的平均值，y_i 表示参评专家对第 i（i 为 1—100x 的整数）篇论文指标的打分。。

把样本中的数据代入公式,得出 $r_{XY}=0.579$①。

同样,对另外两个指标集合中的二级指标两两分组,令论文在理论或方法上的创新性 U_{21} 为 A、论文成果的效益 U_{22} 为 B,论文体现的理论基础与专门知识 U_{31} 为 E、论文体现的作者从事科学研究的能力 U_{32} 为 F,写作能力 U_{33} 为 G,采用相同方法进行计算。得出②:

$r_{AB}=0.732$　　$r_{EF}=0.837$　　$r_{EG}=0.659$　　$r_{FG}=0.639$

根据样本数为 100,自由度 $df=n-2=100-2=98$,查相关系数 r 临界值表。a 取 0.01,$r_{(98)0.01}=0.256$。即使 a 取 0.001,$r_{(98)0.001}=0.324$。以上所有两两指标之间的相关系数 r 的数值都远远大于 $r_{(98)0.01}$ 和 $r_{(98)0.001}$,证明它们之间的关系都是"极为显著相关"。根据"置信度"$=1-a$,得出"极为显著相关"的结论是可信的,"置信度"为 99.9%,而它们"不相关"的"置信度"仅为 0.001。

以上所有两个指标之间的相关系数都远远大于"极为显著相关"的临界值,虽然该结论的"置信度"为 99.9%,但是笔者怀疑可能存在其他异常状况,引起指标之间相关性的异常,于是又整理了 1999 年、2000 年这些指标的相关系数。详见下表。

表 3—7　1999 年、2000 年全国优秀博士论文评估指标中的相关系数情况③

	U_{11}		U_{12}		U_{21}		U_{22}		U_{31}		U_{32}		U_{33}	
	1999	2000	1999	2000	1999	2000	1999	2000	1999	2000	1999	2000	1999	2000
U_{11}	1.000	1.000	0.347	0.553										
U_{12}	0.347	0.553	1.000	1.000										
U_{21}					1.000	1.000	0.625	0.628						
U_{22}					0.625	0.628	1.000							
U_{31}									1.000	1.000	0.620	0.729	0.363	0.555
U_{32}									0.620	0.729	1.000	1.000	0.345	0.611
U_{33}									0.363	0.555	0.345	0.611	1.000	1.000

---

① 根据代宁:《全国优秀博士学位论文评选办法研究》,硕士学位论文,西南交通大学,2003 年的 33—34 页整理而成。

② 根据代宁:《全国优秀博士学位论文评选办法研究》,硕士学位论文,西南交通大学,2003 年的 33—35 页整理而成。

③ 根据代宁:《全国优秀博士学位论文评选办法研究》,硕士学位论文,西南交通大学,2003 年的 33—35 页整理而成。

由上表可知，1999年、2000年优秀博士论文评估指标之间的关系依然是"极为显著相关"，只是相关系数小一点。

从上可知，在优秀博士论文评估指标体系的同一个二级指标集合中，指标间的关系为"极为显著相关"，且这种相关程度逐年增加。这种现象说明了：其一，指标间确实存在着很大的相关性，而且随着时间的推移和评估次数的增加而提高；其二，这种相关性越来越被评估专家所意识到，在评估结果中明显地体现出来；其三，由于评估指标的导向作用，博士生有意识地加强了这些指标方面的提高，这种提高意味着共同性的增加，导致指标的相关性变得更为显著；其四，所选的样本是1999年、2000年、2001年入选的100篇优秀博士论文的评分情况，论文的整体水平普遍较高，评估成绩相对集中，从而导致指标相关性的增加。然而，不管如何，指标间存在"极为显著相关"是不容忽视的。指标间的"极为显著相关"，反映了两两指标间存在着重叠内容或因果关系，应将相关指标进行调整、删改、合并、优化，提高指标之间的相互独立性，确保指标体系的质量。

2. 采用等级相关系数分析：以"毕业论文设计"指标集合中的两个指标为例

同一指标集合中只有2个指标（或超过2个指标时的两两相关），且各指标的评定是等级，或者把具体的分数转化成相应的等级，可以采用等级相关系数[①]来分析指标之间的独立性。

某大学用教育部"普通高等学校本科教学工作水平评估方案"自评，这里抽取50个样本，审查"毕业论文设计"指标集合中的两个指标之间的独立性如何。

---

① 陈书肖：《教育评价方法技术》，北京师范大学出版社2004年版，第141—142页；扈涛：《教育统计学》，河南大学出版社2004年版，第131—135页；王孝玲：《教育统计学》，华东师大出版社1998年版，第269—277页；曹延亭：《教育统计学基础》，辽宁教育出版社1985年版，第140—145页。

表 3-8 "普通高等学校本科教学工作水平评估体系"① (部分)

一级指标	二级指标	主要观测点	参考权重	等级标准 A	等级标准 C	备注
教学效果	毕业论文设计	选题的性质、难度、份量、综合训练等情况	0.5	结合实际，全面反映培养目标要求	结合实际，基本符合培养目标要求	
		论文或设计质量	0.5	质量好	论文或设计规范，质量合格	

令"选题的性质、难度、份量、综合训练等情况"为 X，"论文或设计质量"为 Y，并把"A""B""C""D"四个等级分别赋值为"4""3""2""1"（也可赋值为"1""2""3""4"，但顺序必须一致）。整理原始数据后，得出下表。

表 3-9 等级相关系数计算表

x_i	4	3	3	4	4	2	4	2	3	3	2	4	3	2	3	3	3	4	3	4	3	3	4	3	3
y_i	4	4	3	4	4	2	3	3	2	3	3	4	3	3	3	2	3	4	2	3	4	3	3	4	4
$x_i - y_i$	0	-1	0	0	0	0	1	-1	1	0	-1	0	0	-1	0	1	0	0	1	1	-1	0	1	-1	-1
$(x_i - y_i)^2$	0	1	0	0	0	0	1	1	1	0	1	0	0	1	0	1	0	0	1	1	1	0	1	1	1

x_i	3	4	2	3	3	3	4	4	4	2	2	3	2	3	3	4	3	3	4	4	4	2	2	3	2
y_i	3	3	3	2	2	4	4	4	2	2	4	4	4	2	3	3	4	4	4	4	4	2	3	4	3
$x_i - y_i$	0	1	-1	1	1	-1	0	0	0	0	-1	-1	1	0	1	0	0	0	0	0	0	0	-1	-1
$(x_i - y_i)^2$	0	1	1	0	1	1	0	1	0	0	0	1	1	1	1	0	1	1	1	0	0	0	1	1	1

把数据代入等级相关系数公式中：

$$r_{XY} = 1 - \frac{6\sum_{i=1}^{n}(x_i - y_i)^2}{n(n^2 - 1)}$$

$$r_{xy} = 1 - \frac{6 \times 27}{50(50^2 - 1)} = 1 - \frac{81}{62475} = 1 - 0.0013 = 0.9987$$

---

① 《教育部办公厅关于印发〈普通高等学校教学工作水平评估方案（试行）〉的通知》，教高厅 [2004] 21 号，http://www.pgzx.edu.cn/main/webShowDoc?channel=zxdt_jyb&docID=2005/03/13/1110712094205.xml。

然后，查等级相关系数临界值表，得出：$r_{(48)0.01} = 0.370$；$r_{(48)0.001} = 0.465$
$r_{xy} = 0.9987 > r_{(48)0.01} = 0.370$　　$r_{xy} = 0.9987 > r_{(48)0.001} = 0.465$

由此，得出结论：指标"选题的性质、难度、份量、综合训练等情况"与指标"论文或设计质量"之间的关系为"极为显著相关"，几乎表现为线性相关。指标之间的"极为显著相关"，证明这两个指标之间独立性不高，存在着重叠现象。相关人员根据独立性验证结果，反思指标之间存在的问题，合并、修改、调整相关性强的指标，确保指标体系的质量。

3. 采用偏相关系数分析：以"论文体现的理论基础、专门知识及科学研究能力"指标集合中的 3 个指标为例

同一个指标集合内，如果只有两个指标，考察它们之间的独立性一般采用以上两种相关系数分析。而现实中的高等教育评估指标体系往往很复杂，同一个集合中所包含的指标不仅仅是 2 个，而是 3 个、4 个……甚至多达十多个。要分析这种现象中的 2 个指标之间的独立性，除了简单的两两相关以外，还要考虑其他指标对两者的影响和作用。如果仅仅只考虑两指标之间的相关系数，而忽视其他指标对它们的影响，则所得的相关系数难以真实地反映这两指标的相关程度。为了正确地审查两指标之间的独立性如何，必须剔除其他指标对它们两者的影响。这种剔除其他指标的影响所得的两两指标之间的相关系数，就是偏相关系数。①从这种意义上说，偏相关系数是一种校正系数。

下面，采用偏相关系数进一步分析全国优秀博士论文评估指标体系中的"论文体现的理论基础、专门知识及科学研究能力"集合中 3 个指标之间的独立性。

表 3—10　全国优秀博士论文评估指标体系

一级指标	二级指标	评分（百分制）
论文体现的理论基础、专门知识及科学研究能力（0.2）	论文体现的理论基础、专门知识（0.4）	
	论文体现作者独立从事科学研究能力（0.4）	
	写作能力（0.2）	

该指标集合中有 3 个指标，因此，在得出两两指标间的相关系数后，为了更正确地审查它们之间的独立性，采取偏相关系数进一步分析。

---

① 曹延亭：《教育统计学基础》，辽宁教育出版社 1985 年版，第 152—155 页；陈书肖：《教育评价方法技》，北京师范大学出版社 2004 年版，第 144—147 页；刘新平、刘存侠：《教育统计与测评导论》，科学出版社 2004 年版，第 116—117 页。

令指标"论文体现的理论基础与专门知识"为 X,指标"论文体现作者从事科学研究的能力"为 Y,指标"写作能力"为 Z。从上文(表 3—7)中可知,1999 年优秀博士论文评估中,$r_{XY} = 0.620$,$r_{XZ} = 0.363$,$r_{YZ} = 0.345$。

然后,代入偏相关系数公式,得出偏相关系数。

$$r_{XY \cdot Z} = \frac{r_{XY} - r_{XZ}r_{YZ}}{\sqrt{1-r_{XZ}^2}\sqrt{1-r_{YZ}^2}} \quad r_{YZ \cdot X} = \frac{r_{YZ} - r_{YX}r_{ZX}}{\sqrt{1-r_{YX}^2}\sqrt{1-r_{ZX}^2}} \quad r_{ZX \cdot Y} = \frac{r_{ZX} - r_{ZY}r_{XY}}{\sqrt{1-r_{ZY}^2}\sqrt{1-r_{XY}^2}}$$

(其中,$r_{ZY} = r_{YZ}$,$r_{XY} = r_{YX}$,$r_{XZ} = r_{ZX}$。$r_{XY \cdot Z}$ 表示剔除 Z 指标影响后,X 指标和 Y 指标之间的偏相关系数。$r_{YZ \cdot X}$ 表示剔除 X 指标影响后,Y 指标和 Z 指标之间的偏相关系数。$r_{ZX \cdot Y}$ 表示剔除 Y 指标影响后,Z 指标和 X 指标之间的偏相关系数。)

$$r_{XY \cdot Z} = \frac{r_{XY} - r_{XZ}r_{YZ}}{\sqrt{1-r_{XZ}^2}\sqrt{1-r_{YZ}^2}} = \frac{0.620 - 0.363 \times 0.345}{\sqrt{1-0.363^2}\sqrt{1-0.345^2}} = \frac{0.494775}{\sqrt{0.868221}\sqrt{0.880975}}$$
$$= 0.494775/0.87457475122198674184610772421244 \approx 0.5657$$

$$r_{YZ \cdot X} = \frac{r_{YZ} - r_{YX}r_{ZX}}{\sqrt{1-r_{YX}^2}\sqrt{1-r_{ZX}^2}} = \frac{0.345 - 0.620 \times 0.363}{\sqrt{1-0.620^2}\sqrt{1-0.363^2}}$$
$$= 0.11994/0.88223803971466771255055270687258 \approx 0.1359$$

$$r_{ZX \cdot Y} = \frac{r_{ZX} - r_{ZY}r_{XY}}{\sqrt{1-r_{ZY}^2}\sqrt{1-r_{XY}^2}} = \frac{0.363 - 0.345 \times 0.620}{\sqrt{1-0.345^2}\sqrt{1-0.620^2}} = \frac{0.1491}{\sqrt{0.880975}\sqrt{0.6156}}$$
$$= 0.1491/0.73642936524829046227559913118278 \approx 0.2025$$

最后,查相关系数 r 临界值表,得出结论。

查相关系数 r 临界值表,得 $r_{(98)0.05} = 0.197$,$r_{(98)0.01} = 0.256$,$r_{(98)0.001} = 0.324$。

$r_{xy \cdot z} \approx 0.5657 > r_{(98)0.01} = 0.256$;$r_{xy \cdot z} \approx 0.5657 > r_{(98)0.001} = 0.324$,说明在排除指标 Z"写作能力"的影响下,指标 X"论文体现的理论基础与专门知识"与指标 Y"论文体现作者从事科学研究的能力"之间存在着"极为显著相关"。由此,可证明这两指标之间存在着重合的地方,需要进一步分析、调整、修订,提高它们的相互独立性。

$r_{yz \cdot x} \approx 0.1359 < r_{(98)0.05} = 0.197$,说明在排除指标 X"论文体现的理论基础与专门知识"的影响下,指标 Y"论文体现作者从事科学研究的能力"与指标 Z"写作能力"之间为"不显著相关",证明这两个指标之间独立性好,质量高。

$r_{(98)0.05} = 0.197 < r_{zx \cdot y} \approx 0.2025 < r_{(98)0.01} = 0.256$,说明在排除指标 Y"论

文体现作者从事科学研究的能力"的影响下，指标 Z "写作能力"与指标 X "论文体现的理论基础与专门知识"之间"显著相关"。虽然这两个指标之间存在着一定的相关性，但从它们都在一定程度上反映论文作者的具体情况的角度来看，不可避免地存在着一定的相关性。因此，这种相关程度不至于对评估结果造成质的影响，指标间独立性较好，可以接受。

三、实用性

实用性，也是衡量高等教育评估指标体系的质量标准之一，反映指标体系有效地为内部用户和外部用户服务的性能。审查指标体系是否具有实用性，主要分析指标体系是否有利于内部用户（评估人员）采集、统计评估信息，做出价值判断等后续评估活动，是否有效地体现外部用户（尤其是目标用户）的需要和关注点。

（一）审查高等教育评估指标体系是否有利于内部用户继续开展评估活动：以国家精品课程评估指标体系为例

高等教育评估指标体系的内部用户，是指直接用评估指标体系开展评估活动的人或组织，即评估活动的具体实施者，如评估信息采集者、统计者、价值判断者、评估报告撰写者等，一般统称评估人员。高等教育评估指标体系包括指标系统、权重系统、尺度系统。因此，审查指标体系是否有利于内部用户（评估人员）继续开展评估活动，重点考察三个方面：指标系统是否有利于评估人员采集评估信息；尺度系统是否有利于评估人员给各末级指标（观测点）做出价值判断；权重系统是否有利于评估人员给整个评估指标系统评分。下面，具体审查"国家精品课程评估指标体系"的实用性如何。

1. 国家精品课程评估指标体系

表 3-11　国家精品课程评估指标体系[①]（部分）

一级指标	二级指标	主要观测点	评估标准（评估尺度）	分值	评估等级 A 1.0	B 0.8	C 0.6	D 0.4	E 0.2
教学队伍 20分	1-1 课程负责人与主讲教师	学术水平、教学水平与教师风范	课程负责人与主讲教师师德好，学术造诣高，教学能力强，教学经验丰富，教学特点鲜明。	8分					
	1-2 教学队伍结构及整体素质	知识结构、年龄结构、人员配置与中青年教师培养	教学团队中的教师责任感强，团结协作精神好，有合理的知识结构和年龄结构，并根据课程需要配备辅导教师，中青年教师的培养计划科学合理，并取得实际的效果。	4分					
	1-3 教师教学改革与教学研究	教师教研活动、教改成果和教学成果	教学思想活跃，教学改革有创意；教研活动推动教学改革，成效显著，受过省部级以上教学成果奖励和教学表彰；发表高质量的教改和教研论文。	8分					

2. 分析

（1）指标系统（主要是末级指标）是否有利于评估人员采集评估信息

评估人员或评估信息采集者主要根据末级指标（观测点）来采集评估信息。如果末级指标所指比较抽象、笼统，甚至朦胧不清，则不利于评估人员采集评估信息，需要进一步将指标分解成具体化、可操作化的、可测的内容。当然，也要

---

① 刘智运：《高等学校教育评估与督导概论》，高等教育出版社 2005 年版，第 159—161 页。

注意，并不是评估指标分层越多越好，一般控制在三级左右比较合适；末级指标也并非越量化越好，不管是定量指标还是定性指标，尽量用具体的语言加以界定和说明，尽量减少概念化、抽象化的条文，清楚、准确、简明地把所要表述的内容表述出来。

以上"国家精品课程评估指标体系"中的末级指标（观测点）之一"学术水平、教学水平与教师风范"，乍一看，真不知道该去收集哪些评估信息，因为它的表述太笼统了。无论是"学术水平""教学水平"，还是"教师风范"，涉及的范围都很广。如果把所有相关信息都收集起来，工作量太大，也没有必要，因为一些非本质的信息并不影响最终的评估结果。到底该重点收集哪些方面的信息？如果评估指标体系，尤其是末级指标（观测点），没有具体、明确规定的话，不同的评估人员在收集评估信息时有不同的认识和理解，导致所收集的评估信息不一致。因此，该末级指标不利于评估人员采集评估信息，实用性不高，应对它一步分解，把"学术水平""教学水平""教师风范"中最本质的方面具体、准确地表达出来，才有利于评估人员采集相关信息。

（2）尺度系统是否有利于评估人员给各末级指标做出价值判断

评估尺度系统，是对相应的末级指标进行价值判断的准则或标尺，说明达到要求的程度或等级。① 评估人员采集、统计评估信息后根据各末级指标的评估尺度来对它们进行价值判断。一个完整的高等教育评估尺度系统包括等级或分数，并用具体的语言或数字区间进行描述，两者缺一不可。因此，实用性好的评估尺度系统至少应具备两个条件。其一，等级或分数，不管是文字等级（优、良、中、差或甲、乙、丙、丁）、字母等级（A、B、C、D、E），还是具体的数字（5、4、3、2、1或1、0.8、0.6、0.4、0.2），适宜价值判断的等级一般不超过5个。按一般推理，等级或分数的个数越多，分等的精确度越高，越能获得精确的价值判断。然而，据心理学研究，超过5个等级，研究人员在实际的价值判断中很难操作。② 其二，要用具体的语言或数字区间来描述相应的等级或分数，以防评估人员做价值判断时受主观因素的影响。这种对等级或分数的描述，是在同质基础上的等距，涵盖的内容大致相同，在程度上有所区别。这个条件最关键，决定着尺度系统是否有利于评估人员给各末级指标（观测点）进行价值判断。

---

① 金娣、王刚:《教育评价与测量》,教育科学出版社2002年版,第117页;朱德全、宋乃庆:《现代教育统计与测评技术》,西南师大出版社1999年版,第358—359页。
② 王汉澜:《教育评价学》,河南大学出版社2002年版,第90页。

用以上两个条件作为判据来审查"国家精品课程评估指标体系"的评估尺度系统的实用性。显然，该评估尺度系统具备第一个条件，而最关键的第二个条件不具备。具体而言，该尺度系统有5个等级（A、B、C、D、E），原则上每个等级都对应用具体的语言或数字区间来描述，而该评估尺度系统只对A级进行了表述。评估人员根据一个等级的表述，要进行5个等级的判断，不可避免会受到主观因素的影响，不利于做出价值判断，而且还可能偏离真实的价值判断。因此，该评估尺度系统不利于评估人员给各末级指标（观测点）做出价值判断，实用性不高。考虑到对不同等级的描述主要在于限定语或数字区间的不同，在实践中没有必要对每个等级都进行描述，但需要对相互间隔的等级进行具体描述，如在以上的五个等级中，需要对A、C、E三个等级进行具体描述。

（3）权重系统是否有利于评估人员给整个评估指标系统评分

评估人员给各末级指标做出价值判断后，无论是通过加权记分还是模糊综合评分等方式，都要根据每个指标权重才能得出整个评估指标体系的分数或等级。即使同一个高等教育评估指标系统，采集、统计同样的评估信息，如果权重系统不同，那么最后得分也不同，评估结论大相径庭。因此，权重是影响评估人员是否利于给整个评估指标体系评分的关键因素。审查权重系统的实用性如何，其判据三者必居其一。其一，作为表征的每个指标在指标集合中的重要程度的权重，一一对应于每个指标，形成一个具有若干层级的评估权重系统，且每个指标集合的权重总和为1。其二，如果权重系统不分层，则把所有的末级指标看作一个指标集合，每个末级指标（观测点）分配一个权重，所有末级指标的权重总和为1。其三，直接用具体分值表示每个指标在指标系统中的重要程度，没有进一步加权得出权重，则整个指标系统的总分按重要程度分配到各层级的每个指标上，或者不经过中间环节，直接分配给各末级指标，其总和就是整个指标系统的总分。

按以上条件来审查"国家精品课程评估指标体系"的权重系统的实用性，显然，该权重系统符合第三个判据。因此，该权重系统有利于评估人员给整个评估指标体系评分，实用性较好。

3. 结论

根据以上分析，总体而言，"国家精品课程评估指标体系"的实用性不高。具体而言，指标系统（主要是末级指标）太抽象、笼统，不利于评估人员采集、评估信息，需要进一步分解成具体化、可操作化的内容。尺度系统只对五个等级中的 A 级进行了具体描述，不利于评估人员据此对各末级指标进行五个等级的判断，至少需要补充对 C、E 两个尺度等级的具体描述。权重系统有利于评估人员给整个评估指标体系评分，实用性较好。

（二）审查高等教育指标体系是否有利于为外部用户（主要指目标用户）服务：以中国校友会和网大的大学排行指标体系为例

高等教育评估指标体系的外部用户，是指除评估活动的具体实施者（评估人员）以外，直接或间接受评估指标体系影响的人或组织，包括政府、高校、教师、学生、家长、社会用人单位，等等。目标用户，是指某项活动或某个产品所指向的主要服务对象，也称核心用户。例如，每个人都有可能光顾麦当劳，但青少年和上班族占绝对比例；每个人也都可能光顾马莎，但知识型女性占绝对比例。也就是说，麦当劳、马莎的外部用户（消费者）可能是所有人，但目标用户各有侧重。高等教育评估指标体系也是如此，其用户可以是所有的人员和组织，但不同的高等教育评估指标体系所指向的目标用户不同，有的侧重于政府，有的侧重于学生、家长，有的侧重于高校、教师，有的侧重于社会用人单位、普通公众。

确定"谁是目标用户及其需求"是审查高等教育评估指标体系实用性的关键环节和主要内容。评估指标体系要明确地反映目标用户的需求，且只有明确地反映目标用户的需求，才能获得安身立命之所。高等教育评估指标体系不能反映目标用户的需求，则难以帮助他们预测现在及未来事项的可能结果，难以引导他们做出最佳决策和行为选择。下文将具体审查中国校友会和网大的大学排行指标体系的实用性如何，看它们是否体现了目标用户的需求和关注点。

1. 中国校友会和网大的大学排行指标体系

表 3—12 2006 年中国校友会大学排行指标体系①

一级指标	二级指标	三级指标	权重
科学研究 44.85%	略	略	44.85%
人才培养 48.50%	培养基地 7.56%	学科建设（国家重点学科、长江学者奖励计划学科、博士后科研流动站、二级博士学位授权学科、硕士学位授权学科、自主设置博士硕士学位授权学科、本科生自主招生）	6.66%
		国家教科培养基地（国家理科、文科、工科、生命科学与技术等人才培养基地）	1.90%
	师资队伍 11.41%	杰出人才（中国科学院和工程院院士、教育部长江学者及创新团队带头人、国家教学名师、国家自然科学杰出青年基金获得者）	5.71%
		教育部委员会委员（教育部科学技术委员会、教育部社会科学委员会、教育部学科教学指导委员会委员）	5.70%
	教学成果 4.75%	教学成果（国家级教学成果奖）	2.85%
		精品课程（国家精品课程）	0.95%
		优秀教材（全国高等院校优秀教材奖）	0.95%
	培养质量 23.78%	党政管理（高校毕业生当选中央委员、候补委员人数）	6.66%
		企业经营（自主创业：毕业生入围福布斯、胡润、新财富、《南方周末》中国富豪榜人数；企业经营：毕业生担任深、沪上市公司现任董事长、总经理或总裁等人数）	6.66%
		专业技术（学术研究：高校毕业生当选中国科学院和工程院院士、长江学者及创新团队学科带头人，或全国百篇优秀博士论文奖人数）	6.66%
		专业技术（文化、艺术、体育等：高校毕业生获国家鲁迅、茅盾文学奖，全国十大杰出青年法学家、世界经济学家（E-cares 世界经济学家排名前 1000 名）、全国金话筒奖、奥运冠军、国家级电影电视奖励等人数）	1.90%
		创新人才（"挑战杯"全国大学生创业大赛、"挑战杯"全国大学生课外学术科技作品竞赛、全国大学生数学建模竞赛、全国大学生电子设计竞赛、CCTV 全国大学生英语演讲竞赛成绩）	1.90%

---

① 《中国校友会 2006 中国大学排行榜评价指标体系》，http://www.cuaa.net/cur/2006/zhibiao.shtml。

综合声誉	综合声誉 6.65%	国家声誉（副部级高校、985 高校、211 工程大学、设有研究生院）	1.90%
		学术声誉（教育部 2002 年～2004 年全国高校一级学科评估高水平学科、拥有教授审批权和副教授审批权）	4.75%

表 3—13 2005 年中国网大的大学排行指标体系①

一级指标	权重	二级指标	权重（%）
声誉	15	两院院士、知名学者、专家、大学校长和中学校长调查结果	15.0
学术资源	20	博士点（每千名学生拥有量）	4.4
		硕士点（每千名学生拥有量）	2.4
		国家重点学科（每千名学生拥有量）	4.6
		国家重点实验室/国家工程（技术）研究中心（每千名学生拥有量）	4.2
		国家人文社科重点研究基地（每千名学生拥有量）	4.4
学术成果	22	SCI	8.1
		EI	5.5
		SSCI	6.2
		中国社会科学引文（CSSCI）	2.2
学生情况	12	录取新生质量（高考成绩）	5.9
		研究生在全校学生中所占的比例	6.1

2. 分析

在现实中存在着很多不同的高等教育评估指标体系，其安身立命之所在于为不同的目标用户服务。中国网大和中国校友会的大学排行都明确提出主要为广大学生（家长）挑大学、选专业服务，意味着学生（家长）是它们的目标用户。网大和校友会的大学排行指标体系如果反映了它们所宣称的目标用户（学生/家长）的需求，则实用性高。

（1）目标用户——学生（家长）的需求

不同的目标用户其需求也不同，学生（家长）的需求与高校、政府、社会用人单位等目标用户的需求是不同的。大学生和即将进入大学的考生，已达到或即

---

① 《2005 年中国网大的大学排行指标体系》，http://rank2005.netbig.com/cn/rnk_0_0_2.htm。

将达到 18 岁的法定年龄,社会和高校把他们当作当事人来看待了。学生作为当事人,很明显,既具有一般的消费者的地位,又具有学术界"公民"的地位。① 学生作为学术界"公民",精力充沛,朝气蓬勃,对未来充满着美好的憧憬和浪漫的想象。因此,他们关注社会的需要和变化,对高校的教学,尤其是课程和专业设置极为重视,希望在短暂而美好的大学生涯中能为未来的职业和生活做好有效的准备、奠定坚实的基础。同时,学生作为高等教育的消费者,希望能在高等教育过程中得到"直接消费的好处",关注高校的学习、生活的条件与环境。

学生(家长)的这些需求,在南开大学高等教育研究所乐国林等研究人员所做天津市问卷调查②中得到了确切的体现与证明。从总的累积百分数来看,最受学生关注的"好大学"指标是教学质量(20.9%)、学校知名度(16.4%)、毕业生就业率(12.2%)、师资力量(11.5%);家长的关注点基本相同,只是更关注毕业生就业率。在考生对"所报考的大学的最大希望"中,排在前三位的是:师资力量强,教学质量高(32.1%);有良好的校风和学风(17.3%);教学设施、设备现代化程度高(14.8%)。家长在此项调查中的选择顺序和考生相同。

(2)中国网大、中国校友会的大学排行指标体系是否体现了目标用户学生(家长)的需求

从以上中国网大和中国校友会的大学排行指标体系来看,两者都过分注重科研,忽视教学,尤其是本科生的教学。中国校友会的指标体系中单科学研究一项就占了 44.85%,虽然一级指标"人才培养"的权重为 48.50%,但其中的二级指标和三级指标(观测点)很少反映"人才培养"的情况,尤其是本科生教学情况。例如,二级指标"培养基地"的观测点主要集中于"博士后科研流动站、二级博士学位授权学科、硕士学位授权学科、自主设置博士硕士学位授权学科"等;二级指标"师资队伍"的观测点主要是"杰出人才"(中国科学院和工程院院士、教育部长江学者及创新团队带头人、国家教学名师、国家自然科学杰出青年基金获得者)以及"教育部委员会委员"(教育部科学技术委员会、教育部社会科学委员会、教育部学科教学指导委员会委员),没有涉及真正给学生上课的广大教师,没有涉及一个最关键、最基本的指标——师生比。

中国网大的指标体系也是如此。除了"声誉"指标(15%)以外,与大学生

---

① [美]约翰·S. 布鲁贝克:《高等教育哲学》,王承绪等译,浙江教育出版社 1987 年版,第 42 页。
② 乐国林:《考生、家长心目中的大学评价》,载《宁波大学学报(教育科学版)》2003 年第 5 期;乐国林:《考生和家长最关心什么?》,载《天津青年报》,2003 年 6 月 9 日第 15 版。

和本科教学相关的指标只有"国家重点学科、国家重点实验室/国家工程（技术）研究中心、国家人文社科重点研究基地（每千名学生拥有量）""录取新生质量（高考成绩）"，权重仅占 19.1%，其他指标，如 SCI、EI、SSCI、CSSCI、博士点等，都体现着科研状况。

然而，学生（家长）最关注的是哪些（所）大学有较好的教学质量，哪些（所）大学有较好的学习、生活条件，哪些（所）大学有最适合自己的学科、专业，哪些（所）大学的毕业生较容易找到好的工作，哪些（所）大学更适合于自己，等等，而对大学的科研实力不是很关注。显然，这两个排行指标体系没有实现它们明确提出的主要为广大学生（家长）服务的宣言和目的。因此，实用性较低。

（3）与国外以学生和家长为目标用户的高等教育评估指标体系比较

为了更明晰地阐述这个观点，下文将进一步分析英国《卫报》和德国高等教育发展中心（Center for High Education Development，CHED）的大学排行指标体系。这两个大学排行都明确地提出为学生服务，这两个指标体系的目标用户也是广大学生。

表 3—14　2004 年英国《卫报》大学排行指标体系①

一级指标	权重
TQA 分数（教学质量评价分数）	0.22
入学资格	0.15
生均花费（图书、计算机、信息服务等方面）	0.15
师生比（全日制本科生）	0.15
价值增值（根据入学成绩将学生分类，如果入学时低分学生在获得第一学位时分数类别提高了，则给予加分）	0.10
毕业去向	0.15
特殊学生（成年学生、少数民族学生、残疾学生）所占比例	0.08（三类学生分别为 0.03，0.03，0.02）

从上表可知，英国《卫报》的大学排行指标体系面向学生自身（如入学资格、特殊学生）、教学条件（如生均花费、师生比）、教学效果（如价值增值、

---

① 李文兵：《高等学校排序合理性的反思》，博士学位论文，华中科技大学，2006 年，第 71 页。

TQA 分数)、毕业去向,明确、清晰地体现了目标用户(学生)的需求和关注点。

德国高等教育发展中心(CHED)的大学排行指标体系,包括 9 个一级指标:大学及所在城市、学生、产出、国际化、教学、资源、研究、劳动力市场及就业能力、学生和教授的整体评价等;35 个二级指标:大学(规模、成立时间、类型)及其所在地的原始信息(租金)、学生的特点、师生比、学习期限、课程组织、教授与学生之间的联系、图书与计算机设备、就业问题、劳动力市场和来自教授与学生的整体评价等。并且,CHED 根据学生的不同需求将学生分成三类,再根据三类不同学生的需求和关注点,分别对各个高校的不同专业进行分组排行,力图对各种不同需求的学生都能发挥信息服务、咨询、指导的作用。

表 3—15 德国 CHED 按不同类型学生的需求特征而制定的评估指标①

学生类型	需求特征	评估指标
想法单一型学生 (the Single-minded Student)	希望得到好的指导、辅导和管理服务,并能尽快较好地完成学业。	学生的整体评价,获取文凭的时间不太长,与学生有较多接触的讲座,合理的师生比
研究型学生 (the Research Student)	立志从事科学研究工作,希望到研究型大学学习	教授们的建议,教授们对研究条件的好评,每个教授的博士生数,合同研究费用数,学术出版物的数量
实践型学生 (the Practical Student)	希望学到实用的知识,要求专业特点和实际密切联系,学习年限不必太长,教师与企业界和经济界联系密切,对实习有很高的期望值。	学生的评价意义,大学在实践期间有良好的举措,拥有好的实验仪器、设备

很显然,CHED 的大学排行指标体系充分体现了学生的需求,有效地为学生服务,实用性高。

同样以学生(家长)为目标用户的指标体系,中国网大和中国校友会的大学

---

① Gero Federkeii,"Some Aspect of Ranking Methodology: The CHE-Ranking of German Universities," *Higher Education in Europe*,转引自李文兵、沈红:《德国 CHED 大学排名的特点及对我国的启示》,载《比较教育研究》2006 年第 4 期。

排行指标体系与英国《卫报》、德国 CHED 的大学排行指标体系相比,实用性低多了。我国高等教育评估指标体系,应充分借鉴国外经验,充分反映目标用户的需求与关注点,有效地为目标用户服务。

3. 结论

目前,没有反映目标用户需求的高等教育评估指标体系比比皆是。诸多的指标体系乍一看来大同小异,无外乎都是科研、教学,无外乎都是 SCI、科研基地等方面,只是为了标榜自己的指标体系与众不同,在字面意义上或末级指标取向上稍加不同,而没有从根本上去反思、研究是否体现了目标用户的需求、为目标用户服务。不同的高等教育评估指标体系只有反映了特定目标用户的需求,**或者是**学生、家长,或者是政府,或者是高校、教师,或者是社会用人单位,**等等**,各具特色的指标体系才能涌现出来,各具特色的指标体系才能获得安身立命之所,不同的指标体系为不同的目标用户服务,实用性才高,质量才好。

第二节 审查高等教育评估信息的采集与统计

评估信息的采集与统计直接影响评估结果,是决定评估整体质量的关键环节和重要因素之一。如果没有采集到可靠的评估信息,没有正确统计所采集的评估信息,即使制定了科学合理正确实用的评估指标体系,采用了适当、先进的评估手段和方法,也难以得到正确合理的评估结果。因此,审查高等教育评估信息的采集与统计是高等教育评估质量内部保证的重要内容之一,即根据可靠性、正确性这两个最重要的质量标准分别检验评估信息的采集与统计,确定评估信息质量如何。

一、可靠性

可靠性是高等教育评估信息采集最核心的质量特征和质量标准,表征着所采集的评估信息真实、正确,完整地反映了高等教育的现象、状况、本质的程度。一般而言,主要从真实性、准确性、完整性三个维度,以及通过多种信息渠道、可靠度模型等方法去审查评估信息采集的可靠性。另外,还对主观声誉调查信息的可靠性予以特别关注。

(一) 高等教育评估信息

信息在日常用语中指的是消息、情报、指令、密码,等等,一般通过文字、图像、表格等符号、语言、形态、手势等具体形式表现出来。[①] 高等教育评估信息，是具体反映高等教育实际情况、属性、特征等的标记，通过符号、信号、数据等形式表现出来。复杂多样的高等教育评估信息主要包括数据信息、文字信息、形态信息三大类。[②]

数据信息是数字化或量化的信息，用客观数值表示高等教育的实际情况、属性、特征等。如华中科技大学某院 2005 年科研经费 4000 万元，在研的国家、省部级重大科研课题数十项，发表学术论文 500 篇，其中被 SCI、EI、ISTP 等收录 120 篇。文字信息是用文字定性描述的关于高等教育的属性、特征、客观情况的信息。如某校的办学指导思想、发展战略规划、学科专业特点，等等。形态信息是人们在潜移默化中形成的对高等教育某些形态或表现的反映。如某校的学习风气、学术气氛、校园文化氛围，学生、教师的精神风貌，等等。这种信息在评估人员实地考察时或进行声誉问卷调查时产生。

（二）审查可靠性的三维度

可靠性是指所采集的评估信息免于错误和偏差，真实、全面、正确地反映高等教育的现象、状况、本质的程度。然而，在采集高等教育评估信息时，由于受各种主客观因素的影响，导致评估信息常常失真，主要表现为缺乏真实性、准确性、完整性。评估信息失真会直接破坏评估信息的功效，干扰价值判断、误导评估用户。因此，应主要从真实性、准确性、完整性三个维度去审查、检验高等教育评估信息采集的可靠性。

真实性，是指所采集的高等教育评估信息与所要表达的高等教育的属性、本质、状况的一致性或吻合性。真实性，意味着遵循实质重于形式的原则，按照高等教育客观状况、本质、属性的实际情况采集、记录评估信息，忠实地反映所要表达的高等教育事项，而不能按照高等教育的表面形态来采集评估信息。如果所采集的评估信息仅仅是高等教育的表面形态或人为形式，没有真实地反映高等教育的实质和客观现实，则可靠性不高。

准确性，是指切实根据高等教育评估指标体系，尤其根据末级指标的内涵去采集评估信息，所采集的评估信息与想要采集的评估信息一致。评估信息如果不能准确地体现末级指标的内涵，即使正确地反映了高等教育的客观情况、属性、

---

① 王战军：《学位与研究生教育评估理论及技术研究》，博士学位论文，哈尔滨工业大学，2001年，第 87—88 页。
② 王战军：《学位与研究生教育评估理论及技术研究》，博士学位论文，哈尔滨工业大学，2001年，第 87—88 页。

本质,也不能说质量高。例如,采集关于高校优秀教学成果奖的评估信息,如果没有明确优秀教学成果奖包括哪个时间段、哪些类型和级别的奖项,把任何时间段的奖项以及与该评估关系不大的奖项都计算在内,即使收集到的信息完全真实,但不符合准确性,可靠性也不高。

完整性,是指所采集的高等教育评估信息完整、全面地反映高等教育的客观实际情况、属性、本质。不真实、不准确的评估信息自然不可靠。即使是真实、准确的评估信息,如果不完整,同样也不可靠。例如,我国高校内部实施部门管理体制,信息分散在各个不同的部门或院系,采集高等教育信息时,容易漏掉个别部门或院系的信息,或者不同部门的某些信息交叉,造成汇总时信息重复,无意间夸大了某些数据。如果采集评估信息时没有考虑这些情况,或对这些情况考虑得不周全,就容易影响评估信息的完整性,导致可靠性不高。

(三)审查可靠性的方法

审查高等教育评估信息采集的可靠性,除了从真实性、准确性、完整性三个维度考察以外,还应采取适当的方法,如通过多种信息渠道、可靠度模型等来分析。

1. 通过多种信息渠道来审查评估信息采集的可靠性

从某一信息渠道采集高等教育评估信息后,再从其他信息渠道收集同样类型的评估信息,并比较、分析从不同信息渠道获取的评估信息是否存在差异以及存在差异的原因。这样既为检验该评估信息的可靠性提供相关的证据,又为下次评估选择相关的评估信息渠道提供一定的经验。例如,审查从公共网站上采集到的高等教育评估信息的可靠性,根据具体的评估信息内容,通过以下信息渠道进行检验。

如果要审查高校老师发表论文的评估信息,可通过检索各大论文引文数据库来确定该评估信息的可靠性。如中科院的中国科学引文数据库(CSCD)、南京大学开发的中国社会科学引文索引数据库(CSSCI)以及国外的科学引文索引数据库(SCI)、工程索引数据库(EI)、社会科学引文索引数据库(SSCI)、社会科学及人文科学会议录索引数据库(ISSHP)、艺术与人文科学引文索引数据库(A&HCI)、科学技术会议录索引数据库(ISTP)等。

如果要审查高校的相关评估信息,可通过查阅各种统计资料来检验某评估信息的可靠性。如教育部科技司与社科司发布的《高等学校科技统计资料汇编》和《全国高校社科统计资料汇编》,教育部高等教育教学评估中心发布的《全国高校教学基本状态数据库》,教育部每年发布的《全国教育事业统计公报》,国家统计局每年发布的《国民经济与社会发展统计公报》等。

也可到现场获取第一手资料来核实评估信息的可靠性。例如,查阅所评单位的自评报告,听取所评单位的自我汇报,查看工作计划、总结、会议记录、规章制度及有关统计数据和资料,查看校容校貌、教学设备、实习基地、师生活动、校风校纪,抽查课堂教学、实验操作、图书阅览、课外活动、自习及其他活动情况,抽看学生作业和毕业论文或设计、教师的教学教案等,调阅有关的管理档案,等等。

还可适当处理采集到的原始评估信息,通过分析所导出的数据情况,来判断原始评估信息的可靠性。例如,审查运动场地总面积、论文总数、科研经费总数、仪器设备总值等信息的可靠性,根据有把握的正确数据,计算出人均数据,再用统计方法判断、分析所导出的数据是否存在异常情况以及异常情况源于分子还是分母。

2. 通过可靠度模型来衡量评估信息的可靠性

可靠度是可靠性程度的简称,是从量的角度来审查所采集的评估信息的可靠性如何。计算高等教育评估信息的可靠度,需要采用可靠度计量模型。[①]

(1) 单个评估信息的可靠度计量模型

根据经典真分数模型[②] $T=X+E$,其中,T 为真值(True Score),X 为观测值(Observe Score),E 为误差,可为正数,也可为负数。因此,观测值 X 可以小于也可以大于真值 T。

与真值相应的是客观值,是事物本身所固有的、客观存在的、不随人的意志而转移的数值表征。有些事物的客观值,因条件局限暂时难以获得,但仍然客观存在,可通过进一步认识来获得。高等教育评估信息的客观值是高等教育自身所固有的真值,在一定的时空下固定不变。

与观测值相应的是信息值,是信息的具体数值,可直接进行数学计算。采集高等教育评估信息时,接触较多的是数据信息,它们的信息值直接表现为具体的数据。如果是文字信息和形态信息,则可通过数字化技术和量化技术转化为数据信息,以便处理和统计。高等教育评估信息的信息值随着评估人员或信息采集者认识高等教育的实际情况、属性、本质的不同而变化。

---

① 杨志明、张雷:《测评的概化理论及其应用》,教育科学出版社 2003 年版,第 21—23 页;王战军、丁毅强:《学位与研究生教育评估信息可靠性分析》,载《科学学与科学技术管理》2003 年第 6 期。
② 张敏强:《教育测量学》,人民教育出版社 2005 年版,第 98—99 页。

高等教育评估信息的客观值相当于真值 T，信息值相当于观测值 X，可靠度与信息值和客观值密切相关。如果信息值越趋近于客观值，则评估信息的可靠度大，可靠性高；如果信息值越偏离客观值，则可靠度小，可靠性低。评估人员根据末级指标来采集评估信息，一般每个或每类评估信息对应一个末级指标。计算单个高等教育评估信息的可靠度，采用以下计量模型：

设第 i 条高等教育评估信息的可靠度为 R_i，其客观值为 $T_{客观值}$，信息值为 $X_{信息值}$，代入公式 1：$R_i = \dfrac{T_{客观值}}{X_{信息值}} \times 100\%$

即 $R_i = \begin{cases} 1 - \dfrac{|T_{客观值} - X_{信息值}|}{T_{客观值}} \times 100\% & (\theta_{min} < X_{信息值} < \theta_{max}) \\ 0 \ (X_{信息值} \leqslant \theta_{min}, 或 X_{信息值} \geqslant \theta_{max}) \end{cases}$

（其中，θ_{min} 为最小信息值，θ_{max} 为最大信息值）

由上可知，如果评估信息值在置信区间外，则所采集的高等教育评估信息的可靠度为 0。最小信息值 θ_{min} 和最大信息值 θ_{max} 构成一个置信区间，θ_{min}、θ_{max} 分别为该区间的置信下限和置信上限。当高等教育评估信息的信息值远离客观值，且超出最小信息值 θ_{min} 或最大信息值 θ_{max} 时，该评估信息的可靠度为零，即该评估信息处于完全失真或完全不可靠状态。

例如，对评估信息"材料科学与工程学院 2006 年的科研经费为 31158 万元"的可靠度进行分析。根据该校财务处统计全校 2006 年科研经费总计 31102 万元，该校材料科学与技术系科研经费 547 万元，则可以通过置信下限（547 万元）和置信上限（31102 万元）来考察"材料科学与工程学院 2006 年的科研经费为 31158 万元"的可靠度。显然，该信息值大于置信上限（31102 万元），不可能某校一个学院一年的科研经费比该校整个科研经费还多，当然，也不可能比一个系的科研经费少。因此，该评估信息的可靠度为零。

当然，由于评估人员按一定的标准和要求来采集评估信息，尽量使评估信息的信息值接近客观值，像以上这种极端的高等教育评估信息值很少出现。在实际的采集工作中，有的高等教育评估信息，例如，某校某学年全日制本科生招生人数、某校某学年授予硕士学位数、某校某学年博士招生人数等，其信息值容易等于客观值，即 $X_{信息值} = T_{客观值}$，则 $\dfrac{T_{信息值}}{X_{客观值}} \times 100\% = 100\%$，评可靠度达到 100%。但有的高等教育评估信息，如某校的办学效益、某个学院的学术水平等，容易受到多种主客观因素的影响，难以等于客观值。当信息值大于客观值时，$X_{信息值} > T_{客观值}$，则 $R_i = 1 - \dfrac{T_{客观值} - X_{信息值}}{T_{客观值}} \times 100\% = 2 - \dfrac{T_{信息值}}{X_{客观值}} \times 100\% <$

100%。当信息值小于客观值时，$X_{信息值} < T_{客观值}$，则 $R_i = 1 - \dfrac{T_{客观值} - X_{信息值}}{T_{客观值}} \times 100\% = \dfrac{T_{信息值}}{X_{客观值}} \times 100\% < 100\%$。如果 $R_i = 90\%$，意味着第 i 个高等教育评估信息的可靠度是 90%，该信息值中包含 90%的客观值。

（2）评估信息集合的可靠度计量模型

高等教育评估信息系统由多个层级的评估信息集合组成，如同高等教育评估指标系统由多个层级的评估指标集合组成一样，且一个评估信息集合对应着同一个评估指标集合。

评估人员根据末级指标来采集的评估信息，所采集的评估信息由许多单个信息按一定的重要程度，组合而成一个高等教育评估信息集合。每个高等教育评估信息集合的可靠性既依赖于每个评估信息的可靠性，又依赖于每一个评估信息的重要程度。单个评估信息在评估信息集合中的重要程度，其数值等于相对应的该项评估指标的权重。每个评估信息集合的可靠性依赖于单个评估信息的可靠性及其所占的权重。

设单个高等教育评估信息 i 的可靠度为 R_i，n 为该评估信息集合所含有的信息个数，a_i 表示评估信息 i 所占的权重，代入下面计算高等教育评估信息集合的可靠度计量模型中：

公式 2：$R_{集合} = 1 - \prod\limits_{i=1}^{n}(1 - a_i R_i)$ 其中，$i = 1, 2, \cdots n$；$\sum\limits_{i=1}^{n} a_i = 1$。

从以上公式中可知，高等教育评估信息集合的可靠度 $R_{集合}$ 不仅与单个评估信息的可靠度 R_i 及其权重 a_i 的大小有关，R_i 和 a_i 越大，$R_{集合}$ 也越大；还与组成该评估信息集合的评估信息个数 n 有关，n 越大，$R_{集合}$ 也越大。这表明评估信息集合中的评估信息越多，就越能从更多的角度反映高等教育某一方面的客观情况、属性和本质，评估信息集合的可靠度 $R_{集合}$ 就越高，即使其中某个信息的可靠度较低，对整个评估信息集合的可靠度影响不大。

（3）评估信息系统的可靠度计量模型

高等教育评估信息系统是由多个评估信息集合组成，因此，计算整个评估信息系统的可靠度计量模型如下。

设某个高等教育评估信息集合 i 的可靠度为 $R_{集合i}$，n 表示评估信息集合的个数，a_i 表示评估信息集合 i 所占的权重，则该高等教育评估信息集合系统的可靠度为：

公式 3：$R_{系统} = 1 - \prod\limits_{i=1}^{n}(1 - a_i R_{集合i})$ 其中，$i = 1, 2, \cdots n$；$\sum\limits_{i=1}^{n} a_i = 1$。

从公式 3 可知，整个高等教育评估信息系统的可靠度 $R_{系统}$，不仅与组成该系统的评估信息集合的可靠度 $R_{集合}$ 高低有关，$R_{集合}$ 越高，$R_{系统}$ 也越高；还与评估信息集合的个数 n 有关，n 越大，$R_{系统}$ 也越大。

（4）总结

衡量高等教育评估信息的可靠度，采用以上相关的可靠度计量模型。根据可靠度计量模型，通过提高单个评估信息的可靠度，以及适当增加单个评估信息和评估集合的个数等途径，来提高整个高等教育评估信息系统的可靠度。

（四）审查主观声誉调查信息是否可靠：以中国网大主观声誉调查信息为例

主观声誉调查信息在我国高等教育评估中还没有得到应有的重视和关注，其主要原因在于人们担心它的主观性而影响它的可靠性。目前，我国暂时只有中国网大的高校排行采集了主观声誉调查信息。但根据国外相关经验和高等教育评估发展趋势，主观声誉调查信息将成为我国高等教育评估信息中必不可少的组成部分。因此，这里特别分析主观声誉调查信息是否具有可靠性。表 3-16 是 1999-2007 年中国网大主观声誉调查信息的情况。

从下表可知，中国网大为了提高主观声誉调查信息的可靠性，调查对象逐渐由刚开始的两院院士、大学校长逐渐向社会学科知名学者、大学校长、企业家、全国重点示范中学校长、高等教育评估专家、长江学者等各界人士扩展，发放的调查问卷也从开始的 860 份有所增加，最多发放 2471 份。这些举措无疑能增加主观声誉调查信息的可靠性，但回收率不高是影响其可靠性的"瓶颈"。提高采集主观声誉调查信息的可靠性，有待于进一步扩大调查对象、调查面，增加所发放的调查问卷数，尤其应在提高调查问卷的回收率上下工夫。

表 3—16 1999—2007 年中国网大主观声誉调查信息一览表①

年度		大学校长（份数）	中科院院士（份数）	工程院院士（份数）	企业家（份数）	社会学科知名学者（份数）	高教评估专家（份数）	长江学者（份数）	全国重点示范中学校长（份数）	总　数（份数）	有效回收率	无效（份数）
1999	发	260	601							861	30.81%	
	收	47	218							265		
2000	发											
	收	102	100	38	5	37		22		304		
2001	缺											
2002	缺											
2003	发	315	175	175		100		116	117	998	36.87%	33
2003	收									335		
2004	发	644	398	364	205	107	302	234		2254	18.77%	25/退信35
	收	125	54	53		56	40	50	21	398		
2005	发	695	372	356	378	107	283	280		2471	19.38%	15
	收	122	64	50		70	46	65	47	479		
2006	发								一千多			
	收	104	39	52		58	40	46	19	358		
2007	发	685	341	336	325	107	266	255		2315	16.1%	10/退信28
	收	104	39	52		58	40	46	19	358		

二、正确性

正确性是高等教育评估信息统计重要的质量特征和质量标准。审查高等教育评估信息统计的正确性如何，主要检验所采用的统计方法与工具是否合适、科

---

① 1999 年的数据来自 http://rank1999.netbig.com/cn/n_authority/2.htm；2000 年数据来自 http://rank2000.netbig.com/cn/preface04.htm；2003 年的数据来自 http://rank2003.netbig.com/cn/rnk_0_0_2.htm；2004 年的数据来自 http://rank2004.netbig.com/cn/rnk_0_0_3.htm；2005 年的数据来自 http://rank2005.netbig.com/cn/rnk_0_0_3.htm；2006 的数据来自 http://rank2006.netbig.com/cn/rnk_0_0_2.htm；2007 的数据来自 http://rank2007.netbig.com/cn/rnk_0_0_3.htm。

学，评估信息统计口径是否统一，评估信息中的虚假异常值是否剔除并校正等方面。

（一）审查高等教育评估信息统计的正确性

审查高等教育评估信息统计的正确性，除了检验评估人员或信息统计者是否采用适宜、科学的统计方法与工具①以外，重点分析以下两个方面。

1. 高等教育评估信息统计口径是否统一

检验高等教育评估信息统计口径是否统一或一致，主要看所要统计的评估信息的计量单位、范围、标准、时间限定等方面是否内涵相同，避免因统计口径不一致带来的错误与偏差，提高统计的正确性。

一看所统计的评估信息的计量单位是否一致。统计评估信息时，根据实际情况确定合理的计量单位，是万元还是元，是亩还是平方米，避免计量单位不一致造成的统计偏差。

二看所统计的评估信息的标准和范围是否统一。例如，统计科研经费数时，甲学校只包括了纵向科研经费，而乙学校则把横向、纵向课题经费都计算在内，而丙学校把横向、纵向科研经费以及产业开发经费全部记入其中。又如，统计学生规模，有的学校只统计了全日制本科生，有的还包括了全日制研究生，有的则还包括了非全日制学生及其他进修生，等等。无论是统计科研经费、学生人数，还是统计图书、实验室等情况，如果评估信息的标准和范围不统一，则难以正确地统计评估信息，给评估工作带来不良后果。

三看所统计的评估信息是否在统一的时间段或时间界限内。例如，统计在校研究生人数时，没有考虑我国研究生教育弹性学制改革的现状——硕士研究生学制，有的学校是两年，有的两年半，有的三年；博士生学制，有的三年，有的四年，还有相当一部分理工科博士生甚至五年还没有毕业，只简单地把"在校研究生人数"进行统计。显然，评估信息不在同一个时间段里，这样统计出来的结果没有意义。统计评估信息时，应注意评估信息的时间限制，要在一个统一的时间界限内。

四看所统计的高等教育信息是否具有同质性。例如，统计所获奖项的评估信息，如果没考虑到一、二、三等奖之间，国家奖、省级奖、地区奖之间的差别，仅仅统计获奖总数，反映不出奖项质的区别，这种评估信息统计是不正确的。又

---

① 检验评估人员或信息统计者是否采用适宜的统计方法与工具，涉及比较复杂的数学建模，这里暂不做探讨，请参见统计学的相关内容。

如，统计科研论文的评估信息，只统计论文总数，而不考虑论文是普通期刊还是核心期刊，是 SCI、SSCI 还是 CSCI、CSSCI，同样不能正确地统计评估信息。如果同类评估信息不具有等质性，就不能进行信息处理，尤其是数据处理。因此，尤其注意应把不同质的评估信息赋值处理并等质化后再进行评估信息统计。

2. 是否剔除并校正高等教育评估信息中的虚假异常值

统计评估信息时，特别注意那些权重较大、比较敏感、太大太小的数据，辨明、核实它们是否是虚假的异常值，并剔除、校正那些虚假的异常值后再进行计算。异常值，基于这样一个假设：同一类单位的同一类数据不应该相差太大。① 要注意的是，并非所有异常评估信息都是虚假信息，其中也有因为体制、机制变化或合作项目引起的重大变革而形成。例如，自从 20 世纪 90 年代以来，由于院校合并，原来只是一所高校的信息突然增加几所并入其中的院校信息，导致评估信息异常值的出现。又如，一些教授、科研人员，尤其是一些院士、长江学者、学科带头人等头衔的名教授和科研人员调动后，他们以前论文、获奖、科研项目都计算到调入学校中，这样也会带来异常值。因此，要求对异常评估信息进行科学核查，辨明真伪，尤其要核实变革时间、范围与评估信息的内涵和要求是否相符，必要时还需提取相关证明材料或证据，以分清是非，正本清源。

检验评估信息统计中的异常值，除了采取以上的排查法以外，还可采用拟合优度检验和异常值检验交叉进行。先进行拟合优度检验，判断分布类型，然后进行异常值检验，找出可能的异常值，有必要的话，再重新进行拟合优度检验，校正异常值。或者在采用最小二乘法进行图估计时，同时进行拟合优度检验和异常值检验。因为涉及复杂的数学和统计模型，这里不一一阐述，请参见《可靠性数据计算及应用》的第四章——常用分布的异常值检验。②

统计高等教育评估信息时，应严肃认真地核实、剔除、校正异常评估信息，不能只凭感觉怀疑，一定要拿出有说服力的证据或证明。剔除并校正评估信息中的虚假异常值，能提高统计的正确性。

（二）提高高等教育评估信息统计正确性的建议

为了提高高等教育评估信息统计的正确性，除了提高评估人员或信息统计者自身的经验、专业素养以及采用正确、适当的统计方法与工具以外，针对我国实

---

① 王战军：《学位与研究生教育评估理论及技术研究》，博士学位论文，哈尔滨工业大学，2001年，第 95 页。

② 金星等：《可靠性数据计算及应用》，国防工业出版社 2003 年版，第 69—80 页。

际情况，尤其应该注意以下几个方面。

1. 加强高等教育信息的定期申报制度

定期申报制度是指高校按规定时间、规定内容、规定格式向指定管理部门报送有关信息的制度。这种申报制度的主要优点是使高等教育信息内容相对连续，信息栏目相对稳定，不直接针对某项具体的评估，可使信息的客观性增强。这些信息越健全、越清晰、越连续，则越能从各种角度、各个侧面全面地表征高等教育的客观属性、本质和功能，就越能为正确统计高等教育评估信息奠定基础。我国从2004年开始实施国家重点学科基本信息年报制度，由各高校每年申报有关基本信息，以备评估调用。各高校定期申报高等教育信息，有利于建立比较权威、全面的高等教育评估信息库。

2. 制定适当的高等教育信息栏目

信息栏目是考察、观测高等教育与高等院校客观属性、本质、现状的角度和记载方式。例如，某校的教师总数、高级职称人数及比例、科研项目和经费数、发表学术论文的质与量等基本信息，是表征该校师资实力非常重要的信息栏目。制定相对稳定、实用、清晰的信息栏目有利于提高高等教育信息统计的正确性。

3. 明确界定高等教育评估信息的内涵，统一统计口径

高等教育评估信息是人们认识高等教育、高等院校客观属性、本质、现状的产物。人们对具体评估信息的理解因人而异，各不相同。如果对评估信息含糊不清，没有明确说明它的内涵，就容易失去评估信息的可比性，导致统计失去意义。因此，应明确高等教育评估信息的内涵，统一统计口径，以提高评估信息统计的正确性。

4. 建立高等教育信息的公开制度、举报制度

随着信息化时代的到来以及民主参与意识的增强，人们越来越要求高等教育信息进一步公开化和透明化，政府拥有高等教育信息的特权越来越受到挑战。计算机、互联网技术的飞速发展为这种需要的满足提供了技术上的可能性和保证。高等教育信息库在一定范围内实现了有限共享，逐渐建立并完善了高等教育信息的公开制度、举报制度，接受社会的监督和审核，约束虚假信息。建立高等教育信息的公开制度、举报制度，不仅促进了信息资源的共享和信息交流的普及，而且加强了外界对是否正确统计评估信息的监督和审查。

第三节　验证高等教育评估结果

评估人员采集、统计评估信息后，进行价值判断，得出评估结果。评估结果的质量与评估整体质量密切相关，因此，验证评估结果是高等教育评估质量内部保证的重要内容。验证评估结果，就是根据实用性、效度和信度等标准审查评估结果，确定、证明评估质量如何，并根据所发现的缺点，积极采取改进措施。

一、实用性

实用性是高等教育评估结果的质量标准之一，表征着评估结果是否实现了评估目的和为评估用户服务的性能。这里主要从评估结果的解释、反馈、效应等方面来审查评估结果的实用性如何。

（一）审查高等教育评估结果的解释

对解释的理解，笔者赞成如下约翰·麦奎利的观点。其一，任何解释得以进行，都必须以解释者对他所解释的东西已有的某种理解为前提。其二，解释过程涉及某种循环。尽管是在前理解的基础上开始解释的，但解释的整个过程是获得一种新的理解。其三，解释的表达模式不止一种，要使这种解释成为可能，只有采用另一种表达模式，解释的方向一般总是从不太熟悉的东西到非常熟悉的东西。其四，解释者与他正在进行解释的东西之间有某种兴趣上的共鸣或吸引，以及他用于解释的语言或表达式只有相应的恰当性。其五，承认解释的科学成分。承认有某些能排除漫无边际的主观解释的"客观"标准，承认对某些问题用不同程度的"科学的"方法予以解决。其六，必须把解释看作科学也看作艺术。它凭借着解释者的经验和想象，是具有创造性的重建。也许不应该说"真实的"解释，而应该说"负责的"解释，这里"负责的"是指解释者富有建设性的回应。①

基于以上认识，判定高等教育评估结果的解释是否具有实用性，主要考察以下几方面。

1. 是否对评估结果进行了解释

如果评估人员进行价值判断后，仅仅做出一个"A""B""C""D"或"优秀""良好""合格""不合格"的等级判断，或得到一个"98""85""80""78"的分数，没有对这些等级判断或分数做出必要的解释。显然，这样的评估结果对

---

① ［英］约翰·麦奎利：《神学的语言与逻辑》，四川人民出版社1991年版，第139—142页。

评估用户而言，几乎没有什么意义，难以产生什么效用，实用性不高。一个实用性高的评估结果，至少应对表达分数或等级所蕴涵的真正内涵进行必要的解释，促进评估目的的实现，为评估用户做出决策和行为选择服务。

2. 是否根据评估指标体系和高等教育自身来进行解释

对高等教育评估结果的解释必须基于高等教育评估指标体系和高等教育或高校自身，否则，解释将成为无本之木，无源之水。根据评估指标体系和高等教育或高校的属性、实际状况、功能，具体描述作为客体的高等教育或高校是否符合既定的需求以及符合的程度，分析、明确高等教育或高校存在的优缺点及其理由，并指出努力的方向，提出建设性建议和具体要求。

3. 是否采用适当的语言和方式来进行解释

解释高等教育评估结果，应在确定特定的评估用户（听众）的目标人群的基础上，针对不同的用户（听众），采用他们乐于接受或能够接受的方式，用简单、朴素、直接、生动的语言，尽量少用难懂的专业术语、生僻用语，帮助目标人群把评估结果和实际情况结合起来。

4. 解释是否是"负责"的

评估人员解释高等教育评估结果是一种合目的化的处理，合目的的被凸显为图，不合目的的或认为不合目的的被淡化为底。这种淡化程度如此之高，以致常常被忽视。解释评估结果，与评估人员的心理背景密切相关，具有一定的主观性、创造性、个体间的差异性。虽然不能说对评估结果的解释是唯一的、客观的，但也不能认为这种解释是随便的、任意的。解释评估结果，必须对广大评估用户负责，准确地分析评估结果，使用户正确地了解高等教育或高校的实际状况，尤其应对于一些似是而非的、可供选择的评估结果和一些冲突问题进行解释。另外，还要避免笼统的、含糊不清的解释，以防评估用户不知所以然，无所适从。

（二）审查高等教育评估结果的反馈

对高等教育评估结果进行适当的解释后，还要及时反馈给评估用户，让他们知道评估结果。反馈，按照信息论和系统论的观点，就是系统输出的信息，作用于被控制对象以后把产生的结果再输送回来，对信息的再输出产生影响，即用系统过去运动的结果来调节未来的运动，达到有效控制的目的。因此，高等教育评估结果只有反馈给评估用户，用户才有可能根据评估结果做出某种决策和行为选择，才能充分发挥评估的作用，实现评估目的。从以下几方面来审查高等教育评估结果反馈的实用性如何。

1. 反馈是否及时

高等教育评估结果要达到改进工作、促进发展、为用户服务的目的，评估结果必须反馈给评估用户，且反馈必须及时，才能达到应有的效果。如果高等教育评估结束后，没有把评估结果反馈给用户，束之高阁，或没有及时反馈，时过境迁，那么，评估结果难以实现评估目的，也难以服务于评估用户。只评估，不反馈评估结果，或反馈不及时，评估就是为了评估而评估，只会劳民伤财，失去它应有的效用和意义。

2. 反馈是否全面

反馈是否全面，主要指反馈的内容、反馈的对象是否全面。向评估用户反馈评估结果时，其内容应尽量涵盖高等教育或高校等客体的优点及需要改正的地方，汇报与权衡评估结论、未来发展的建议及其依据和理由，承认评估结果的局限性及其带来的负面影响，总结该次评估的优缺点，等等。另外，评估结果面向所有有知情权的评估用户及其目标群体，如政府、高校、学生、家长、用人单位等，使相关的评估用户都获得反馈，了解评估结果，利用评估结果。

3. 反馈是否具有针对性

反馈高等教育评估结果时，应针对实际的具体情况采取适宜的反馈方式，如单独式反馈、讨论式反馈、公开式反馈等。

单独式反馈，一般适宜于以学生或教师为客体的评估结果反馈，尤其是反馈否定性评估结果，尊重当事人的个人隐私、人权、个性差异，遵循保密性原则，采取单独式的反馈，防止不当地扩散评估结果给当事人带来心理压力或引起心理冲突。反馈时一般不直接点明问题，不直接宣布评估结果，而是启发当事人全面分析自己、客观认识自己，引导、促进当事人发展。

讨论式反馈，一般适宜于对院系、高校、专业等为客体的评估结果反馈。评估人员以及其他评估相关者，通过召开专题反馈会议，以讨论的方式交流所取得的成绩、存在的问题、改进要求与建议等，使被评单位切实明确自身的实际情况和发展方向。讨论式反馈有利于评估人员与其他评估相关者，尤其是被评单位之间的互动，有利于被评单位接受评估结果，改进提高工作。

公开式反馈，一般根据实际情况，采取书面报告、口头汇报、网络媒体、报纸期刊等多种渠道公开、公布评估结果，向广大评估用户反馈评估结果，同时防范、澄清人们对其有意或无意的曲解和误会。通过多渠道反馈评估结果，确保评估结果到达广大评估用户手中，便于用户利用评估结果，也有利于公众监督评估结果是否公正、客观。

4. 反馈是否与指导相结合

反馈高等教育评估结果，不是告诉评估用户谁优、谁良。给评估用户反馈评估结果的同时兼有指导的任务，例如，作为高等教育评估对象的高校及其相关部门与人员，借助评估反馈，有助于进一步明晰自身的优缺点，有助于引导自身后续的整改与提升；给用户提出相关的建议或意见，并说明其意义；鼓励和支持用户使用评估结果，引导用户在做出决策和行动选择时怎样使用评估结果，并为其应用评估结果提供进一步的帮助；提供跟踪评估，等等。

（三）审查高等教育评估结果的效应

高等教育评估结果的效应，是指评估结果向广大评估用户反馈后所产生的社会效应和经济效应。评估的预期目的能否达到，最终指向评估结果所带来的实际效果。评估结果效应是好还是坏，是正效应还是负效应，是积极作用还是消极作用，是评估结果实用性最重要的体现。审查评估结果的效应，就是考察评估结果能否引导评估用户做出正确的决策和行为选择，促进质量的持续改进与提高。

1. 是否促进高校、教师、学生的发展，持续提高高等教育质量

就高校（院校）而言，根据评估结果，进一步认清自身存在的问题和不足，明确以后奋斗的方向和目标，并结合学校的实际，研究并制定具有较强针对性和操作性的整改方案，组织全校师生员工认真实施。同时评估机构在整改进程中，定期检查、督促和指导整改方案的落实情况，做到有问题及时发现、及时研究和及时解决，持续提高教学质量和学校的办学水平。无疑，这样的评估结果带来的效应较高。

整改工作，作为一个提高评估结果效应的重要举措，尤其应该重视。它不但可以巩固和扩大本科教学评估前期阶段成果，而且还对高校进一步明确办学指导思想，改善办学条件，加强教学基本建设，深化教学改革，提高管理水平，促进高等教育质量持续提高等方面起着重要的引导作用。然而，从目前教育部普通高等学校本科教学工作水平评估的整改工作实践情况来看，许多学校在评估结束后，并没有真正将整改工作列入学校工作计划，松一口气的想法和做法在许多高校不同程度地存在。这势必影响本科教学评估结果的效益，最终影响高校本科教学质量的提高。①

---

① 黄娅:《整改:本科教学评估的重要环节》,载《高教发展与评估》2003 年第 4 期。

民间大学排行榜的评估结果，也对高校产生一定的积极效应。① 如上海交通大学、中南大学、武汉工程大学、河北工业大学等高校还专门根据评估结果及评估指标体系调整了高校发展战略。当然，需要引起注意的是，高校不能仅仅为了排名的提升，单纯根据评估结果和评估指标体系来改进工作，还应从高等教育自身的内在逻辑和发展规律出发，持续提高高等教育质量。

对大学教师而言，评估结果除了使他们了解自身的工作绩效是否达标以外，还要帮助他们诊断教育教学、科学研究和社会服务中存在的问题，确定他们发展的目标和需求，帮助他们寻求改进和发展的途径和方法，引导他们专业发展。②

对大学生而言，如果评估结果仅注重对学生的"分等"与"奖罚"，会对学生的思想和行为产生副作用，进一步造成当前学生创新能力不强、学习急功近利、高等教育质量滑坡等诸多问题。显然，这样的评估结果会带来一定的负效应。评估结果应帮助学生及时了解在学习中遇到的问题和存在的不足、做出的努力和获得的进步，激发学生发展的内部动力，促进学生自主发展。

总之，高等教育评估结果应积极地引导高校、大学教师、大学生改进工作或学习质量，有效地促进他们健康发展，共同作用于高等教育质量的持续提高。

2. 是否给教育行政部门的决策和治理带来正效应

高等教育评估之所以成为教育行政部门的一种管理方式和宏观调控手段，在于评估结果为管理和调控高等教育提供依据。评估结果是否给教育行政部门的决策和治理带来正效应，主要看：是否如实地向有关教育行政部门汇报评估工作中发现的高等教育带有普遍性的问题，并提出一些可行的建议与措施；是否积极地向有关教育行政部门反映高等教育存在的实际困难，帮助其尽快克服困难和解决问题；是否认真总结、分析评估中发现的一些好的典型和先进事例，并向有关教育行政部门建议推广或奖励，等等。更重要的是，要看教育行政部门得到评估结果的反馈后，是否积极地在拨款、调整专业设置、制定新政策等方面做出相关的决策，并采取积极的举措，来改善高等教育的治理，促进高等教育的发展。

---

① 蒋石梅、战英民等：《〈中国大学评价〉对中国大学的导向和促进作用》，载《科学学与科学技术管理》2000 年第 9 期；阙联合、史宝鹃：《找准位置抓住关键提升名次——中国大学排行榜的启示》，载《河北理工学院学报（社会科学版）》2004 年第 5 期；叶凡：《重视大学排名促进学院发展》，载《化工高等教育》2002 年第 3 期；刘纯潮：《浅谈〈中国大学评价〉与石油高校的研究与发展》，载《石油教育》2000 年第 1 期；彩言厚、李卫、田金山：《大学排序对学校发展的促进——中南大学改革发展的个案》，载《中国高等教育评估》2003 年第 3 期。
② 王斌华：《发展性教师评价制度》，华东师范大学出版社 2003 年版，第 248—254 页。

3. 是否给企事业单位、学生、家长等提供正确的决策和行为选择

在当前的时代背景下，高等教育成为社会各界利益攸关的话题，高等教育评估也成为人们日益关注的焦点。每当教育部评估结果或各民间大学排行榜公布后，政府官员、教师、专家学者、企事业单位、学生、家长等几乎与之相关的所有人员都极为重视。

之所以重视高等教育评估及其结果，是因为广大相关用户想根据评估结果，做出适当的决策和行为选择。学生和家长，根据评估结果来选择报考学校、专业及其他高等教育服务。广大企事业单位，利用评估结果，选用适合于本单位需要的毕业生、签订科研合同或其他合作项目、选择相关高等教育产品，以及选择适当的高校或项目投资或捐款。如果评估结果能指导企事业单位、学生、家长等用户做出正确的决策和行为选择，且事实证明这种决策和选择是正确的，则评估结果效用高，质量好。

4. 是否引导评估人员有效地改进和提高工作

高等教育评估结果的效应，还体现在能否引导评估人员改进、提高评估工作。评估结果，还包括总结评估中方方面面的经验与教训、成绩与不足。如评估小组的工作效率如何，评估目的是否合理、恰当，评估指标体系是否有问题以及怎样修改，采集与统计评估信息是否可靠、正确，评估结果的实用性、信度、效度如何，评估所带来的效应和积极作用与投入评估的人力、物力、财力是否相当，等等。一个效应好的评估结果，能有效地引导评估人员改进和提高评估活动，逐渐树立、提升自身的专业化水平和权威性，提高社会各界的信任。

二、信度

信度表征着评估结果的一致性或稳定性，是高等教育评估结果的质量标准之一。在施评一次的情况下，一般采用肯德尔和谐系数法对所有参评的评估专家的评分结果进行信度分析，对整个评估结果进行信度验证，或者用分半法分析评估指标分成对等的两半之间的相关系数来反映评估结果的整体信度。通过信度验证，审查评估结果是否达到了信度标准，证明评估结果质量如何。

（一）信度的内涵

信度，源于心理学中关于测验或量表的可靠性研究。信度可指实测值与真值相差的程度。实测值 X，是指评估所得的实际结果（分数或等级），而评估对象的真实情况的取值（分数或等级）为真值 T，E 为误差，$E=X-T$。误差的大小反映着信度的高低。误差越小，信度越高。反之亦然。信度还可指评估同一对象

多次，或不同的评估人员评估同一对象所获得的评估结果的接近程度。如果这些评估结果越接近，稳定性程度越高，说明信度越高。①

信度反映的是评估结果的稳定性或一致性程度，信度的高低意味着评估结果质量的高低。就高等教育评估结果的信度而言，其前提条件是价值判断的依据应是正确的、科学的。例如，评估指标体系具有独立性、正确性、实用性，评估信息的采集与统计是可靠的、正确的。如果评估指标体系、评估信息本身不科学、不正确，那么评估结果无论如何都不可信。信度验证，一般采用量化的相关分析，用相关系数的大小来表示信度的高低。当相关系数为 1.00，信度极高，证明评估结果完全可靠。这是一种理想状况，在实际的评估活动中几乎不可能出现。当相关系数为 0，即信度为 0，说明评估结果完全不可靠。当相关系数在统计上达到"显著水平"，尤其是"非常显著水平"时，证明评估结果的信度高，质量高。

（二）审查高等教育评估结果的信度

验证高等教育评估结果的信度，就是根据实际情况，采用再测信度法、复本信度法、分半法、库德—查里逊（Kuder-Richardson）公式法、斯皮尔曼（Spearman）等级相关公式法、目标参照测验法等方法，② 检验评估结果的一致性或稳定性如何。这里主要探讨采用肯德尔和谐系数法、分半法（内部一致性系数法）来验证高等教育评估结果的信度。

1. 采用肯德尔和谐系数法分析信度：以某校专业办学水平合格评估结果为例

对某大学专业办学水平合格评估结果进行信度验证，可以对该校专业办学水平施评多次，再分析这些结果之间的稳定性程度。然而，这种施评多次的方式既劳民伤财，又没有必要。大学专业办学水平合格评估由多位评估专家实施，因此，在施评一次的情况下，采用肯德尔和谐系数法对所有参评的评估专家的评分

---

① 程书肖：《教育评价方法技术》，北京师范大学出版社 2004 年版，第 161—162 页；李爱民：《高等教育评估的信度研究》，《海军院校教育》2002 年第 3 期；冯建新：《现代教育评价与测量学》，中国社会科学出版社 2005 年版，第 91—92 页。

② [美]吉尔斯曼·萨克斯：《教育和心理的测量与评价原理》，王昌海译，江苏教育出版社 2002 年版，第 280—292 页；朱德全、宋乃庆等：《现代教育统计与测评技术》，西南师大出版社 1999 年版，第 176—197 页；张敏强：《教育测量学》，人民教育出版社 2005 年版，第 102—118 页；冯建新：《现代教育评价与测量学》，中国社会科学出版社 2005 年版，第 92—97 页；王孝玲：《教育测量》，华东师范大学出版社 2005 年版，第 23—45 页；黄光扬：《教育测量与评价》，华东师范大学出版社 2002 年版，第 47—58 页；刘新平、刘存侠：《教育统计与测评导论》，科学出版社 2004 年版，第 134—140 页。

结果进行信度分析就是对整个评估结果进行信度验证。

（1）各评估专家的评分情况

下表是10位评估专家对该校专业办学水平合格评估5个一级指标的评分情况。

表3—17　某校专业办学水平合格评估原始评分

评估专家 一级指标	1	2	3	4	5	6	7	8	9	10
专业建设与人才培养	33.75	31.12	35.61	32.73	34.42	35.01	31.31	35.46	30.85	36.01
专业办学条件	33.74	30.05	34.63	33.82	32.98	33.27	33.82	33.20	33.64	32.16
教学过程	30.48	30.83	31.08	29.97	28.40	30.28	30.90	28.20	31.21	28.19
教学管理与教学效果	31.96	29.22	33.46	32.99	31.09	33.86	31.35	31.27	33.05	30.95
专业特色	82.02	70.53	77.92	63.61	65.38	73.25	73.06	68.23	70.10	67.54

（2）对上表的数据进行排序和整理，得出下表：

表3—18　肯德尔和谐系数计算表

评估项目 n＝5	评估人员 K＝10										R	R^2
	1	2	3	4	5	6	7	8	9	10		
1	4	4	4	2	4	2	4	2	4	4	34	1156
2	3	2	3	4	3	2	4	3	4	3	31	1021
3	1	3	1	1	1	1	1	1	1	1	12	144
4	2	1	2	3	2	3	3	2	2	2	19	361
5	5	5	5	5	5	5	5	5	5	5	50	2500
总和											146	5182

备注：R是K个评估人员对同一评估对象的K个等级之和。

（3）计算R的离差平方和 S_R

把相关数据代入公式 $S_R = \sum R^2 - (\sum R)^2 / n$

$S_R = 5182 - 146^2/5 = 5182 - 4263.2 = 918.8$

(4) 算出肯德尔和谐系数 r_w

把相关数据代入肯德尔和谐系数计算公式中，得出结果。

$r_w = \dfrac{S_R}{1/12 k^2(n^3-n)}$（$r_w$ 表示肯德尔和谐系数，k 表示评估人员人数，n 表示评估项目数）

$r_w = \dfrac{918.8}{1/12 \times 10^2 \times (5^3-5)} = \dfrac{918.8}{1/12 \times 100 \times 120} = 0.9188$

(5) 进行显著性检验，得出结论

查相关系数 r 临界值表，得出 $r_{(3)0.05} = 0.878$，$r_{(3)0.01} = 0.959$。根据 $r_{(3)0.05} = 0.878 < r_w = 0.9188 < r_{(3)0.01} = 0.959$，证明肯德尔和谐系数 r_w 为"显著相关"，证明参评的各位评估专家的评分结果之间的一致性较高。因此，该评估结果从总体上而言，信度较好，质量较高。

2. 采用分半法分析信度：以某校某系 28 名教师的综合评估结果为例

下面是对某大学某系 28 名教师的综合评估结果的信度分析。该评估没有复本，而且实施复本很复杂，因此，在施评一次的情况下，采用分半法进行信度验证。分半法就是将评估指标分成对等的两半，根据两半指标的评分情况，计算两半指标之间的相关系数，这个系数大致反映评估结果的整体信度。由于把评估指标分成了两半，得出的相关系数低于整个评估的信度，因此，还需要用斯皮尔曼－布朗（Spearmar-Brown）校正公式，对该系数加以校正，得出校正系数。这个校正系数更能代表整个评估的信度系数，更能正确地判断评估结果信度如何，质量如何。

(1) 分半

该校《大学教师综合评估方案》一共有 35 个末级指标（观测点），把排序为奇数的 18 个观测点的评分作为一半，排序为偶数的 17 个观测点的得分作为另外一半，得出以下 2 个表。

表 3-19 28 个教师奇数指标的得分情况

教师＼指标	1	3	5	…	33	35
(1)	5	3	1	…	2	3
(2)	4.5	2	2.5	…	1.5	3.5
(3)	5	2.5	2	…	2	3.5
…	…	…	…	…	…	…
(27)	4.5	3	2	…	1.5	4
(28)	5	2.5	2.5	…	1	3

表 3-20 28 个教师偶数指标的得分情况

教师＼指标	2	4	6	…	32	34
(1)	3	2	3	…	1	5
(2)	4	1	3	…	1	3.5
(3)	3.5	1.5	3	…	0.5	5
…	…	…	…	…	…	…
(27)	4	2	2.5	…	0.8	4.5
(28)	3	2	3	…	1	4

(2) 求出两半指标评分情况的信度系数

根据上表的数据以及分半信度系数公式，得出分半信度系数计算表。

表 3-21 分半信度系数计算表

教师	奇数指标总分 x_1	偶数指标总分 x_2	$x_1 x_2$	x_1 的平方	x_2 的平方
1	48.0	40.5	19944.00	2304.0	1640.25
2	53.5	42.5	2273.75	2862.25	1806.25
3	54.3	44.2	2400.06	2948.49	1953.64
4	52.9	43.7	2311.73	2798.41	1909.69
5	54.2	44.5	2411.90	2937.64	1980.25
6	49.4	42.2	2084.68	2440.36	1780.84
7	54.2	44.2	2395.64	2937.64	1953.64
8	54.4	43.0	2339.20	2959.36	1849.00
9	55.0	44.0	2420.00	3025.00	1936.00
10	51.2	43.0	2101.60	2621.44	1849.00
11	50.2	40.8	2048.16	2520.04	1664.64
12	54.5	44.1	2403.45	2970.25	1944.81
13	50.1	40.8	2044.08	2510.01	1664.64
14	52.4	44.2	2316.08	2745.76	1953.64
15	51.0	42.5	2167.50	2601.00	1806.25
16	51.5	43.0	2214.50	2652.25	1849.00
17	52.8	43.4	2291.52	2787.84	1883.56
18	52.6	42.2	2044.08	2766.76	1780.84
19	54.0	44.0	2376.00	2916.00	1936.00
20	52.6	41.5	2182.90	2766.76	1722.25
21	55.0	43.4	2387.00	3025.00	1883.56
22	52.4	40.8	2137.92	2745.76	1664.64
23	53.4	42.8	2285.52	2851.56	1831.84
24	52.0	43.6	2267.20	2704.00	1900.96
25	52.6	44.2	2324.92	2766.76	1953.64
26	51.1	45.0	2299.50	2611.21	2025.00
27	53.6	44.6	2390.56	2872.96	1989.16
28	52.4	43.3	2274.16	2745.76	1883.56
总和	1465.30	1204.10	63048.85	76752.27	51820.55

把相关数据代入分半信度系数公式中，计算出分半信度系数。

$$r_{x_1 x_2} = \frac{n\sum x_1 x_2 - \sum x_{x1} \sum x_{x2}}{\sqrt{[n\sum x_{x1}^2 - (\sum x_{x1})^2]} \sqrt{[n\sum x_{x2}^2 - (\sum x_{x2})^2]}}$$

$$= \frac{28 \times 63048.85 - 1465.30 \times 1204.10}{\sqrt{28 \times 76752.27 - 76752.27^2} \sqrt{28 \times 51820.55 - 51820.55^2}}$$

$$= \frac{35.7}{\sqrt{69.98} \times \sqrt{39.94}} = 0.68$$

(3) 用斯皮尔曼—布朗（Spearmar-Brown）公式进行校正，得出校正后的信度系数

$$r_u = \frac{2 r_{x_1 x_2}}{1 + r_{x_1 x_2}} = \frac{2 \times 0.68}{1 + 0.68} = 0.805$$

(4) 得出结论

查相关系数临界值表，得出：

$r_{(26)0.01} = 0.479$

$r_{(26)0.001} = 0.588$

$r_u = 0.805 > r_{(26)0.01} = 0.479$

且 $r_u = 0.805 > r_{(26)0.001} = 0.588$

从上可知，两半指标评分之间为"极为显著相关"，证明该评估结果的内部一致性很高，整个评估结果信度很高，评估结果质量高。

三、效度

效度表征着高等教育评估结果质量的重要方面，是衡量评估结果质量最重要的标准之一。效度验证，主要通过效标关联、多层次灰色综合评估结论效度检验模型等方法来审查评估结果效度如何，衡量评估结果质量怎样。

（一）效度的内涵

在很长一段时间内，人们对效度的认识相似于预测理论。1954 年，美国心理学会首次提出效度的形式化定义，即效度是"由测验分数或其他评估形式所做出的推论的恰当性（Validity refers to the appropriateness of inference from test scores or the forms of assessment）"[①]。1966 年美国心理学会（APA）和教育研究协会（AERA）在制定"教育与心理测量标准"时广泛讨论了该定义，它得到了广大学者的认可。

---

① 漆书青、戴海崎等:《现代教育与心理测量学原理》,高等教育出版社 2002 年版,第 262－263 页。

效度主要包括内容效度、构想效度、效标关联效度[①]三大类。

内容效度（content related validity），是评估内容与预定要评的内容之间的取样代表性。一个评估具有较高的内容效度，至少应具备两个条件：必须明确界定所要评估的内容范围；末级指标要覆盖所要评估的内容，且具有代表性和典型性。内容效度主要针对评估指标体系而言，而非评估结果，在上文指标体系的正确性中已有论述。

构想效度（construct related validity），也叫结构效度，是测验成绩能够解释心理学理论上的某种结果或特质的程度。[②] 它主要针对心理测验而言，这里不做详细阐述。

效标关联效度（criterion-related validity），也称实证效度[③]，指某评估结果与作为效标的另一个独立评估结果之间的一致性程度。下面将对它进行进一步的阐述。

另外，徐枞巍、许建钺还提出另外一种效度——区分效度[④]。这种效度是指对不同特质的对象的评估结果应该在统计意义上有差异。如差异显著，表明评估有效；如果差异不显著，则意味着评估可能无效。一般采用T检验、F检验、重叠百分数等描述不同对象之间差异的统计指标来审查与确定区分效度。

还需要强调的是，虽然效度和信度都是评估结果的质量标准，都体现着评估结果的质量纬度，但它们之间有本质的不同。信度，反映的是评估结果的可靠性，是对同一评估对象反复评估后所得结果的一致性程度。效度是指评估结果本身的正确性程度，也就是说，是否评到了它应评的或想评的东西，评估结果是否真正反映了客体的本质、属性、功能和现状。如果评估同一对象多次，每次结果都截然不同，显然，信度不高，效度也不高。即使评估结果的信度高，并不意味着它的效度一定高。然而，评估结果效度高，则信度一般也不低。例如，甲乙各打靶10次，打中靶心记10环，甲打中靶心8次，打中8环的位置2次；乙10次都打中8环的位置。不言而喻，乙打靶的信度比甲高（10次中同一目标大于8次中同一目标），但效度比甲低（96环大于80环）。一般而言，信度是效度的必要条件，但不是充分条件。

---

① 刘新平、刘存侠：《教育统计与测评导论》，科学出版社2004年版，第142－143页；朱德全、宋乃庆等：《现代教育统计与测评技术》，西南师范大学出版社1999年版，第207页。
② 朱德全、宋乃庆等：《现代教育统计与测评技术》，西南师范大学出版社1999年版，第210页。
③ 冯建新：《现代教育评价与测量学》，中国社会科学出版社2005年版，第103页。
④ 徐枞巍、许建钺：《元评估及教育评估信度与效度的扩展模型》，载《中国高等教育评估》1997年第2期。

(二) 效标关联效度验证：以验证 SJTU 的 ARWU-2005 排行结果效度为例

效标关联效度验证，就是验证某高等教育评估结果与某效标（经过证明是有效的标准或尺度）之间是否具有一致性以及一致性程度的大小。如果两者之间一致性高，证明该评估结果效度高，质量好。反之亦然。这种一致性以及一致性程度的大小，用效度系数（validity coefficient）表示①。可根据实际情况，采用积差相关、点二列相关、双列相关、phi 系数、四项相关、等级相关等②方式来获得这种效度系数。下面是对上海交通大学的 ARWU-2005 排行结果进行效标关联效度验证。

1. 确定效标

效标，即效度标准，是一种检验效度的外在的客观标准，③是验证某评估结果效度的参照物或根据。因此，对上海交通大学的 ARWU-2005 排行结果进行效标关联效度验证，确定正确的效标极为关键。《美国新闻与世界报道》自从 1983 年发布世界第一个大学排行榜以来，不断地对其进行改进与完善，大学排行质量得到世界公认。而且，其他各国的大学排行榜多多少少借鉴了《美国新闻与世界报道》的大学排行理论与实践。《美国新闻与世界报道》大学排行是公认的高质量排行，选择它作为检验上海交通大学大学排行结果效度的效标是合适的。

另外，《美国新闻与世界报道》大学排行基于一个假设：综合水平高的大学，研究实力强、生源质量高、师资质量高、教育质量高、设施资金足等。上海交通大学排行榜基于一个这样的假设——研究实力强的大学，综合水平就高。只有生源质量高、师资质量高、教育质量高、设施资金足的学校才能搞高质量的学术研究，学术实力才可能强。反之亦然。上海交通大学排行榜的假设和《美国新闻与世界报道》大学排行默认的假设一致。

虽然《美国新闻与世界报道》是对美国大学进行排行，上海交通大学是对世界大学进行排行，但美国大学综合实力强，尤其是前 200 名的大学大多是美国大

---

① Roger E. Millsap & Howard T. Everson,"Methodology Review: Statistical Approaches for Assessing Measurement Bias," *Applied Psychological Measurement*, Vol. 17, No. 4, 1993；漆书青、戴海崎等：《现代教育与心理测量学原理》，高等教育出版社 2002 年版，第 268 页。

② 王孝玲：《教育测量》，华东师范大学出版社 2005 年版，第 65—76 页；扈涛：《教育统计学》，河南大学出版社 2004 年版，第 139—142 页；王孝玲：《教育统计学》，华东师大出版社 1998 年版，第 278—281 页；曹延亭：《教育统计学基础》，辽宁教育出版社 1985 年版，第 146—147 页。

③ 冯建新：《现代教育评价与测量学》，中国社会科学出版社 2005 年版，第 103 页。

学，这些大学绝大部分在《美国新闻与世界报道》排行中再现。

基于以上理由，把 2005 年《美国新闻与世界报道》大学排行结果作为上海交通大学的 ARWU－2005 排行结果进行效度检验的效标是合理的。

2. 对上海交通大学和《美国新闻与世界报道》排行榜进行相关分析

在上海交通大学的 ARWU－2005 排行榜中，一共有 168 所美国大学，因此，把同年某些《美国新闻与世界报道》TOP－120 中没有在上海交通大学榜上出现的大学，赋予第 169 名。令《美国新闻与世界报道》排行为 X，上海交通大学排行为 Y，经整理与计算，得出下表。

表 3－22　《美国新闻与世界报道》排行（X）VS 上海交通大学排行（Y）①

大学名	《美国新闻与世界报道》的排名 X	上海交通大学的排名 Y	大学名	《美国新闻与世界报道》的排名 X	上海交通大学的排名 Y
HarvardUniversity（MA）	1	1	New York University	32	21
Princeton University（NJ）	1	7	University of Wisconsin C Madison	32	14
Yale University（CT）	3	9	University of North Carolina C Chapel	35	43
			Case Western Reserve University（OH）	35	43
University of Pennsylvania	4	13	University of California C San Diego	35	11
Duke University（NC）	5	24	Boston College	37	155
Massachusetts Inst. Of Technology	5	4	Lehigh University（PA）	37	152
Stanford University（CA）	5	2	University of Illinois C Urbana-Champaign	37	19
California Institute of Technology	8	5	University of Rochester（NY）	37	42
Columbia University（NY）	9	6	Georgia Institute of Technology	41	60
Dartmouth College（NH） 9	9	66	University of California C Davis	42	32
Northwestern University（IL）	11	23	Tulane University（LA）	43	116
Washington University in St. Louis	11	20	University of California C Irvine	44	169
Brown University（RI）	13	49	University of California C Santa Barbara	45	26
Cornell University（NY）	14	10	Rensselaer Polytechnic Inst.（NY）	46	90
Johns Hopkins University（MD）	14	17	University of Texas C Austin	47	28

---

① 《美国新闻与世界报道》排行参见 http://www.usnews.com/rangk2005.htm(top120)。上海交通大学排行参见 http://www.ed.sjtu.edu.cn/ranking2005.htm。

University of Chicago	14	8	University of Washington	47	15
Rice University (TX)	17	47	Yeshiva University (NY)	47	92
University of Notre Dame (IN)	18	87	Pennsylvania State University C University Park	50	30
Vanderbilt University (TN)	18	30	University of Florida	50	40
Emory University (GA)	20	61	George Washington University (DC)	52	103
University of California C Berkeley	21	3	Pepperdine University (CA)	52	169
Carnegie Mellon University (PA)	22	38	Syracuse University (NY)	52	118
University of Michigan C Ann Arbor	22	18	Worcester Polytechnic Inst. (MA)	55	169
University of Virginia	22	56	Boston University	56	48
Georgetown University (DC)	25	114	University of Maryland C College Park	56	35
University of California C Los Angeles	26	12	Rutgers C New Brunswick (NJ)	58	33
Wake Forest University (NC)	27	112	University of Georgia	58	63
Tufts University (MA)	28	53	University of Iowa	58	55
University of North Carolina C Chapel Hill	29	39	University of Miami (FL)	61	70
University of Southern California	30	37	Miami University C Oxford (OH)	62	169
College of William and Mary (VA)	31	148	Ohio State University C Columbus	62	41
Brandeis University (MA)	32	89	Purdue University C West Lafayette (IN)	62	45
Texas A&M University C College Station	62	51	Ohio University	98	169
University of Connecticut	66	86	SUNY College Environmental Science and Forestry	98	169
University of Delaware	66	77	University of Arizona	98	44
University of Minnesota C Twin Cities	66	24	Texas Christian University	98	169
University of Pittsburgh	66	33	University of Dayton (OH)	98	169
Fordham University (NY)	70	169	University of Massachusetts C Amherst	98	54
Indiana University C Bloomington	71	50	University of Nebraska C Lincoln	98	79
Michigan State University	71	46	University of New Hampshire	98	120
Southern Methodist University (TX)	71	150	Drexel University (PA)	106	142
Brigham Young University C Provo (UT)	74	133	Illinois Institute of Technology	106	169
Clark University (MA)	74	169	SUNY C Stony Brook	106	69
Clemson University (SC)	74	125	University of Missouri C Rolla	106	169
SUNY C Binghamton	74	169	University of San Diego	106	169
University of California C Santa Cruz	74	67	Catholic University of America (DC)	111	169
University of Colorado C Boulder	74	27	Florida State University	111	84

Virginia Tech	74	81	Loyola University Chicago	111	162
Stevens Institute of Technology (NJ)	81	169	University of San Francisco	111	169
St. Louis University	81	128	University of the Pacific (CA)	111	169
University of California C Riverside	81	65	University of Utah	111	52
Baylor University (TX)	84	169	Colorado State University	117	76
Iowa State University	84	75	University of Oregon	117	106
American University (DC)	86	169	University of South Carolina C Columbia	117	109
North Carolina State U. C Raleigh	86	68	Michigan Technological University	120	168
University of Alabama	86	80	New School University (NY)	120	169
University of Missouri C Columbia	86	96	Northeastern University (MA)	120	141
Auburn University (AL)	90	139	Seton Hall University (NJ)	120	169
Howard University (DC)	90	145	University at Buffalo C SUNY	120	101
Marquette University (WI)	90	169	University of Arkansas	120	169
University of Denver	90	169	University of Kentucky	120	94
University of Kansas	90	108	University of Oklahoma	120	121
University of Tennessee	90	72	University of St. Thomas (MN)	120	169
University of Tulsa (OK)	90	169	Washington State University	120	91
University of Vermont	90	98			

把以上数据代入公式：$R_{XY} = 1 - \dfrac{6 \sum (x_i - y_i)^2}{n(n^2 - 1)}$

n 表示数据对数，$(x_i - y_i)$ 表示《美国新闻与世界报道》与上海交通大学对同一大学 i 排行名次的差距。

$$R_{xy} = 1 - \frac{6 \times 306631}{129(129^2 - 1)} = 1 - \frac{6 \times 306631}{129 \times 16540} = 1 - 0.86227 = 0.13773$$

一般而言，计算到此就可以结束了。但考虑到评估结果的效度受到信度的制约[①]，效度的最大值总是受信度的影响，即 $r_{效度} \leqslant \sqrt{r_{信度}}$。因此，为了减少效标信度带来的误差，采用下面的公式进行校正，以更精确地反映效标关联效度。[②]

$$r'_{XY} = \frac{r_{XY}}{\sqrt{r_{YY}}}$$

---

① 杨志明、张雷：《测评的概化理论及其应用》，教育科学出版社 2003 年版，第 35—36 页。
② [美]吉尔伯特·萨克斯：《教育和心理的测量与评价原理》，王昌海译，江苏教育出版社 2002 年版，第 320—322 页。

（r_{XY}为校正后的效标关联效度系数，r_{xy}为效标关联效度系数，r_{YY}为效标的信度。）

把以上计算出来的效标关联效度系数和效标《美国新闻与世界报道》大学排行的信度代入上面的校正公式，可以得出校正后的效标关联效度系数。这个校正后的效度系数更加精确，更能反映上海交通大学大学排行的效度。但遗憾的是，由于相关数据难以获得，难以计算出效标《美国新闻与世界报道》大学排行的信度，因此，这里不能计算出校正后的效度系数。

3. 得出结论

查相关系数临界值表，得出：

$r_{(125)0.05} = 0.174$；$r_{(130)0.05} = 0.171$ 而 $r_{(127)0.05}$ 在 $r_{(125)0.05}$ 和 $r_{(130)0.05}$ 之间，即在 0.174 与 0.171 之间，$r_{(127)0.05}$ 在大于 0.171，小于 0.174 这个区间。而 $R_{xy} = 0.13773$，小于 $r_{(125)0.05} = 0.174$，可以推导到 $R_{xy} = 0.13773 < r_{(127)0.05}$ [0.171, 0.174]，即上海交通大学的排行与效标《美国新闻与世界报道》排行不相关。

由此，可得出结论：上海交通大学的 ARWU－2005 排行结果效度很低，证明该评估结果的质量很低。评估结果效度低，意味着该评估的指标体系没有正确地反映、涵盖所要评估的内容与本质，或者评估信息收集、统计有较大的缺陷，或者存在着其他方面的问题。评估人员或评估机构根据效度验证的结果，应追本溯源，查明、确定到底在哪些方面存在什么问题，应采取什么有效的措施去解决，以保证并提高评估质量。

（三）灰色综合评估结论效度检验模型

高等教育评估是一个多因素、多层次、多变化的系统，具有复杂性和灰色性，因此，在高等教育评估中运用灰色系统理论的观念和方法是可行的。并且，恰当运用灰色系统理论，建构一个灰色综合评估结论效度检验模型，① 来检验高等教育评估结果的效度，比传统方法更适宜、更有效。这是由灰色系统理论本身的特点所决定的。

---

① 参见陈淑燕、王兴和：《多媒体课件的多层次灰色评价方法》，载《电化教育研究》2002 年第 9 期；金新政等：《管理绩效灰色评价模型研究》，载《医学教育》1995 年第 5 期；詹前涌：《灰色多层次决策模型及其在试卷质量评价中的应用》，载《系统工程理论与实践》2000 年第 7 期；向德全、宋浩：《教学工作目标体系的灰色评价》，载《控制与决策》2002 年第 4 期；王群：《教学质量的灰色评价》，载《河北省科学院学报》2000 年第 2 期；徐维祥、张全寿：《一种基于灰色理论和模糊数学的综合集成算法》，载《系统工程理论与实践》2001 年第 4 期；胡笙煌：《主观指标评价的多层次灰色评价法》，载《系统工程理论与实践》1996 年第 4 期；叶鹏：《灰色系统理论在教育评价中的应用》，硕士学位论文，华中师范大学，2004 年，第 37—52 页。

1. 查明各指标的权重

一个完整的高等教育评估指标体系，如下图所示，包括评估指标系统、评估权重系统、评估尺度系统三大部分。

图 3-1 高等教育评估指标体系

$$U\begin{cases}U_1(a_1)\begin{cases}U_{11}(a_{11})\cdots\begin{cases}U_{11\text{末级指标}1}(a_{11\text{末级指标}1})（对应的评估尺度）\\ U_{11\text{末级指标}2}(a_{11\text{末级指标}2})（对应的评估尺度）\\ \cdots\\ U_{11\text{末级指标}n}(a_{11\text{末级指标}n})（对应的评估尺度）\end{cases}\\ U_{12}(a_{12})\\ \cdots\\ U_{1n}(a_{1n})\end{cases}\\ U_2(a_2)\begin{cases}U_{21}(a_{21})\\ U_{22}(a_{22})\\ \cdots\\ U_{2n}(a_{2n})\end{cases}\\ \cdots\\ U_m(a_m)\begin{cases}U_{m1}(a_{m1})\\ U_{m2}(a_{m2})\\ \cdots\\ U_{mn}(a_{mn})\end{cases}\end{cases}$$

（其中，U_i 为评估指标，a_i 为对应的 U_i 的权重，且每一个集合中的指标的权重之和为 1。i 为自然数。）

在高等教育评估指标体系中，每一个指标对应着一个反映其重要程度的权重或分值，从而形成一个相应的权重系统。如果各指标只附有具体的分值，还应转化成相应的权重。记一级评估指标 U_i 的权重系数为 a_i（$i=1, 2, \cdots, m$），权重必须满足条件 $a \geq 0$ 以及 $\sum_{i=1}^{n} a = 1$。$A = (a_1, a_2, \cdots a_m)$ 是 $\{U_1, U_2, \cdots U_m\}$ 的权重向量。同样，每个二级评价指标 U_{ij} 都对应一个权重系数 $a_j i$，U_i 的权重向量为 $A_i = (a_{i1}, a_{i2}, \cdots a_{m_i})$。

2. 建立评估人员的评分样本矩阵

高等教育评估一般由若干名评估人员组成评估小组或专家组实施。把 p 名评估人员的评估结果填入评分表。根据评分表，建立评估人员评分样本矩阵 $D =$

$(d_{ijk})_{n_1+n_2+\Lambda+n_m \times p}$，如下表所示，其中 d_{ijk} 是为第 k 位评估人员对评估指标 U_{ij} 的打分。

表3-23 评估人员评分样本矩阵

	1	2	…	P
$U11$	$d11_1$	$d11_2$	…	$d11_p$
U_12	d_12_1	$d12_2$	…	$d12_p$
…	…	…	…	…
$U1n_1$	$d1n_11$	$d1n_12$	…	$d1n_1p$
$U21$	$d21_1$	$d21_2$	…	$d21_p$
$U22$	$d22_1$	$d22_2$	…	$d22_p$
…	…	…	…	…
$U2n_2$	$d2n_21$	$d2n_22$	…	$d2n_2p$
$Um1$	$dm1_1$	$dm1_2$	…	$dm1_p$
$Um2$	$dm2_1$	$dm2_2$	…	$dm2_p$
…	…	…	…	…
Umn_m	dmn_m1	dmn_m2	…	$dmnm_p$

3. 确定评估灰类

确定评估灰类包括确定评估灰类的等级数、灰类的灰数以及灰数的白化权函数三个方面。根据评估结果等级数 g，设有 g 个评估灰类 $C_1, C_2, \cdots, C_g$，相应的白化权函数及其阈值分别 $f_1(x), f_2(x) \cdots, f_g(x)$ 和 $\lambda_1, \lambda_2, \cdots, \lambda_g$。例如，《高职高专院校人才培养工作水平评估方案（试行）》中规定5个评估等级，则 $g=5$。根据评估方案所规定的赋分及评定等级区间，确定相应的灰白化权函数分别为 $f_1(x), f_2(x), f_3(x), f_4(x), f_5(x)$。

$$f_1(x) = \begin{cases} \frac{1}{5}x, 0 \leqslant x < 5 \\ 1, x \geqslant 5 \end{cases} \quad f_2(x) = \begin{cases} \frac{1}{4}x, 0 \leqslant x < 4 \\ 5-x, 4 \leqslant x \leqslant 5 \end{cases} \quad f_3(x) = \begin{cases} \frac{1}{3}x, 0 \leqslant x < 3 \\ \frac{1}{2}(5-x), 3 \leqslant x \leqslant 5 \end{cases}$$

$$f_4(x) = \begin{cases} \frac{1}{2}x, 0 \leqslant x < 2 \\ \frac{1}{3}(5-x), 2 \leqslant x \leqslant 5 \end{cases} \quad f_5(x) = \begin{cases} 1, 0 \leqslant x < 1 \\ \frac{1}{4}(5-x), 1 \leqslant x \leqslant 5 \end{cases}$$

4. 计算每个二级指标的灰色评估权

计算某项指标的评分，传统方法就是计算全体评估人员对该评估指标 U_{ij} 给出的分数总和的平均值。这种简单的处理失之于粗糙，丢失了每个评估人员评分中所包含的丰富信息。灰色理论认为，每位评估人员的评分是一个灰数。对评估指标 U_{ij}，全体评估人员 P 给出的评分是 d_{ij1}，d_{ij2}，…，d_{ijp}，所以评估人员认为指标 U_{ij} 属于第 l 个评估灰类 C_l 的白化权分别为 $f_l(d_{ij1})$，$f_l(d_{ij2})$，…，$f_l(d_{ijp})$，全体评估人员认为指标 U_{ij} 属于第 l 个评估灰类 C_l 的总白化权为 $\sum_{k=1}^{p} f_l(d_{ijk})$，而 U_{ij} 属于各个评估灰类的总白化权为 $\sum_{l=1}^{g}\sum_{k=1}^{p} f_l(d_{ijk})$。

$\sum_{l=1}^{g} f_l(d_{ijk})$ 与 $\sum_{k=1}^{p} f_l(d_{ijk})$ 二者的比值反映了全体评估人员主张指标 U_{ij} 属于第 l 个评估灰类 C_l 的强烈程度，此值越大，说明全体评估人员更大程度地认为 U_{ij} 应属于灰类 C_l。该比值称为指标 U_{ij} 属于灰类 C_l 的灰色评估权，记作 r_{ijl}，即

$$r_{ijl} = \frac{\sum_{k=1}^{p} f_l(d_{ijk})}{\sum_{l=1}^{g}\sum_{k=1}^{p} f_l(d_{ijk})} \quad (l=1, 2, \cdots g)$$

由指标 U_{ij} 属于每个灰类的灰色评估权构成的向量 r_{ij}，称为指标 U_{ij} 的灰色评价权向量，即

$$r_{ij} = (r_{ij1}, r_{ij2}, r_{ijg}), j=1, 2, \cdots n_i, i=1, 2, \cdots m$$

以上计算过程可通过表 4-24 所示的表上作业法完成。

表 3-24 计算灰色评估权向量的表上作业法

评分灰类 \ 评估人员	d_{ij1}	d_{ij2}	…	d_{ijp}	求和	灰色评估权
1	$f_1(d_{ij1})$	$f_1(d_{ij2})$	…	$f_1(d_{ijp})$	$\Sigma 1$	$\Sigma 1/\Sigma$
2	$f_2(d_{ij1})$	$f_2(d_{ij2})$	…	$f_2(d_{ijp})$	$\Sigma 2$	$\Sigma 2/\Sigma$
…	…	…	…	…	…	…
G	$f_g(d_{ij1})$	$f_g(d_{ij2})$	…	$f_g(d_{ijp})$	Σg	$\Sigma g/\Sigma$

备注：其中 $r_{ijl}=\Sigma l/\Sigma$，$\Sigma_l=\sum_{k=1}^{p} f_l(d_{ijk})$，$\Sigma=\Sigma 1+\Sigma 2+\cdots \Sigma g$，$l=1, 2\cdots g$。

5. 对每个一级指标 U_i 做综合评估

一级指标 Ui 由 $Ui1$，$Ui2$，…，Uin_i 组成 U_i 的权重向量 $Ai=(ai1, ai2, \cdots, ain_i)$，对 Ui 做综合评估，得 Ui 的灰色综合评估权向量为 $Bi=Ai \cdot Ri=(bi1, bi2, \wedge, big)$，其中矩阵 Ri 由向量 r_{ij} 构成，即

$$Ri = \begin{bmatrix} r_{i1} \\ r_{i2} \\ M \\ r_{in_i} \end{bmatrix} = \begin{bmatrix} r_{i11} r_{i12} \wedge r_{i1g} \\ r_{i21} r_{i22} \wedge r_{i2g} \\ MM \wedge M \\ r_{in_i1} r_{in_i2} \wedge r_{in_ig} \end{bmatrix} \quad i=1,2,\cdots,m$$

6. 对 U（整个评估）做综合评估

U 由一级指标 U_1，U_2，$\cdots U_m$ 组成，权重向量为 $A=(a_1,a_2\cdots a_m)$，对 U 做综合评估，得 U 的灰色综合评估权向量为

$$B = A \cdot R = (b_1, b_2 \wedge b_g)$$

其中矩阵 R 由向量 B_1，B_2，$\cdots$，B_m 组成，即 $R=(B_1,B_2,\wedge B_m)^T$。

灰色综合评估权向量 $B=A \cdot R=(b_1,b_2 \wedge b_g)$，反映了评估对象属于每个评估灰类的程度。按最大权的原则确定评估对象所属的灰类等级，即 $b_l = \max\{b_1,b_2,\wedge b_g\}$，则评定评估对象为第 l 等级。然而，据此最大权原则做出的判断等级，会因信息丢失而使判断结果有偏差。因此，为了进一步精确评估结果，将对灰色综合评估权向量做进一步处理。

7. 计算灰色综合评估值

为了避免按最大权原则带来的信息丢失所造成的损失，将灰色综合评估权向量 $B=(b_1,b_2 \wedge b_g)$ 单值化，即计算评估对象的灰色综合评估值 W。把各个灰类按"灰水平"（阈值）赋值，g 个评估灰类 C_1，C_2，$\cdots C_g$ 的白化权函数的阀值为 λ_1，λ_2，$\cdots$，λ_g。故灰色综合评估值 $W=B \cdot (\lambda_1,\lambda_2,\wedge \lambda_g)^T = b_1\lambda_1 + b_2\lambda_2 + \wedge b_g\lambda_g$。

W 为灰数，再计算 W 属于每个评估灰类的白化权 $f_1(W)$，$f_2(W)$，$\cdots$，$f_g(W)$，根据最大白化权决定 W 所属的灰类等级。这个 W 所属的灰类等级就是灰色综合评估值，也是新得出的评估结果。

8. 得出结论

把新得出的评估结果，即灰色综合评估值，以及原来的评估结果代入以下公式中：灰色综合效度 $= 1 - \dfrac{|灰色综合评估值 - 原来的评估结果|}{灰色综合评估值} \times 100\%$。如果得出的百分数越大，说明原来的评估结果效度高，评估质量高。否则，效度低，评估质量不高。

第四章 高等教育评估质量外部保证

外部保证是高等教育评估质量保证的途径之一，主要由政府及其建立的专门的外部保证机构来实施。针对我国还没有建立这种专门机构的具体国情，本章特别探讨了美国、荷兰该类型机构及其经验与启示，以及我国高等教育评估质量保证中政府、高等教育评估机构、高校之间的博弈，提出应尽快建构中国特色的高等教育评估质量外部保证机构（中国高等教育评估监理会）。该机构实施的外部保证活动，除了监督、审查评估全程以外，最主要的是认可、监督高等教育评估机构、评估人员，以证明他们的评估活动及其运作的组织体系是否合格，证明他们是否具备最基本的专业资质和能力，促使他们积极采取有效的措施，保证、提高评估质量。

第一节 美国、荷兰高等教育评估质量外部保证机构

为了保证提高高等教育的评估质量，美国、荷兰政府建立了专门的外部保证机构来监督、认可评估机构等外部保证活动。它们的经验将为我国同类型机构的建构与运行提供有益的借鉴与启示。

一、美国高等教育评估质量外部保证机构

在美国独特的历史文化传统和社会环境的孕育下，联邦政府不直接参与认证（accreditation，即评估）活动，也没有专门的官方认证机构，但是为了保证并提高评估质量，所有的高等教育认证机构必须经过认证质量外部保证机构（非官方的高等教育认证理事会或者官方的联邦教育部）的认可才有资格从事认证活动。外部保证机构通过审查、认可认证机构的能力和质量，规范认证行为，实现保证并提高高等教育评估质量和高等教育质量的目的。

（一）美国建立高等教育评估质量外部保证机构的环境分析

在政体上，美国实行立法、行政和司法的三权分立及相互制衡的体制，没有一个绝对的权力中心。按1791年的宪法修正案的规定："凡本宪法未规定而又非各州所禁止的事权，皆归属各州和人民。"教育管理权归属各州，联邦政府无权

直接干涉高等教育事务，只可通过立法、资助等手段间接影响高等教育。各州对高等教育的管理宽严不同，有的州比较严格，有的州则特别宽松。这种状况导致了各州高等教育质量标准不一，办学质量参差不齐。

19世纪下半期到20世纪初，联邦政府颁行了《莫里尔法案》《海奇法案》《史密斯—来沃法案》等一系列法律，美国高等教育有了前所未有的大发展。这种大发展直接表现为高等院校的数量迅速增加、规模快速扩张以及高等教育结构急剧变化，同时整个高等教育领域出现了无序和混乱。① 社会和院校不得不关注高等教育质量保证问题。

加之，美国自由市场经济的发达以及"始终对国家存有戒心，人们更加信赖自发的民间组织"② 的文化传统，使得美国很少依赖政府，而是更多地依赖自愿性组织的社会力量来解决社会问题。

基于以上背景，美国高等教育质量保证的核心——民间认证机构和制度得以诞生和发展。美国从来就不存在一个全国性的高等教育认证机构，而由各种五花八门、种类繁多的认证组织分别承担认证工作。认证主要分专业认证和院校认证两种。专业认证通常与专门职业资格证书相关联，由专业或职业认证机构（Specialized/Professional Accreditor）来实施，主要对高等院校内各学科领域的专业（Program）或学院（School）进行认证，还包括对单一学科的高校进行认证。专业认证组织极为专门化，例如，医学教育中除了整体的医学院认证机构外，还有骨科、儿科、牙科等分支学科的认证机构。因此，美国专业性认证机构名目繁多，且各机构覆盖的学科范围大小不一，是美国高等教育质量保证体系中数量最多的一类认证机构。

院校认证主要由地区性认证机构（Regional Accreditor）、全国性认证机构（National Accreditor）承担。全美按地域分成中部各州院校协会（Middle States Association of Colleges and Schools，缩略为MSA）、西北部院校协会（Northwest Association of Schools, Colleges and Universities，缩略为NWA）、中北部院校协会（North Central Association of Colleges and Schools，缩略为NCA）、新英格兰院校协会（New England Association of Schools and Colleges，缩略为NEASC）、南部院校协会（Southern Association of Colleges and Schools，缩略为SACS）、西部院校协会（Western Association of Schools and Colleges，缩略

---

① 熊耕：《美国高等教育认证制度的起源及其形成动力分析》，载《比较教育研究》2004年第6期。
② 范丽珠：《全球化下的社会变迁与非政府组织》，上海人民出版社2003年版，第35页。

为 WASC）6 个地区性院校协会，由其下的 8 个院校认证委员会对辖区内的院校开展认证活动。① 还有一些特殊性质的院校，由圣经学院认证协会（Accrediting Association of Bible Colleges，缩略为 AABC）、远程教育与培训认证委员会（Accrediting Commission of the Distance Education and Training Council，缩略为 DETC）、独立学院认证委员会（Accrediting Council for Independent Colleges and Schools，缩略为 ACICS）、高级希伯莱语和塔木德经学馆协会（Association of Advanced Rabbinical and Talmudic Schools，缩略为 AARTS）、美国和加拿大神学院协会（Association of Theological Schools in the United States and Canada，缩略为 ATS）、基督教学院协会（Transnational Association of Christian Colleges and Schools，缩略为 TRACS）等 6 个全国性认证机构来认证。②

鉴于美国高等教育认证机构种类繁杂、数量众多，因此就存在着由谁来保证这些认证机构的认证质量的问题。在美国，有两种高等教育认证质量外部保证机构，一种是非官方的美国高等教育认证行业的协调机构、理事会或委员会，另一种是官方性质的美国教育部，分别开展对高等教育认证机构的行业认可或官方认可工作。认可（recognition）是外部保证机构对认证机构进行高等教育认证质量外部保证最主要的方式。

（二）非官方的高等教育认证外部保证机构的形成与发展

1949 年以前，美国各认证机构互不交流，彼此独立运作，也没有外界监督，一些有识之士十分担心专业认证机构过多、过滥，影响认证质量，遂于 1949 年成立了全美认证委员会（National Committee of Accreditation，缩略为 NCA），制定了一套审查认证机构的办法，并全面协调高等教育认证工作。1964 年成立了高等教育地区认证委员会联合会（Federation of Regional Accreditation Committee of Higher Education，缩略为 FRACHE），并于 1975 年与 NCA 合并为后中等教育认证委员会（Council of Postsecondary Accreditation，缩略为 COPA），成为美国第一个真正意义上的、全国性、非官方的高等教育认证质量外部保证机构。COPA 下设院校认证团体委员会（AIAB），包括 5 个全国性组织和 9 个地区性组织，主要负责院校认证机构的认可。同时设立了专业认证机构委员会（ASAB），包括 36 个专业认证组织，主要负责专业认证机构的认可。COPA 不实施

---

① 任增林等：《美国高等教育质量保证体系的特点及其对具有中国特色质量保证体系建设的启示》，《学位与研究生教育》2004 年第 3 期。
② 任增林等：《美国高等教育质量保证体系的特点及其对具有中国特色质量保证体系建设的启示》，《学位与研究生教育》2004 年第 3 期。

具体的认证工作,按照认可标准对认证机构进行资格认可,只有认可合格的认证机构才有资格开展认证工作。另外,它还调解和仲裁认证机构间或认证机构与院校、专业间出现的矛盾或争执。①

从1975年到1993年,COPA作为院校认证和专业认证质量外部保证机构,在审查和认可各认证机构等方面做了大量富有成效的工作,同时也引发了不少矛盾。该机构于1993年底解散。

为了继续发挥COPA的职能,1993—1994年间出现了三个全国性机构。其一,6大地区性认证协会和7个全国性高等教育协会联合成立全国高等教育院校认证政策委员会(National Policy Board on Higher Education Institutional Accreditation,缩略为NPB),研究院校认证面临的主要问题,就接替COPA的新组织提出建议,并为未来美国认证提供新的方案。其二,专业和职业认证协会(Association of Specialized and Professional Accreditation,缩略为ASPA),负责各专业认证机构的认可工作。其三,后中等教育认证认可委员会(Commission on Recognition of Postsecondary Accreditation,缩略为CORPA),制定评审和认可各认证机构的准则和条例、程序和方法,评审、认可和协调各认证机构,帮助它们改进工作。②

1994年7月,24所高校校长成立了一个校长认证工作组。1996年3月,校长认证工作组将关于成立新的高等教育认证理事会(Council for Higher Education Accreditation,缩略为CHEA)的提议,连同CHEA理事会的选票分送给2990所院校校长,投票选出了理事会。于是,CHEA有序地接管了CORPA的工作,成为美国一个新的高等教育认证质量外部保证机构。1997年ASPA加入CHEA。1998年CHEA制定了新的认证机构认可的政策与程序。③ CHEA的认可委员会具体负责认可工作,认可的最终结论由CHEA理事会根据认可委员会的建议做出。CHEA通过对高等教育认证机构的认可来保证认证质量,从而保证高等教育质量,加强学校的自我约束,为学生及其家长、学院及大学、资助团体、政府和用人单位服务。④

---

① A Chronology of Accreditation,"Events Leading to the Council for Higher Education Accreditation," http://www.chea.org/Commentary/history.html.
② Davenport,Cynthia A.,"Recognition Chronology," http://wwwv.asp—usa.org/resources/davenport.html.
③ Glidden Robert,"Accreditation at a Crossroads,Excerpted from Educational Record," http://www.chea.org/reseach/.
④ "Council for Higher Education Accreditation," http://www.chea.org/About CHEA.html.

(三) 官方的高等教育认证质量外部保证机构的形成与发展

美国联邦政府历来不对高等教育进行直接监督和控制，也不直接对院校和专业进行评判，而是通过教育部对各种高等教育认证机构进行认可的外部保证的方式来调控、保证高等教育认证质量，为自己的宏观调控服务。①

联邦政府对认证机构的官方认可始于 1952 年。为了加强高等教育认证，采取积极的举措，防止联邦政府资助学生款项的滥用以及学校欺诈现象，美国国会要求联邦政府教育专员公布被认可的认证机构名单和认可标准。当时公布的是略微修改后的 NCA 标准以及 NCA 认可的认证机构名单。

20 世纪 60 年代前后，随着高等教育的迅速扩张和联邦政府对高等教育投入的增加，认证信息所起的作用越来越大。联邦政府进一步调整认可规则，确保认证机构的认证质量，确保认证机构的认证活动符合联邦政府的利益和要求。1968 年，美国教育局（the U. S. Office of Education，缩略为 USOE）专门设立"认证与院校资格工作组（Accreditation and Institutional Eligibility Staff，缩略为 AIES）"和顾问委员会。1969 年联邦政府教育办公室公布了新的认可标准，规定最起码的申请认可资格是认证机构至少有两年的认证实践并认证过六个左右的学校和课程。同时，联邦政府规定只有获得其认可的认证机构所认证的院校才有资格参加联邦资金项目。1974 年 USOE 再次修订规则，增加鼓励实验和创新，聘请公众代表参与认证过程等要求。1988 年 7 月，美国教育部（the U. S. Department of Education，缩略为 USDE）公布了新的认可标准，与 COPA 的认可标准相比，二者相同的内容从 80 年代初的 60% 下降到 1988 年的 40%，意味着这两种认可存在着本质区别。②

1992 年 7 月，美国国会对高等教育法（HEA）复议，第一次将对认证机构的认可过程、认可标准列入法律，从此，USDE 认可认证机构有了法律依据。USDE 设置认证机构评估处（The Accrediting Agency Evaluation Unit，缩略为 AAEU），全面、详尽地规定了认可标准和程序。AAEU 与"学校质量与诚信国家咨询委员会"（National Advisory Committee on Institutional Quality and Integrity，缩略为 NACIQI）共同完成认可，认可结论经教育部长最终确认，被认可的机构名单由 USDE 公布。在认可有效期内，USDE 可以变更认可。虽然 USDE 以联邦政府行政部门的身份，依法开展认可工作，但不是强制性的。各认证

---

① ［荷兰］弗兰斯·F. 范富格特：《国际高等教育政策比较研究》，王承绪等译，浙江教育出版社 2002 年版，第 75 页。
② 王建成：《美国教育认证机构的行业认可和官方认可》，载《比较教育研究》2005 年第 6 期。

机构可以自由选择 USDE 认可或 CHED 认可，或两者都申请，只要通过了认可，不一定非要通过 USDE 的认可，都可以合法地开展认证工作。①

USDE 作为美国官方的高等教育认证质量外部保证机构，通过对认证机构的认可，来规范认证机构的认证行为，保证并提高认证质量，从而保证被认可的认证机构所认证的院校或专业符合联邦政府资助项目所要求的质量标准。

二、荷兰高等教育评估质量外部保证机构

20 世纪 80 年代中期以前，荷兰高等教育管理实行集权管理体制，高等教育质量问题没有引起必要的重视。80 年代中期以后，荷兰政府提出"以质量换自治"的政策，高等教育质量保证体系得以逐步建立和发展。在此基础上，先后建立了高等教育评估质量外部保证机构——高等教育督导团（IHO）和荷兰与弗兰德地区鉴定组织（NVAO），认可外部访问和评估组织（VBIs）的资质以及对其他评估活动进行元评价，保证提高高等教育评估质量，进而保证提高高等教育质量。

（一）荷兰高等教育评估质量外部保证机构建立的背景

荷兰与其他欧洲大陆国家一样，实行中央集权管理体制。教育、文化和科学部对高等教育实施集权管理，管理范围涉及高等学校的招生与选拔、教学计划与科研计划等诸多领域，且政府财政拨款占高校收入的 90% 以上。② 由于政府对高等教育的集权控制过于烦琐，行政管理没有效率，院校的责任被忽略和低估，质量控制发展得不够充分，从而导致高校管理效率和高等教育质量低下。③ 质量问题在荷兰高等教育大众化过程中进一步激化，引起政府和社会各界更加广泛而深切的关注。

1985 年荷兰发表了具有里程碑意义的政策文件——《高等教育：自治与质量》。它强调，应给予高校更大的自主权，质量和质量评价是高校自身的责任，正规的质量控制系统的形成是院校自我管理（self-regulation）的重要条件……④《高等教育：自治与质量》提出了新的高等教育管理思路和方法：放松政府的管

---

① Chambers, Charles M., *Federal Government and Accreditation: Understanding Accreditation*, San Francisca: Josser-Bass Publisher, 1983, pp. 240—260; "Recognized Accrediting Organizations," http://www.ches.org/pdf/CHEA-USED-InstAccred.pdf.
② 杨明：《论荷兰高等教育财政的改革》，《教育与经济》2002 年第 4 期。
③ ［荷兰］弗兰斯·F. 范富格特：《国际高等教育政策比较研究》，王承绪等译，浙江教育出版社 2002 年版，第 250 页。
④ 祝怀新、潘慧萍：《荷兰高等教育质量保障机制探析》，《中国高教研究》2003 年第 10 期。

制,强调院校的责任,建立适宜的高等教育质量保证制度,加强决策过程中的合作。与传统的直接控制相比,新的调控(steering)方法具有强调结果控制、质量保证、市场导向、院校责任等特征。① 从此,荷兰政府与高等教育的关系从过去的中央直接控制转变成政府调控与高校自我管理相结合。

(二)荷兰高等教育评估质量外部保证机构的建立

按荷兰政府最初制定的高等教育质量保证体系规划,高等学校负责内部的评估,由隶属于教育、文化和科学部的官方机构——高等教育督导团(IHO)负责外部评估。80年代末期,情况发生了变化,校外评估开始由除IHO以外的其他机构实施。1988年,荷兰大学协会(Vereniging van Samenwerkende Nederlandse Universiteiten,缩略为VSNU)进入评估领域,对大学教学进行校外评估,并于1993年对科研工作进行校外评估。大学协会把大学中所有的专业分成28组,制订了一个六年一轮的评估计划表。② 各大学的执行委员会自主决定哪门授予学位的专业接受既定的同行评审小组的评估,如果涉及跨学科的问题,则通过院长、系主任与执行委员会商讨解决。1990年,荷兰高等职业教育学院联合会(HBO-Raad)也进入评估领域,对非大学部分的高等教育机构的教育教学状况实施校外评估,评估结果直接提供给荷兰教育、文化和科学部参考,并列入相关的议程。

自20世纪90年代起,经政府、高校、大学协会(VSNU)、高等职业教育学院联合会(HBO-Raad)协商决定,大学的校外评估由荷兰大学协会(VSNU)负责,非大学的高等职业教育学院的校外评估由荷兰高等职业教育学院协会(HBO-Raad)负责,而高等教育督导团(IHO)不再直接评估高校,成为高等教育评估质量外部保证机构,充当元评价者(meta-evaluator)的角色。作为外部保证机构的高等教育督导团,在高校评估中,不再做"运动员",而充当"裁判员"的角色,只对VSNU和HBO-Raad实施的对大学和高等职业教育学院的校外评估工作及高等学校的自评工作进行元评价,以保证高等教育评估质量,进而保证高等教育质量。

(三)荷兰高等教育评估质量外部保证机构的发展新动向

进入21世纪,荷兰高等教育质量保证面临着新的挑战,原来的高等教育质

---

① Mien Segers & Fillip Dochy,"Quality Assurance in Higher Education:Theoretical Considerations and Empirical Evidence,"*Studies in Educational Evaluation*,No.2,1996.
② 田恩舜:《高等教育质量保证模式研究》,博士学位论文,华中科技大学,2005年,第98页。

量保证模式以及高等教育评估质量外部保证机构 IHO，难以满足新的挑战和需要。

2000 年，教育、文化和科学部成立荷兰高等教育认证委员会。该委员会在 2001 年的报告《激励、实现和提高》中提出，现有的荷兰质量评估制度并不令人满意，应引入一种对荷兰高等教育中现有的和新设立的课程质量进行监控的新制度。① 2002 年，荷兰颁布了《高等教育和研究法案》（the Higher Education and Research, Act），着手筹建国家认证机构——荷兰认证组织（Nederlands Accreditatie Organisatie, NAO），拟通过认证机构对现有的新设立的学位课程进行认证，以及对研究生学位课程计划提出改进，促使所有的课程达到规定的质量。

2003 年，比利时弗兰德地区（Flanders）颁布了高等教育法令，提出与荷兰高等教育认证组织合作。于是，以荷兰认证组织（NAO）为基础，形成一个新的组织——"荷兰与弗兰德地区认证组织"（Nederlands-Vlaamse Accreditatie Organisatie, NVAO）。NVAO 成为一个新的高等教育评估质量外部保证机构。同时，调整 IHO 的职责，负责对 NVAO 和整个高等教育系统进行监督。②

NVAO 制定认证现有课程和新设课程标准的政策框架，并要求评估机构对大学和高等职业教育学院提供的学位课程按照 NVAO 制定的标准进行认证。NVAO 还规定：只有达到所有标准的学习项目（programs）才能通过认证，通过认证的学习项目被列入高等教育学习项目注册中心（CROHO）的名单中，供学生选择；只有通过认证的学习项目才有资格获得政府资助，学生只有参加经过认证的学位课程才能得到财政资助，并且在完成经过认证的课程后才能被授予相应的学位。③

NVAO 制定了对荷兰和比利时弗兰德地区的高等教育外部访问和评估机构（VBIs）的认可原则和标准，并据此认可 VBIs。VBIs 的评估活动必须符合 NVAO 的标准和政策框架，只有通过认可的 VBIs，才有资格开展评估活动。NVAO 每年公布一次通过认可的 VBIs 名单，以供高校参考。例如，2004 年 1 月 1 日，NVAO 公布了一份通过认可的 VBIs 名单，其中包括取代原荷兰大学协会

---

① "Vroeijenstijn, A. I. Quality Assessment in Dutch Higher Education," http://www.hut.fi/H3E/wg2/Nlgener1.html；祝怀新、潘慧萍：《荷兰高等教育质量保障机制探析》，载《中国高教研究》2003 年第 10 期。

② http://www.onderwijsinspectie.nl/english.

③ "Education system in the Netherlands," http://www.nuffic.nl/pdf/dc/esnl.Pdf；"About NVAO," http://nvao.net/content.php?a=s&id=153.

(VSNU)的职能的荷兰大学质量保证协会（Quality Assurance Netherlands Universities，缩略为 QANU）、荷兰质量局（Netherlands Quality Agency，缩略为 NQA）、Bekoo、DNV、Certiked 等六家评估机构，① 就此打破了高校外部评估仅仅由荷兰大学协会（VSNU）和高等职业教育学院协会（HBO－Raad）垄断的局面，一个新的富有竞争力的评估市场正在形成。

一般而言，大学和高等职业教育院校自主地选择向通过认可的 VBIs 提出评估申请，但如果院校向没有被 NVAO 认可的评估组织申请评估，那么，NVAO 要对该次评估质量和评估报告进行审核和元评价。

总之，作为荷兰高等教育评估质量外部保证机构的 NVAO，通过对 VBIs 的资质进行认可以及对相关评估活动进行元评价，不仅有利于规范评估机构和评估人员的评估行为，保证评估质量，还有利于促进评估市场的形成、评估机构的相互竞争，促进评估质量的提高。

三、借鉴与启示

美国、荷兰高等教育评估质量外部保证机构为我国同类型机构的建构与运行提供了如下有益的经验和启示。

（一）外部保证机构是高等教育评估机构发展到一定阶段的产物

从美国、荷兰高等教育评估质量外部保证机构形成与发展的过程来看，外部保证机构不是伴随着评估机构的产生而产生，而是评估机构发展到一定阶段的产物。

以美国为例，美国高等教育认证萌芽于 19 世纪末到 20 世纪初的美国高等教育大发展时期。由于美国高等教育大发展是在一种非常松散的管理体制下实现的，高等教育对象的扩大、高等院校数量的增加、规模的扩大以及高等教育结构的变化带来了整个高等教育领域的无序和混乱。② 高校应具备什么样的条件，专业教育应达到什么样的标准，成为当时美国各界急需解决的问题。

美国高等教育认证首先发端于与公众健康密切相关的医学教育领域。1847 年美国医学协会（American Medical Association，缩略为 AMA）成立了一个专门负责医学教育的委员会，以"保护本行业的发展，与行业和低质量的专业教育

---

① 田恩舜：《高等教育质量保证模式研究》，博士学位论文，华中科技大学，2005 年，第 100 页。
② Deighton, Lee C., *The Encyclopedia of Education*, New York: The MacMillan Company and Free Press, 1971, pp. 56－57.

做斗争"①。1901年美国整骨协会（the American Osteopathic Association，缩略为AOA）对有关院校进行鉴定。1905年美国医学会的"医科教育和医院委员会"（Council on Medical Education and Hospitals，缩略为CMEH）建立了一套医学院评估标准，并于1907年公布了第一个医学院排名。

院校认证起源于1882年的"美国大学女性协会"（American Association of University Women，缩略为AAUW）。该协会根据一套标准考察院校并列出一个院校名单，规定只有这些院校的毕业生才有资格成为其会员。1905年卡内基教学促进基金会（the Carnegie Foundation for the Advancement of Teaching，缩略为CFAT）为建立大学教师养老金制度而制定了一套大学应达到的标准，并据此对公立、私立大学进行鉴定。六大区域性认证组织在19世纪下半期到20世纪初纷纷成立。1885年新英格兰地区大学与预备学校协会成立。1887年宾夕法尼亚大学协会即后来的中部地区大学与中学协会成立。1895年中北部地区大学与中学协会和南部地区大学与预备学校协会成立。1917年西北部地区中等与高等学校协会成立。1924年，西部地区大学与学校协会成立。②

此后，美国高等教育认证机构如雨后春笋般建立起来，同时也出现了多与滥的问题。为了规范各认证机构的活动以及提高认证质量，1949年全美认证委员会（NCA）这一带有一定意蕴的高等教育认证质量外部保证机构应运而生，制定了一套审查认证机构的办法和要求。1975年成立的后中等教学认证委员会（COPA）是第一个真正意义上的高等教育认证质量外部保证机构。它不实施具体的认证工作，根据相关标准认可认证机构，只有认可合格的机构才有资格开展认证工作。

荷兰的情况也是如此。原来只有高等教育督导团（IHO）具体实施高等教育评估，直到荷兰大学协会（VSNU）和高等职业教育学院联合会（HBO-Raad）进入评估领域后，才由单纯的评估机构转化成高等教育评估质量外部保证机构。

就我国目前的情况而言，高等教育评估机构有了一定的发展。随着人们日益关注高等教育和高等教育评估，评估质量也逐渐受到关注，我国迫切需要建立一个与美国、荷兰同类型的旨在保证高等教育评估质量的专门机构，对评估机构、评估人员进行规范、认可、审查，杜绝评估质量低劣的评估机构、评估人员进入

---

① Harcleroad, F. F., *Accreditation: Voluntary Enterprise in Understanding Accreditation* San Francisca: Jossey-Bass Publishers, 1983, p. 42.
② 熊耕：《美国高等教育认证制度的起源及其形成动力分析》，载《外国教育研究》2004年第6期。

评估市场。

(二) 外部保证机构是政府职能转化的结果

高等教育评估质量外部保证机构的出现，无论在美国，还是在荷兰，都是政府职能转化的结果。

美国高等教育具有自治的传统，一直远离联邦政府的直接统治。高等教育认证以及民间的高等教育认证质量外部保证机构 COPA、CHEA 对认证机构的认可，都是为了保护高校自治、学术自由，抵制和防止外部特别是政府过多的或不合理的干预。随着高等教育在政治、经济、文化各个领域发挥的作用日益深远，联邦政府加强了对高等教育的控制，直接介入认证机构的认可与审查。美国出现了官方性质的高等教育认证质量外部保证机构，这是政府加强高等教育控制和管理的体现和结果。

当高校对联邦政府资助的依赖性不断提高时，不得不接受或默认联邦政府以资助为后盾的干预和治理。USDE 对认证机构认可，虽然不是一种对高等教育评估质量的直接的强制行为，但那些欲认证争取联邦政府资助项目的高校或专业的认证机构必须获得其认可，因而演变成一种间接的认证质量保证的强制行为。USDE 通过对认证机构的认可，从而达到了加强联邦政府管制和宏观调控的目的。

荷兰建立高等教育评估质量外部保证机构，恰恰与美国相反，是政府简政放权的结果。荷兰是一个高等教育集权管理体制的国家，在刚开始的高等教育质量保证体系中，由隶属于教育、文化和科学部的官方机构——高等教育督导团（IHO）负责对所有高校进行外部评估。随着高校自主权和责任的不断增大，政府不断地减少微观管理、直接控制，加强宏观治理和间接调控，IHO 不再直接从事评估活动，而成为高等教育评估质量外部保证机构，充当元评价者的角色。后来，又建立了"荷兰与弗兰德地区认证组织"（NVAO），代行 IHO 的职能，对所有高等教育外部访问和评估机构（VBIs）进行资格认可，以及对其他校外评估工作、高等学校的自评工作进行元评价。

从上可知，美国官方的高等教育认证质量外部保证机构（USED）、荷兰同类型机构 IHO、NVAO 的出现，都是政府职能转变的结果。在高等教育评估质量保证中，无论是政府放任自由的管理还是政府高度集权的管理，都存在着不可避免的缺陷，理想的模式和现实的变革与发展都是向中间靠拢。

我国的具体国情与荷兰相似，主要由教育部高等教育教学评估中心开展对全国高校的外部评估。政府在评估中既是"划桨者"，又是"掌舵者"。随着我国管理体制的进一步改革与政府职能的深化转变，政府应只是"掌舵者"，从具体的组织、实施评估活动中脱离出来，成立高等教育评估质量外部保证机构，履行认可、监督评估机构和评估人员，以及规范高等教育评估等职能。荷兰高等教育督导团（IHO）的发展轨迹对我国评估中心的未来发展趋势有相当的启示和借鉴作用。

（三）外部保证机构可以是行业协会，也可以是政府机构

从美国、荷兰的情况来看，高等教育评估质量外部保证机构既可是行业协会，又可是政府机构。

在美国独特的政治、经济、文化背景下，伴随着19世纪末20世纪初的高等教育大发展，高等教育认证也如火如荼地展开。然而，各认证机构各自为政，认证标准和程序各不相同，缺乏全国统一的协调与管理，认证活动处于混乱状态，迫切需要一个全国性的行业协会对各认证机构及其认证活动进行协调与管理，以确保认证质量。1949年以后，依次成立了全国认证委员会（NCA）、高等教育区域认证委员会联合会（FRACHE）、后中等教育教学认证委员会（COPA）、高等教育认证理事会（CHEA）。这些依次出现的高等教育认证质量外部保证机构属于民间的行业协会，它们认可认证机构属于一种行业自律活动，其目的是确保认证活动的规范和认证质量的提高，维护高校和评估机构的利益，并以行业自律抵制外界尤其是政府对认证活动的干预，维护认证机构的合法地位和利益。

同样在美国，1952年以来，联邦政府为加强对高等教育的控制，保证提高认证质量，开始对认证机构进行官方认可。无论是刚开始的联邦政府教育专员，还是随后的美国教育局（USOE）专门设立的认证与院校资格工作组（AIES），抑或现在的美国教育部（USDE）设置的认证机构评估处（AAEU）和学校质量与诚信国家咨询委员会（NACIQI），这些外部保证机构都以联邦政府行政部门的身份，依法开展认可工作。

与美国不同，荷兰实行高等教育集权管理体制。荷兰政府直到20世纪80年代才意识到高等教育的质量问题，才开始组建评估机构——高等教育督导团（IHO）。90年代前后，荷兰大学协会（VSNU）、荷兰高等职业教育学院联合会（HBO－Raad）进入评估领域，高等教育督导团（IHO）才不再直接评估高校，成为高等教育评估质量外部保证机构，对VSNU和HBO－Raad的校外评估工作及高等学校自评工作进行元评价。荷兰政府后来又组建了新的高等教育评估质量外部保证机构——荷兰与弗兰德地区认证组织（NVAO），IHO更是退居幕后，行使监督职能。无论是IHO，还是NVAO，都是隶属于教育、文化和科学部的

官方机构。荷兰的高等教育评估质量外部保证机构本身就是政府机构。

我国虽然已经建立了一定数量的评估机构，但其独立性、自主性、整体实力、专业性等都不强，大多挂靠在行政部门，与相关行政部门有着千丝万缕的联系。加之我国国情不同于美国的市民社会，不可能像美国一样出现单纯的行业协会性质的高等教育评估质量外部保证机构，也不可能像荷兰那样出现纯粹的政府机构性质的高等教育评估质量外部保证机构，因为我国的高等教育评估机构已经有了一定的发展，到 2006 年为止，已经举行了六次全国教育评估机构协作会议。虽然我国的高等教育评估机构有了一定的发展，但它们先天和后天都不足，离不开政府的资助和引导。而且，由于制度改革中的路径依赖，政府也不可能听任行业协会。政府构建高等教育评估质量外部保证机构，既可以从具体繁杂的评估事务中脱身，又可以更好地调控评估机构和评估人员，保证、提高评估质量。因此，我国即将建构的高等教育评估质量外部保证机构可能是具有行业协会性质的政府机构，或者是"官办型"的行业协会。①

(四) 外部保证机构是高等教育评估质量外部保证最主要的机制

无论在美国还是荷兰，无论具有行业协会性质，还是具有政府机构性质，外部保证机构是高等教育评估质量外部保证最主要的机制。

美国的 CHEA、USED 以及荷兰的 NVAO 等外部保证机构都是通过对高等教育评估机构的认可来抵制劣质评估机构进入评估市场。评估机构只有通过认可，才有资格从事评估活动。外部保证机构还对评估机构实施的评估活动及所做出的评估结论进行复查和抽查，并控制评估机构的道德风险。评估机构并不是终身获得认可资格，经过一个周期后还要重新获得认可。例如，CHEA 规定认可的最长期限为 10 年，且认证机构还须在第五年提交一个中期报告，而 USED 给予的期限是 5 年。认可不是一项一次性、终结性的活动，而是一个过程性、发展性的活动。每一轮认可都会使所有参与认可的认证机构处于保证机构资质、不断提升质量的过程和压力之中。与此同时，外部保证机构还不定期地视察认证机构，一旦发现没有达到标准，就给予限期改进的警告，如果到期还没有改进，还可能取消其认可资格。而且，认可的基本程序较稳定和规范，一般由评估机构申请、现场考察、初次认可、后续考察等步骤组成。认可的标准也比较严格，例

---

① 金正庆：《从强制性制度变迁看我国"官办型"行业协会》，载《生产力研究》2006 年第 6 期。

如，CHEA 的认可标准包括 7 个初始标准和 5 项资格认可标准及若干条细则。[①]这些举措，无疑有效地保证、提高了高等教育评估质量。

另外，美国、荷兰的高等教育评估质量外部保证机构还重视调动评估机构的主动性、积极性来保证评估质量。在认可过程中，评估机构自评是认可的基础和核心，自己发现问题，自己改正不足，并且根据外部保证机构提出的意见和建议进行自我调整和自我提高。

在我国当前的条件下，应尽快建立这种高等教育评估质量外部保证机构，来认可评估机构和评估人员，规范评估行为。通过认可这个准入门槛，把不符合基本要求的低劣的评估机构和人员，从一开始就排除在评估市场之外，充分发挥高等教育评估质量外部保证作用，保证提高评估质量。

第二节 政府、高等教育评估机构与高校博弈中的建构

博弈论[②]（Game Theory）是解决理性决策主体之间发生冲突时的决策问题及均衡问题的理论，它试图把错综复杂的关系理性化、抽象化，更精确地阐述事物变化发展的逻辑。为使我国政府与高等教育评估机构的博弈、高等教育评估机构与高校的博弈达到"纳什均衡"的理想状态，应尽快建构我国特色的高等教育评估质量外部保证机构。而且，该外部保证机构与政府、高等教育评估机构、高校形成一个相互制衡的治理结构，共同保证、提高高等教育评估质量和高等教育质量。

一、政府与高等教育评估机构的博弈

我国政府与高等教育评估机构的博弈经历了由"重合"到"较量"，再将到"合作"的过程。在当前的背景下，该博弈呈现出"主与从""一与多"的特征，而且带来了一些不可回避的问题。

（一）我国政府与高等教育评估机构的博弈演变过程

在高等教育评估质量保证中，我国政府与高等教育评估机构的博弈经历了由

---

① 具体标准请参见"Standards for Accreditation by Commission on Institution of Higher Education"，http://www.neasc.org/cihe/stancihe.html；洪成文：《美国高等教育认证理事会：认可目标、标准和程序》，载《比较教育研究》2002 年第 9 期。

② 张维迎：《博弈论与信息经济学》，上海三联出版社 1996 年版；张良桥，冯从文：《进化稳定均衡与纳什均衡：兼谈进化博弈理论的发展》，载《经济科学》2001 年第 3 期；张良桥：《理性与有限理性：论经典博弈理论与进化博弈理论之关系》，载《世界经济》2001 年第 8 期。

"重合"到"较量",再将到"合作"的演变过程。

1. 政府与高等教育评估机构之间的"重合"

新中国成立后至1985年前,我国高等教育评估处于零星开展时期。虽然《中共中央关于教育体制改革的决定》首次提出"教育管理部门还要组织教育界、知识界和用人部门定期对高等学校的办学水平进行评估",但由于政府高度集权,高等教育评估几乎都由政府具体管理、组织、实施,评估机构就是政府相关部门,没有独立于政府的专门性的评估机构。政府与高等教育评估机构的活动范围和利益边界充分"重合",没有分离。

从博弈论来看,形成博弈关系至少需要两个缺一不可的前提。其一,博弈各方都有自己独立的利益和目标,拥有独立做出决策的自主权;其二,博弈各方又是相互联系和相互依赖的,一方的行为直接影响对方的行为和目标的实现。用这两个前提或标准来衡量我国该时期的政府和高等教育评估机构,两者不可能构成博弈关系。因此,1985年以前,或者更严格地说,1993年以前,政府与高等教育评估机构的博弈关系没有真正形成。

2. 政府与高等教育评估机构之间的"较量"

1993年广东管理科学研究院在《广东科技报》上发布了第一个大学排行榜。随后几年,上海教育评估事务所、江苏省教育评估院、上海教育评估院、广东教育评价中心,云南、辽宁等地教育评估机构相继成立,开始承担起高等教育评估的任务。另外,中国网大、中国校友会等中国大学排行榜相继出现。上海交通大学、浙江大学分别于2003年、2006年发布了世界大学排行榜。随着政府职能的进一步转化,专门的高等教育评估机构的不断出现及其社会影响不断扩大,尤其在市场经济背景下,评估机构逐渐成为具有法人地位的自主评估主体,政府与高等教育评估机构之间的活动边界开始分离,为两者之间形成博弈关系提供了前提条件。高等教育评估机构不再像前段时期那样只是政府手中操纵的棋子,而成为与政府相互较量的对手。由此,政府与高等教育评估机构的博弈关系开始生成。政府与高等教育评估机构的博弈,决定着评估机构的发展、评估质量的保证与提高以及高等教育质量保证的态势。

3. 政府与高等教育评估机构之间的"合作"

博弈关系的形成,不仅对政府与高等教育评估机构这两个博弈主体的行为策略有重大的影响,而且对高等教育评估质量保证乃至对整个高等教育治理都产生了较大的影响。博弈过程涉及"策略空间",即博弈主体作为"理性参与人"面临着在多种策略和行为中进行选择的可能性。在政府与高等教育评估机构的博弈中,评估机构有三种策略和行为的选择空间:其一,评估自治拒绝政府干预;其二,适度评估自由与适度政府干预;其三,政府干预压制评估自由。选择第一种策略,高等教育评估机构是最自由的,没有外部适当的监督与审查,但评估质量不一定能得到保证,也缺乏政府资助。选择第三种策略,高等教育评估机构最不自由,几乎由政府统包统管,或直接由政府组织实施评估,评估质量不一定能得到保证和提高,但能得到政府充分的资助。显然,这两种策略都很极端,都不是理想状态。评估自由与获得资助或资源都是高等教育评估机构不能随意放弃的两个重要因素。因此,评估机构作为理性的博弈参与者,在多次博弈后,必然选择第二种策略。作为回应,在多次博弈后,政府在博弈策略的选择上也避开了极端的策略选择,采取可获得最大利益的博弈策略,即在保持高等教育评估机构适度评估自由的同时,对它们进行适度的宏观指导与干预。这样,政府既能有效地控制高等教育评估机构的评估质量和发展方向,又能保持评估机构的评估自由,同时又能获取自己所需要的高等教育评估信息和评估结果,为高等教育管理、决策、拨款等方面服务。于是,政府与高等教育评估机构在长期的博弈过程中将形成一种"合作"的态势,即达到"纳什均衡"。"纳什均衡"是指"每个博弈参与人都确信,在给定其他参与人战略决定的情况下,他选择了最优战略以回应对手的策略"①。此时,政府与高等教育评估机构都认为,在对方的策略下,自己现有的策略是最好的策略。在"纳什均衡点"上每一个理性的参与者都不会有单独改变策略的冲动,从而形成了博弈双方之间平衡、合作的态势。

以上所说的政府与高等教育评估机构博弈双方所达到的"纳什均衡",是一种理想的状态,是博弈双方的一种合作状态,是长期博弈的结果。在我国当前的条件下,博弈双方要达到这种理想状态,还有一段漫漫长路要走。

(二)我国政府与高等教育评估机构的博弈特征

当前,在我国具体的国情下,政府与高等教育评估机构的博弈呈现出"主与从""一与多"的特征。②

1. "主与从"的博弈特征

在我国,政府是高等教育政策、法规、制度、经费等资源的主要供应者和高等教育事业的主要管理者,手中握有各种权力和调控手段;而高等教育评估机构只是在政府提供的资源环境下受调控管理的附属机构、中介结构或民间机构。在

---

① 厉以宁:《西方经济学》,高等教育出版社2000年版,第166页。
② 冯向东:《高等教育结构:博弈中的建构》,载《高等教育研究》2005年第5期。

这种规定性的事实前提下，虽然政府和评估机构在高等教育评估质量保证中都是博弈主体，但二者分别处在主导和从属的位置上。因此，两者之间的博弈呈现出"主与从"的特征。

主从博弈的基本法则是"上有政策，下有对策"。政策出自政府之手，目的是调控、规范高等教育评估机构的评估行为，确保评估质量，切实保证高等教育的质量。高等教育评估机构则在政府的政策框架内做出对自己最有利的行为抉择，并不断地寻求如何影响政府政策的途径以实现自己的最佳利益和最大利益。政府通过对政策实施效果的评定和反馈机制，并根据新的目标做出新的政策调整，进入博弈循环中。

2."一与多"的博弈特征

政府与高等教育评估机构的博弈还呈现出"一与多"的特征。政府作为博弈的一方，而博弈的另一方不仅仅是一个高等教育评估机构，而是多个高等教育评估机构。每个评估机构都是一个与政府博弈的主体，且每个评估机构彼此之间存在着既合作又竞争的关系。"一与多"的博弈特征主要体现在"集中——分散决策"以及"对总量限定的资源竞争"两方面。政府以规划、立项、审批、评定、发布政策等形式，将保证、提高高等教育评估质量的目标实现与资源分配捆绑在一起。众多的高等教育评估机构，无论是各部门所属的评估机构、自负盈亏的民间评估机构，还是研究性质的评估机构，都围绕着有限的资源展开竞争，各自决定着自己的评估行为、评估质量等。

政府关注的目标和利益所在，是形成一个合理的高等教育评估市场，保证并持续提高评估质量，最终实现高等教育对社会和经济的协调发展，实现教育投资的最大效益。而每一个高等教育评估机构关注的目标，则是如何把握好自己在整个高等教育评估市场中所处的位置，拓展评估业务市场，赢得最有利的发展空间，以实现效益的最大化。整个高等教育评估系统及其质量保证的状态，取决于每个高等教育评估机构实际的评估行为和评估质量。

（三）政府与高等教育评估机构的博弈特征带来的问题

政府与高等教育评估机构博弈的"主与从"特征，使政府在博弈过程中掌握着更多的主动权，而"一与多"的特征，则给博弈过程带来了更多的变数。① 这些特征导致了一些不可避免的问题。②

---

① 冯向东：《高等教育结构：博弈中的建构》，载《高等教育研究》2005 年第 5 期。
② 冯向东：《高等教育结构：博弈中的建构》，载《高等教育研究》2005 年第 5 期。

1. "主与从"博弈特征带来的问题

1993年前,尤其是改革开放前,高等教育评估机构没有从政府部门中独立出来,政府与高等教育评估机构之间也不存在博弈关系。真正的博弈始于1993年以后,尤其是1999年高等教育大扩招之后,高等教育的质量日益受到政府、用人单位、学生、家长等各界人士的关注,具有法人地位的专门的高等教育评估机构逐渐得到发展,并逐渐在高等教育质量保证中起重要作用。高等教育评估机构开始关注评估自主权的"争取"或"抗争"。在双方博弈中,政府代表政治系统,高等教育评估机构(尤其是民间机构)代表社会系统。政治权力的强大与社会自治权力的不足,使政府与高等教育评估机构的博弈一开始就在不对等的情况下展开,使评估机构总是处在弱势地位。与美国不同,我国政府与高等教育评估机构的博弈是在社会自治权力严重不足的情况下展开的,从而导致双方在博弈过程中出现"博弈失灵"现象。

在博弈中,由于政府权力太大,政府权力对高等教育评估机构相关事务的干预与调节,不仅没有克服高等教育评估市场和高等教育管理的缺陷,反而阻碍和限制了评估市场功能和评估机构职能的正常发挥,而且没有有效地保证高等教育评估的质量,反而引起"政府失灵"。它一方面表现为政府无效干预,即政府对高等教育评估机构宏观调控的范围和力度不足或方式选择失当;另一方面表现为政府过度干预,即政府对高等教育评估机构干预的范围与力度超过了弥补评估市场失灵和维持评估市场机制正常运行的合理需要,或者干预的方向不对路,或者干预的方式选择失当。对此,高等教育评估机构选择了两个相应的博弈策略:一是以"评估自主权"为由与政府进行权力博弈,反对正常的政府监督与审查,以争取更大的权力空间;二是以"市场原则"为由让其他力量介入博弈过程,漠视必要的评估操守,以争取更多的资源和活动空间。这两个策略,导致了高等教育评估机构的"评估失灵"。这种失灵现象具体表现为:不重视评估质量,随意评估,随意发布评估信息,随意得出评估结论,造成政府、用人单位、学生、家长等各界人士对评估质量的怀疑和不信任;在评估中出现腐败行为,导致评估声誉受损,造成评估公信力的下降。

2. "一与多"的博弈特征带来的问题

"一与多"的博弈特征,意味着政府保证并提高高等教育评估质量的目标必须经过一个转化的过程,成为各个高等教育评估机构的行为目标之后再整合起来才能实现,而不是由政府行为直接实现。而且,政府投入在实现该目标的资源是有限的,而不是无限的。政府目标的实现依赖于众多的高等教育评估机构有效地

第四章 高等教育评估质量外部保证

开展评估活动，而高等教育评估机构是否有效地开展评估活动也有赖于政府是否有效地提供了适当的政策、资助、引导、审查等宏观调控举措。两者之间的联系纽带，就是对资源的配置和占有。在我国现行的体制下，政府与高等教育评估机构"一与多"的博弈特征不可避免地导致以下的问题。

当政府的目标转化为各高等教育评估机构实际的目标并指导实际的评估行为时，博弈中的决策就由集中走向分散。各评估机构基于自身利益最大化原则而进行决策和选择评估行为，并不都是以追求整个高等教育评估质量和整个高等教育质量的保证和提高为目标。因此，各评估机构的目标之和，可能与政府期望的目的相一致，也可能偏离甚至背离政府目标，即各高等教育评估机构的实际目标之和并不总是等于政府的期望目标。

在市场经济体制中，各高等教育评估机构由于相互竞争而不断扩张，主要表现在评估机构规模、评估业务覆盖面、所占的市场份额的扩大上，又表现在评估地位、社会影响、社会知名度的提升上，其目的是为自己获得最大的利润、占有更多的资源、赢得最大的发展空间和市场空间。这是评估机构作为一个独立的法人实体自身发展的内在逻辑和必然的趋势。而对总量限定的资源竞争是一种"排他性竞争"。为了从政府手中获取更多的资源，高等教育评估机构对政府出台的任何一项政策都会"一呼百应"，政府的政策强调什么，高等教育评估机构也会强调什么。例如，美国 USED 认可高等教育认证机构的目的是保证被认可的机构所认证的学校或专业，证明它们所提供的教育或培训服务是可以信赖的，符合联邦政府资助项目所要求的质量标准。因此，如果认证机构欲获得联邦政府资助项目的学校或专业的申请，那么认证机构首先得通过 USED 的认可。要通过 USED 的认可，认证机构必须符合 USED 的认可标准。要符合 USED 的认可标准，认证机构的认证指标体系必须反映政府的意志：不一定要有较高的学术水平，不一定有学位授予权，但比较注重教学条件水平，如师资、教学设备等，达到必要和基本的质量要求；同时也强调学生的学业成就，其中的多数要求可以量化且相互比较；还有对过去参与联邦政府资助项目时的具体表现，等等。

另外，我国还有特殊情况，即相关部门有自己相关的高等教育评估机构，例如，教育部所属的本科教育教学评估中心，国务院学位委员会和教育部所属的学位与研究生教育评估所。这些评估机构与政府有着千丝万缕的联系，对全国所有的本科院校、已试办研究生院及申请试办研究生院、现有和申请博士、硕士学位、科研院所的整体条件评估，对现有博士、硕士学位授权学科，专业点评估及全国优秀博士学位论文评选等评估业务拥有垄断权，而其他高等教育评估机构难以进入这些评估领域。恰恰是这种垄断可能会妨碍评估质量的提高。

总而言之,在高等教育评估质量保证中,我国政府与高等教育评估机构的博弈还远没达到双方均衡的理想态势。在博弈中,双方都自以为自己的策略是最优策略,从而使一些相互间的策略选择陷入"囚徒困境"(Prisoners' Dilemma)。也就是说,虽然政府与高等教育评估机构的博弈选择都是理性行为,但博弈双方的理性策略或最优策略,相对于博弈双方这一个整体而言,却不是最优的策略选择,一方的理性策略会导致双方的非理性结果,导致政府与高等教育评估机构的博弈出现诸多的问题。这些问题,既是双方博弈"不充分"的体现,又是博弈双方"策略选择失当"的表现。如果不采取适当的举措,政府与高等教育评估机构将在后续的博弈循环中持续付出"高昂成本"或代价,评估质量难以得到保证和提高。

二、高等教育评估机构与高校之间的博弈

高等教育评估机构与高校的博弈由"对立"到"伙伴",并最终达到了"纳什均衡"的理想状态。在博弈中,评估机构的评估质量信息、高校的教育质量信息是否对称,对保证、提高高等教育评估的质量将产生较大的影响。

(一)高等教育评估机构与高校的博弈演变过程

我国高等教育评估机构与高校的博弈由"对立"到"伙伴",并最终达到了"纳什均衡"的理想状态,这是双方博弈的演变过程。

1. 高等教育评估机构与高校的"对立"关系

"大学自治"是西方大学的古老信念,集中反映了高校作为一个独立的学术组织与其他外部因素之间的关系。14 世纪末以前,欧洲大学是一个拥有特权、高度自治的学者行会组织,很少受到包括政府在内的外界因素的干扰。随着大学对社会作用的日益增强,政府不断加强了对高校的干预。正如约翰·布鲁贝克所言:"高等教育越卷入社会的事务,就越有必要用政治观点来看待它,就像战争的意义太重大,不能完全交给将军们决定一样,高等教育也相当重要,不能完全留给教授们决定。"① 从历史的发展进程来看,西方政府与高校关系演变的基本趋势是由大学高度自治转向政府宏观调控。虽然政府与高校的关系发生了很大的变化,但政府不会直接干预高校,而是通过政策、拨款等间接手段调控高校,"大学自治"仍具有很大的空间。

---

① [美]约翰·S. 布鲁贝克:《高等教育哲学》,王承绪等译,浙江教育出版社 1987 年版,第 32 页。

然而,在我国,从新中国成立到改革开放以前,高校是政府部门的附属机构,几乎没有自主权。后来,高校的办学自主权逐渐得到重视,并逐步落实。然而,我国高校自从其诞生时起,就处于政府的严格管制下,大学自治非常有限。

1993年以前,我国开展了一些高等教育评估活动,但由于条件所限,评估活动都由政府具体管理、组织、实施。高等教育评估机构就是政府相关部门,没有独立于政府之外的专门的评估机构,政府与评估机构及其活动范围、利益边界充分"重合",从这种意义上而言,高等教育评估机构就是"第二政府"。政府与高校的对立关系,推延到作为"第二政府"的高等教育评估机构与高校也处于"对立"的状态中。在高等教育评估机构与高校的博弈关系中,高校处于被动与接受的状态,评估机构处于主导与统治状态。高等教育评估机构代行政府职权,掌握评估权力和相关资源,处于绝对优势地位。高校站在"被审判席"上,没有制定评估标准的参与权和提议权,没有参与评估的自主选择权,没有评估结果的解释权和申诉权,等等,处于劣势地位。评估机构和评估人员没有意识到要主动地和高校去交流、对话,漠视高校的主动性、创造性、差异性和可接受性。而且,评估结论一旦做出后,作为被评单位的高校没有申诉的权利,也没有第三方机构对此进行元评价来判定该评估结果是否科学、客观、公正、合理。

2. 高等教育评估机构与高校的"伙伴"关系,最终达到"纳什均衡"

在西方,随着社会的发展,大学自治与政府控制之间出现了一种奇特的二律背反:"当大学最自由时它最缺乏资源,当它拥有最多资源时它则最不自由……大学的规模发展到最大时,正是社会越来越依靠政府全面控制之日。"[1] 政府与高校关系的二律背反,促使政府与高校在大学自治与政府控制的两极中,不断地向中间靠拢。

高校虽然具有自身发展的内在逻辑和规律,但为了争取更多的社会资源,正从传统的"自治"向自觉接受政府的适度干预转变,而政府对大学的控制与干预更多地体现在宏观的政策导向而不是具体的微观管理上。因此,大学自治与政府控制之间,不再存在一条明显的分界线,而存在一个"缓冲地带"。包括高等教育评估机构在内的社会中介组织,就充满着这个"缓冲地带"。这些社会中介组织旨在减少政府与高校之间的摩擦,加强政府与高校之间的联系,有效地实现了

---

[1] [美]伯顿·克拉克:《高等教育新论——多学科的研究》,王承绪等译,浙江教育出版社2001年版,第26页。

政府与高校之间的"和谐融合"。

1993年广东管理科学研究院颁布第一个大学排行榜，上海教育评估事务所、江苏省教育评估院、上海教育评估院、广东教育评估中心、中国网大、中国校友会、武汉大学"中国科学评价研究中心"等评估机构相继成立，政府与高等教育评估机构之间的活动边界开始分离，评估机构成为独立的法人实体。高等教育评估机构独立的法人地位，从实质上改变了政府与高等教育评估机构的关系，改变了政府与高校之间管制与被管制的关系，也催生了高等教育评估机构与高校之间的伙伴关系。

"伙伴关系"虽然是一个外交概念，但已成为社会治理领域中组织间形成良好合作关系模式的建构框架。[①] 高等教育评估机构与高校之间相互信任、相互支持，开展多种契约性、制度性的联合，建立合作伙伴关系，并在两者之间形成与发展一套具有自律性的自主调节体系。两者在相互克制与合作的原则下，通过对话来解决两者的矛盾，实现保证、提高高等教育评估质量和高等教育质量的目的。

一方面，高等教育评估机构与高校之间建立多层次的对话机制。在平等、民主、信任、和谐的高等教育评估互动和合作中，高校主动地参与评估方案的设计，发表自己的看法，提出质疑与申诉，与评估机构和人员沟通协商，使评估成为高校主动参与、自我反思、自我调控、自我发展的过程。评估机构与高校共同商讨、诊断存在的问题，确定高校发展的目标和需求，关注高校的需要，帮助高校接纳和认同评估结果，帮助高校寻求改进和发展的途径和方法，形成"评估——改进——新一轮评估——再改进……"的螺旋性循环，引导高校发展。

另一方面，高等教育评估机构与高校遵从克制与合作原则。基于博弈论的分析，高等教育评估机构与高校的博弈策略分为两大类：合作或不合作。合作，指博弈双方通过对话、谈判达成协议，然后一致行动。不合作，指博弈双方不能达成协议或达成协议后背叛协议，无法采取一致行动。假设高等教育评估机构与高校的博弈只进行一次，那么，双方都会采取"不合作"策略。因为每一方在做出策略选择时，都是依据自身单方面的利益最大化的原则，而不考虑博弈双方的共同利益，博弈双方就陷入"囚徒困境"。实际上，两者之间的博弈不可能是一次性的，而是一个多次的长期过程。当双方的博弈无限制地重复下去时，"囚徒困

[①] 刘祖云：《政府与学府：权威博弈、伙伴关系与责任指向》，载《高等教育研究》2005年第11期。

境"的结果会迫使双方在博弈策略选择时有所克制,并以一种合作的态度参与博弈,以实现双方利益的最大化。这时,"纳什均衡"与"帕累托最优"就有可能统一起来,形成博弈双方"利益双赢"的局面,即实现保证和提高高等教育评估质量和高等教育质量的目的。

(二)高等教育评估机构的评估质量信息是否对称在博弈中对评估质量的影响

高等教育评估机构的评估质量信息是否公开,对高校而言意味着是否存在信息对称。这里采用矩阵博弈模型来探讨博弈中评估机构的评估质量信息是否对称给评估质量带来的逆向和正向选择。

1. 评估质量信息不对称带来的评估质量的逆向选择

在博弈中,高等教育评估机构的评估质量信息不公开或不对称,带来评估质量的逆向选择,把评估质量好的高等教育评估机构驱逐出评估市场,导致评估质量持续下降。

假设 A、B 两评估机构与数量为 N 的高校,这些高校作为潜在的高等教育评估申请者,评估机构可以自由选择自己所提供的评估质量,QH 表示提供较高的评估质量,QL 表示提供较低的评估质量,评估业务费是统一规定的 P,评估质量较高的平均成本较高,记为 CH,评估质量较低的平均成本较低,记为 CL,且 CH>CL。

评估质量属于高等教育评估机构的私人信息,如果不公开,高校难以准确获知评估机构的评估质量的信息,导致评估质量信息不对称。在评估质量信息不对称的条件下,高校对评估机构的选择服从概率 1/2 的二项分布,即选择的 A、B 评估机构的高校数分别为 N/2。高等教育评估机构获得的利润是高校支付给评估机构的评估业务费 P 扣除评估成本 C 所得。当评估质量信息不对称时,A、B 两评估机构的得益情况如下表。

表 4-1 A、B 两评估机构在评估质量信息不对称时的收益情况

		高等教育评估机构 A	
		QH	QL
高等教育评估机构 B	QH	N/2 (P−CH), N/2 (P−CH)	N/2 (P−CH), N/2 (P−CL)
	QL	N/2 (P−CL), N/2 (P−CH)	N/2 (P−CL), N/2 (P−CL)

从上表可看出,高校选择高等教育评估机构是相互独立的行为,A、B 两评估机构的得益是相互独立的,因此,两评估机构各自独立地选择收益最大的策

略。从上看来,最优策略组合是"QL,QL",即表格中的"N/2 (P−CL), N/2 (P−CL)"项。也就是说,当评估质量信息不对称时,没有评估机构愿意提供高质量的评估活动。评估质量信息不对称带来了评估质量的逆向选择,在高等教育评估市场中会出现"格雷欣法则"和阿克劳夫(Akerlof)的"旧车市场"现象。由于评估质量信息不对称,申请评估的高校不知道评估机构真实的评估质量,只大致知道平均评估质量。因此,高校只愿意根据平均评估质量来支付评估业务费用。这就迫使评估质量高于平均水平的高等教育评估机构要么退出评估市场,要么降低评估质量,而低于平均评估质量的评估机构就进入评估市场,从而导致整个评估市场上的评估质量下降,高校愿意支付的评估费用进一步下降,更多的较高质量的评估机构退出市场,或继续降低评估质量,如此形成恶性循环,导致评估质量持续下降。

2. 评估质量信息对称带来评估质量的正向选择

在博弈中,高等教育评估机构的评估质量信息公开、对称,将带来高等教育评估质量的正向选择,促进高等教育评估质量的提高。

按以上同样的假设,只改变一个条件:高等教育评估机构的评估质量成为公共信息。显然,高校根据对称信息适当地选择评估机构,在支付同样的评估业务费 P 的情况下,作为"理性主体"的任何高校都会选择评估质量高的评估机构。因此,当 A、B 两评估机构的评估质量有差别时,质量高的评估机构会获得更多的评估业务,甚至获得全部高校 N 的申请。当 A、B 两个评估机构的评估质量都好时,各得 N/2 数量的高校的申请。当评估质量成为公共信息时,A、B 两评估机构的得益情况如下表。

表 4−2　A、B 两评估机构在评估质量信息对称时的收益情况

		高等教育评估机构 A	
		QH	QL
高等教育评估机构 B	QH	N/2 (P−CH), N/2 (P−CH)	N (P−CH), 0
	QL	0, N (P−CH)	N/2 (P−CL), N/2 (P−CL)

显然,当高等教育评估机构的评估质量信息对称时,A、B 两评估机构遵循着这条最基本的博弈原则:设法使对方获益最少,而力求自己在任何情况下都谋求最大利益。A 评估机构在博弈时,考虑到 B 评估机构会设法使自己获益最少,无论 A 选择 QH 还是 QL,B 选择 QH 都会降低 A 的收益,即使自己获得最低收

益时至少还可以和对方持平"N/2（P－CH），N/2（P－CH）"，还可能全面占有市场，获得全部收益"N（P－CH）"，所以 A 预料 B 会选择 QH，A 在 B 选择 QH 的前提下最大化自己的收益，显然 A 也会选择 QH。同样，B 评估机构的选择与 A 一样。因此，在此条件下，A、B 两评估机构的最优策略组合是"QH，QH"，两者都获得最佳收益"N/2（P－CH），N/2（P－CH）"，评估机构的收益受自身评估质量的正效应影响。由于高校知道评估机构的评估质量，在支付同样的评估业务费的情况下，都倾向于选择评估质量好的评估机构，促使评估质量低的评估机构退出评估市场或提高评估质量，形成良性循环，从而带来整个评估市场的评估质量提高。

上述分析是高校与高等教育评估机构之间博弈情况的简化，但在一定程度上反映了双方实际的博弈过程。如果评估机构的评估质量没有成为公共的信息或信息不对称，高校不知道评估机构的评估质量时，倾向于选择评估质量低的评估机构，最终导致整个评估市场的评估质量下降。反之，高校倾向于选择质量高的评估机构，促进评估机构优胜劣汰，促使评估机构持续提高高等教育评估质量。

（三）高校的教育质量信息是否对称在博弈中对高等教育评估质量的影响

高校的教育质量信息是否对称在博弈中也会影响高等教育评估质量。在这个情境中，一共包括三对博弈关系。一对是高等教育评估机构与高校之间的"非零和"[①] 博弈，两者能实现双赢；另两对是高等教育评估机构之间、高校之间的"零和"博弈，会导致不同的高等教育评估机构、不同的高校之间有所得，有所失。

1. 高校之间的博弈

为了简化分析，假设只有 A、B 两所高校在竞争。在高校的教育质量信息不对称的情况下，两高校在高等教育评估中有两种策略可供选择，策略 a 是提供真实的教育质量信息（评估信息），策略 b 是提供有虚假成分的教育质量信息（评估信息）。将两高校可能选择的策略组合起来，得出下表。

---

① 宋惠芳：《非零非博弈：国家与社会——一种合作主义的理论视野》，载《云南师范大学学报》2006 年第 1 期。

表4-3 A、B两高校在高校教育质量信息不对称时所采取的策略情况

		高校 A	
		策略 a	策略 b
高校 B	策略 a	一般的收益，一般的收益	一般的收益，最大的收益
	策略 b	最大的收益，一般的收益	最大的收益，最大的收益

从表中可以发现，假如高校 A 采取策略 b，即提供有虚假成分的教育质量信息，则在评估中能获得比提供真实信息更好的评估结果。好的评估结果给它带来更多的附加值，聚集更多的资源。例如，获得政府更多的关注、更多的追加投资和资助，获得更多、更好的优秀生源和教师，获得更多的社会捐赠，获得更多的企业或政府的科研合作项目和基金，等等。高校借助这些资源将获得更大的发展，且在下一轮评估中获得更好的结果，如此循环往复，形成"马太效应"。显然，采取策略 b，高校 A 能获得最大的收益。如果高校 A 采取策略 a，提供真实的教育质量信息，则在评估中获得的评估结果，可能比不上提供有虚假成分的教育质量信息的高校。而评估结果不怎么好的高校在资源配置和资源获取上处在不利的地位，发展更困难。"985"高校、"211"高校都是"马太效应"的典型受益者，而一些普通大学、一般院校由于评估结果不理想而愈加处于弱势地位。显然，高校 A 不会选择策略 a。

综上所述，无论高校 B 采用哪种策略，高校 A 都坚持采用策略 b，因为采取该策略，能获得最大的收益。高校 B 也同样采用了策略 b，把策略 b 作为占优策略（Domination Strategy）。占优策略是指不论其他博弈方采取什么策略，某博弈者都要采用的最佳策略。在高校的教育质量信息不对称时，所有的高校在评估中都倾向于提供有虚假成分的教育质量信息（评估信息）作为自己的占优策略，以获得更好的评估结果，获取更大的收益。

2. 高等教育评估机构之间的博弈

为了简化分析过程，假设只有 A、B 两个高等教育评估机构在竞争。在高校的教育质量信息不对称的情况下，两评估机构在评估中有两种策略可供选择：策略 a 是不审查、验证高校提供的评估信息（教育质量信息），策略 b 是严格而认真审查、验证高校提供的评估信息（教育质量信息），发现虚假信息或信息不确切时，重新采集新的信息。采取策略 a，评估机构在评估过程中所花的成本（人力、物力、财力、时间、技术含量等）低，记为 CL，而采取策略 b，则所花的

成本高,记为 CH。评估机构的收益是评估业务费用 P 减去所花的成本 C。将 A、B 两评估机构所选择的策略组合起来,得出下表。

表4-4 A、B 两评估机构在高校教育质量信息不对称时所采取的策略情况

评估机构 B		评估机构 A	
		策略 a	策略 b
	策略 a	p−CL, p−CL	p−CL, p−CH
	策略 b	p−CH, p−CL	p−CH, p−CH

A、B 两评估机构出于自身利益的最大化,都采用占优策略 a,使自己在博弈中立于不败之地,各自获得最大收益(p−CL,p−CL)。在高校教育质量信息不对称的情况下,又没有外界因素的制约,评估机构在评估中对待高校提供的评估信息(教育质量信息),不管其中是否有虚假信息,一般倾向于不对信息进行严格、认真的审查和验证,以降低必要的人力、物力、财力、时间、技术等成本,宁可牺牲评估质量,也要获取最大的收益。

3. 高等教育评估机构与高校之间的博弈

高等教育评估机构与高校之间的博弈,是一种"非零和"博弈,不同于以上探讨的高等教育评估机构之间、高校之间的那种在博弈中一方有所得,而另一方必有所失的"零和"博弈。"非零和"博弈的结果可以是双赢的,有利于双方质量的改进和双方资源的获得。

首先,建立一个高等教育评估机构与高校的博弈模型。设高校为博弈方 1,有两种可选策略,A 策略是提供真实的教育质量信息(评估信息),B 策略是提供有虚假成分的教育质量信息(评估信息)。设评估机构或评估人员为博弈方 2,有两种可选策略,C 策略为严格、认真审查和验证高校提供的教育质量信息,D 策略为不审查、验证教育质量信息。再设若高校提供有虚假成分的教育质量信息,而评估机构或人员不审查、验证,能获取的最大收益为 V;若高校提供有虚假成分的教育质量信息,经评估机构或人员严格审查、验证,导致一系列的负效应−P(如声誉受损、受到相关惩罚等)。再设评估机构或人员不审查、验证教育质量信息,也未发生高校提供有虚假成分的教育质量信息的情况,所带来的正效应 S(如减少了必要的人力、物力、财力、时间、技术等成本);设评估机构或人员不审查、验证质量信息,而发生高校提供有虚假成分的教育质量信息情况,所带来的负效应−D(如受到外部保证机构的惩罚、通报和注销认可资格,受到其他高校的苛责和公众的抱怨等)。再设高校提供真实的教育质量信息,评估机构

严格、认真审查、验证信息，这都是他们的分内工作与职责，其收益为0。由此，建立高等教育评估机构与高校之间的博弈模型。

表4—5 高等教育评估机构与高校之间的博弈模型

博弈方1（高校）	博弈方2（高等教育评估机构）		
		C策略	D策略
	A策略	−P，0	V，−D
	B策略	0，0	0，S

在上表的基础上，再设博弈方1（高校）选择策略A的概率为Pa，选择策略B的概率为Pb；博弈方2（评估机构）选择策略C的概率为Pc，选择策略D概率为Pd。根据混合策略原则，博弈方1选择A和B的概率与博弈方2选择C和D的期望得益相等，即：

Pa×（−D）+Pb×S=Pa×0+Pb×0

且Pa+Pb=1

计算出Pa与Pb的值，就知道博弈方1（高校）以Pa的概率选择A，以Pb的概率选择B，作为它选择的混合策略。

同理，博弈方2（评估机构）选择C和D的概率分别为Pc和Pd，其具体数值从以下公式中可以得出。

Pc×V+Pd×（−P）=Pc×0+Pd×0

且Pc+Pd=1

Pc和Pd的值，就是博弈方2以Pc的概率选择C，以Pd的概率选择D，作为自己的混合策略。

排除其他外界因素，博弈方1的Pa值越大，即倾向于选择A；博弈方2的Pd值越大，即倾向于选择D，以期获得各自最大的收益。当然，还可能两者合谋偷懒，谋取更大的利润。然而，针对博弈方1，出现了负效应−P，负效应−P的绝对值越大，尤其是负效应−P的绝对值大于数值V时，就迫使博弈方1不得不放弃A，转而选择B。同样，针对博弈方2，出现了负效应−D，负效应−D的绝对值越大，尤其是负效应−D的绝对值大于数值S时，迫使博弈方2不得不放弃D，转而选择C。

综上所述，为了防止高校与高等教育评估机构合谋偷懒，获取最大的利益，除了高校与评估机构应具有必要的自律以外，外界还要有像美国、荷兰那样的高等教育评估质量外部保证机构，制定相关的政策，采取相关的举措，例如，进行

第四章 高等教育评估质量外部保证

严格的资格认可，实行一定的罚款，受到通报批评甚至注销注册及认可资格，等等，以规范评估机构和高校行为，保证评估质量。高等教育评估机构与高校的博弈将带来评估机构的评估质量和高校的教育质量的持续提高，实现双赢。否则，评估质量低劣、教育质量低劣只会带来巨大的资源浪费和不良的社会影响。

三、三方博弈中的高等教育评估质量外部保证机构的建构

政府、高等教育评估机构、高校三方博弈主体各自采取积极有效的行动策略，促进我国高等教育评估质量外部保证机构的建构与发展。同时，该外部保证机构与它们形成一个责权明确、分工合理、相互制衡的治理结构，共同作用于高等教育评估质量和高等教育质量的保证与提高。

（一）政府在建构高等教育评估质量外部保证机构的行动策略

我国幅员辽阔，地区差异较大，高等教育规模庞大，高等院校众多，政府部门受人员、经费、专业能力等因素的限制，已不堪也没有必要从事具体的高等教育评估活动。政府应进一步转变职能，着重从以下几个方面调整自身的行为，促进高等教育评估质量外部保证机构的建构。

1. 变"直接控制"为"制度调控"

政府、高校、高等教育评估机构追求各自利益的最大化，这是博弈的根源所在，也是高等教育评估体系得以完善、评估质量得以保证提高的张力和动力之一。但是，目前的情形是，缺乏一种有效的制度安排来促使各博弈方（主体）在社会福利最大化的基础上追求自己的利益。这是政府在高等教育评估体制中变"直接控制"为"制度调控"的主要原因。政府通过建立、健全高等教育评估及其质量保证的政策与法规，明确高等教育评估机构、高校、高等教育评估质量外部保证机构的合法地位以及各自的权责关系，使它们的行为有法可依、有章可循。政府的制度安排有利于博弈各方在保证、提高高等教育评估质量、高等教育质量的社会福利中追求自身的利益。理想的结果是，实现社会福利最大化的同时，博弈各方形成"纳什均衡"。

2. 变"直接评估"为"间接参与"

目前，我国政府不仅是行政管理者，而且还是高等教育评估的具体实施者。评估机构的设立、评估指标体系的指定及调整、评估活动的实施与组织等都由政府直接参与，政府混淆了管理者与实施者的角色定位。

上述情况导致了政府在评估外部公共领域的缺位。政府应只管它该管的事情，而不管它不该管的事情。政府应定位于对高等教育评估的宏观调控，间接参

与评估活动，而非直接从事高等教育评估活动。尤其在当前背景中，政府应尽快建立高等教育评估质量外部保证机构，认可、监督评估机构和评估人员，只有获得认可的评估机构、评估人员才有资格独立开展高等教育评估活动。政府由高等教育评估的具体实施者转换为间接参与者，通过认可和监督手段，保证提高评估质量。

3. 变"管制"为"服务"

高等教育评估机构之间的博弈，存在着"智猪博弈"① 和"外部性"② 的问题。虽然每个评估机构为了保证提高评估质量，在评估方法、评估理论等方面有创新的动机，但也有模仿、跟进"搭便车"的趋向。单个评估机构并不能独自享有在研究评估方法、评估理论与技术等方面带来的好处，而且它的偷懒行为产生的代价也不会单独落到自身的头上。因此，每个评估机构都可能有"搭便车"的动机，普遍的"搭便车"心理使所有的评估机构都难以抵制可能存在的公共产权滥用和组织利益受损。

政府作为公共利益的代表，应为高等教育评估质量的保证与提高提供支持和服务，包括为高校教育评估提供一定的经费、人员培训，建立评估专家库，建立评估信息中心或资料库，开展评估方法、理论研究，等等。

（二）高等教育评估机构在建构高等教育评估质量外部保证机构的行动策略

高等教育评估是一项十分复杂、影响深远的专业性工作，只有专业化的组织及具有较高的评估理论素养和丰富的评估实践经验的专业化队伍，才能很好地完成任务。政府从具体的评估中退出，履行高等教育评估质量外部保证的职责，给高等教育评估机构以更大的生存和发展空间。那么，高等教育评估机构在新的背

---

① 猪圈里有一头大猪与一头小猪,猪圈的一边有个踏板,每踩一下踏板,在远离踏板的猪圈的另一边的投食口就会落下少量的食物。如果有一只猪去踩踏板,另一只猪就有机会抢先吃到另一边落下的食物。若小猪踩动踏板时,大猪会在小猪跑到食槽之前刚好吃光所有的食物;若是大猪踩动了踏板,则还有机会在小猪吃完落下的食物之前跑到食槽,争吃到另一半残羹。两只猪采取的策略是:小猪将选择"搭便车"策略,舒舒服服地等在食槽边,而大猪则为一点残羹不知疲倦地奔忙于踏板和食槽之间。

② "外部性"通常和"搭便车"行为联系在一起。外部性是一个经济学概念,由马歇尔和庇古在20世纪初提出,指的是私人成本或收益与社会成本或收益不一致。英国经济学家詹姆斯·E. 米德把外部性理解为这样一种事件:它使得没有参加做出某事件的人从该事件中获益或受损,即当在做某项决策时,那些处于决策之外的人却不得不承担该决策的某些后果时便产生了外部效应。诺斯从"搭便车"入手,对正外部性进行分析,一定经济主体行为收益的溢出或渗透,意味着第三方不用付费就可享受收益,导致经济当事人个人收益与社会收益差额扩大,那么第三方就会有潜在"搭便车"的动机。

景中,该采取怎样的行动策略呢?

1. 发展高等教育评估机构,形成评估市场

从国外经验来看,高等教育评估机构建立的方式主要有两种,一种是由学术团体、专业协会等社会组织自下而上自发形成的,另一种是在政府推动下自上而下建立起来的。我国高等教育评估机构是以政府推动为主、民间组织推进为辅的方式建立起来的。在初创阶段,评估机构一般采取"依靠政府,依托专家"的启动策略。一方面,政府在转型期间担负着塑造市场主体、完善市场要素、提供经营环境等职责。评估机构依靠政府,获得必要的资助和足够的委托评估项目。另一方面,高等教育评估是科学性、专业性和技术性很强的活动,必须依托社会各界专家来提升自身的专业水平。总之,评估机构既要尽力争取政府的支持,包括制度性的项目支持,人、财、物方面的条件支持,又要加强自身建设,"苦练内功",维护和提高自身的独立性和专业性,提高评估质量,面向市场,拓展自身的发展空间。

随着高等教育评估的日益发展,逐渐形成了不同层次、不同类型、不同区域的为高校服务的评估机构,例如,有面向不同层次的高校(研究性大学、教学科研型大学、教学型大学、高职高专等)的评估机构,有面向不同类型的高校(师范类、农林类、艺术类、理工类、财经政法类等)的评估机构,有面向不同区域的(中南、华北、西南、华东、西北等)评估机构。这些评估机构形成了一个相互竞争的评估市场,促进了各种评估机构共同的健康发展。

2. 明确评估权力与社会责任对等

在现代社会,政府、高校、学生、家长、社会用人单位、普通公民等在做出某种与高等教育有关的决策和行为选择时,倾向于参考相关高等教育评估信息,尤其是评估结果。例如,政府拨款、制定政策时要参考评估结果,学生、家长择校和选专业时也要参考相关评估结果和评估信息,等等。然而,人们却忽视了一个非常重要的事实:如果评估信息、评估结果不正确,谁应担负社会责任呢?笔者很赞成西塞罗的观点:"因为任何一种生活,无论是公共的还是私人的,事业的还是家庭的,所作所为只关系到个人的还是牵涉他人的,都不可能没有道德责任。因为生活中一切有德之事均由履行这种责任而出,而一切无行之事皆因忽视这种责任所致。"① 因此,评估机构、评估人员(专家)应对自己的评估行为、所提供的评估信息、所得出的评估结果承担应有的社会责任。从积极的意义看,

---

① [古罗马]西塞罗:《论老年论友谊论责任》,徐奕春译,商务印书馆1998年版,第91页。

它体现了权力与责任对等、权利与义务一致的法治原则。从消极的意义看,责任也是对权力的一种控制方式。如果政府和社会慷慨地赋予评估机构、评估人员的评估自由和评估权力,却没有注意到另一面——评估的社会责任,这是非常危险的。而评估机构、评估人员承担评估的社会责任,应基于良好的评估质量。

3. 自觉接受高等教育评估质量外部保证机构的认可与监督

在市场经济中,利益充斥着所有的方方面面。市场也向知识扩张,包括评估信息、评估结果在内的知识越来越可以买卖。法国学者阿里·卡赞西吉尔认为,"以大学为基地的科学家越来越将其知识私有化了,他们拿科学上的名声和收获去换取商业上的产权以及相伴的金钱回报"[①]。在高等教育评估领域也是如此。例如,在评估活动中出现贿赂等腐败现象,评估机构或评估人员没有遵循严谨、科学的评估程序来描述实际情况,进行价值判断,而是根据委托机构或付款机构的愿望,得出委托机构或付款机构所期望的评估结果。

如果评估机构没有达到起码的资质,没有必要的操守,就失去了公正性、独立性、权威性、准确性,导致评估质量不高,评估目的无法实现。因此,高等教育评估机构、评估人员应自觉接受高等教育评估质量外部保证机构的认可与监督,避免评估机构的设立过多、过滥,保证评估机构、评估人员最起码的资质,防止不合格的评估机构、评估人员进入评估市场,并鞭策已认可的评估机构、评估人员不断发展评估理论和提高评估技术,提高评估质量。

(三) 高校在建构高等教育评估质量外部保证机构中的行动策略

虽然我国高等教育管理体制发生了深刻的变化,学校独立的法人地位也得以确立,但由于政府财政投入是高校最主要的经费来源,政府在高等教育质量保证(评估)中处于强势地位,决定着评估指标体系的制定、评估专家组的人员组成、评估程序与方法的选择、评估结论的形成与利用,而高校基本上没有发言权。然而,政府将进一步转变职能,从具体的评估事务中退出,建立高等教育评估质量外部保证机构。那么,高校在新的质量保证环境中,尤其在高等教育评估质量外部保证机构的建构中,应采取哪些行动策略呢?

1. 建立学校内部质量保证体系,提供真实全面的评估信息(教育质量信息)

在新的时代背景下,高校积极主动地建立内部质量保证体系,提供真实、全面的评估信息,既可以保护学术自由,实行院校自治,又是向外界证明其质量与效率的一种有效手段。在高校内部,建立校级、院(系、所)级质量保证机构,

---

① 俞可平:《治理与善治》,社会科学文献出版社 2000 年版,第 141 页。

定期开展自我评估活动。而且，自我评估是外部评估的一个重要环节。高校内部质量保证体系的建立与实施，不仅有利于高校及时发现问题，及时采取改进措施，保证提高教育质量，而且有利于高校给评估信息中心、信息资料库以及外部评估机构提供真实全面的评估信息，为保证提高高等教育评估质量奠定基础。

2. 建立高校行业组织，并与评估机构合作

在欧美发达国家，高校行业组织很发达，不仅在保护高校自主权、协调并约束成员高校活动等方面发挥重要的作用，而且在高等教育评估活动中扮演重要的角色。

就我国而言，随着高校自主权的日益增大，需要建立高校行业组织。全国高校，或按层次（研究性大学、教学科研型大学、教学型大学、高职高专等），或按类型（师范类、农林类、艺术类、理工类、财经政法类等），或按区域（中南、华北、西南、华东、西北等），建立常设性的互助、协作组织，协调高校之间的办学政策与办学行为，并与高等教育评估机构合作，统筹高等教育质量标准，制定评估指标体系等事务和活动。另外，充分发挥高校行业组织的学术权威作用，高等教育评估质量外部保证机构的主要人员应得到高校行业组织成员的承认，通过推选产生。

3. 自主选择评估机构，积极参与评估

从我国高等教育的发展趋势来看，"通过评估——获得政府与社会的认可——学校发展"的机制正在形成。高校开展自我评估与申请外部评估，是一种积极回应政府和社会问责的举措，也是向政府、用人单位、学生、家长、纳税人等社会各界展示自身质量的一个平台，给自身带来更多的发展机会和空间。在新的背景下，高校由原来那种被动的"要我评估"转变为主动的"我要评估"。

高校主动申请评估，自主选择高等教育评估机构，可充分发挥市场机制的作用，推动评估机构之间的竞争，促使评估机构提高评估质量。高校选择评估机构的依据是评估机构自身的权威性，包括是否被外部保证机构认可、评估的专业水准的高低、评估业务的质量的好坏、社会影响的正负大小，等等。在市场竞争的作用下，高等教育评估机构只有努力提高业务水平，保证并提高评估质量，获得良好的声誉，才会接到评估"订单"，否则，没有评估业务，难免被淘汰。

(四) 高等教育评估质量外部保证机构与政府、评估机构、高校的治理结构

治理结构是指一个系统中各利益群体的相互关系，通过权力的配置和运作机制来达到关系的平衡，以保障系统的有效运行并实现该系统的根本目的。高等教育评估质量外部保证机构、政府、评估机构、高校四者在高等教育评估质量外部

保证中形成一个治理结构,共同指向评估质量的保证与提高。

我国高等教育评估质量外部保证的治理结构是这样的:政府制定相关的法律法规,使包括政府自身在内的与评估相关的组织(如外部保证机构、评估机构、高校等)都在法律框架下运作;政府组建、监督外部保证机构,同时也接受高校的监督;外部保证机构认可、监督各评估机构,同时接受政府、高校的监督;各评估机构必须获得外部保证机构的认可,才有资格开展评估活动,还要接受其后续的监控;高等院校自己负责自我评估,并自主选择、接受评估机构的评估。如下图所示:

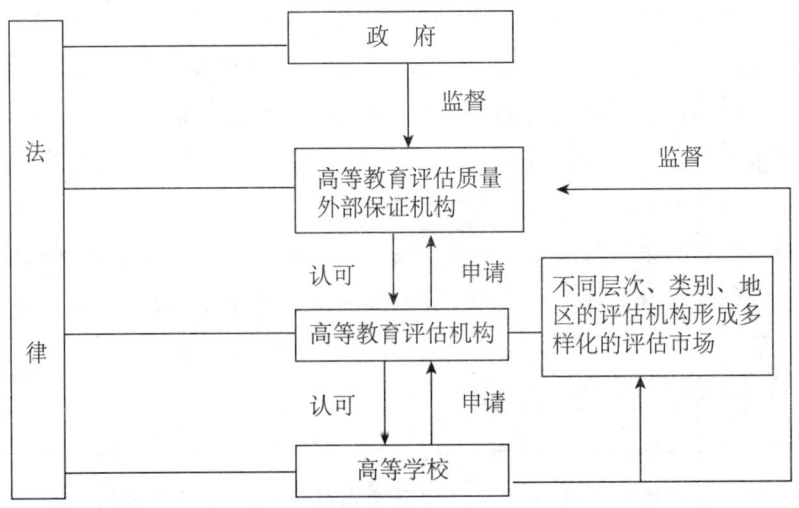

图4—1 我国高等教育评估质量外部保证机构与政府、评估机构、高校之间的治理结构

在以多元治理主体为特征的公共治理范式中,"有限政府"是对政府权力与责任作用范围的恰当定位,政府不再是无所不包、无所不能的"全能政府"。"有限政府"的理念表明:政府只管它该管的事情,而不管它不该管的事情。政府的有限性,才能实现政府管理的高效性。世界银行在《1998—1999年世界发展报告》中指出:"政府应该把重点放在履行那些私营部门无力承担或承担不好的责任上。"① "政府应该把有限的资源集中投放在市场最不可能充分解决问题的领域,以及政府行动有可能产生最大效果的领域。"② 在高等教育质量保证和高等教育评估质量保证中,政府从具体的评估活动中退出,建立外部保证机构,并通

---

① 《1998—1999年世界发展报告:知识与发展》,中国财政经济出版社1999年版,第2页。
② 《1998—1999年世界发展报告:知识与发展》,中国财政经济出版社1999年版,第144。

第四章　高等教育评估质量外部保证

过这个机构来对评估机构、评估人员采取制衡和调控措施。

在我国，高等教育评估质量外部保证机构是由政府建立的具有官方性质的行会组织，经费主要由政府提供，接受政府的委托，并向政府负责。该机构主要审查和认可评估机构和评估人员，并控制评估机构、评估人员的道德风险，必要时还对评估机构、评估人员实施的评估活动及所做出的评估结论进行抽查和元评价。

高等教育评估机构自主地向外部保证机构提出认可申请，接受它的审查和监督，获得进入评估市场的资格，才能实施评估活动。评估机构接受高校的评估申请，从事评估活动，监督、审查高校是否适当地履行职责。

高校自主地向获得认可的评估机构提出评估申请，接受评估机构的评估、监督。同时，高校监督高等教育评估质量外部保证机构，正如美国高等教育认证理事会（CHEA）委员由2990所高校校长投票选出一样，我国外部保证机构的主要成员必须得到大多数高校的拥护和推举。

当然，政府、高等教育评估质量外部保证机构、高等教育评估机构和高校都在法律规定的范围内采取行动，行使权力，并承担相应的社会责任。

政府建立高等教育评估质量外部保证机构后，评估机构向外部保证机构提出认可申请，该机构对评估机构进行认可、监督和元评价；高校自主地向获得认可资格的评估机构提出申请，由评估机构具体组织、实施评估活动，监督、引导高校发展。有人提出，政府建立外部保证机构来监控评估机构，那么又由谁来监控这个外部保证机构呢？如果按一般的逻辑，为了控制这个外部保证机构的道德风险，政府不得不又设立对这个机构进行监督的机构。为了控制该机构，又不得不再设立对该机构进行监督的另一个机构。这样，就进入了一个无限循环的怪圈。显然，这不符合事实。因此，在政府、高等教育评估质量外部保证机构、评估机构、高校治理结构中，由高校、政府监督外部保证机构。这样，高校和政府对该机构的监督构成了一条闭合回路。

根据无名氏定理①（Folk Theorem），具有相同结构的对策进行足够多次后，一次性对策中不可置信的威胁就会变成可置信的。② 在高校、高等教育评估机构

---

① 之所以称作无名氏定理，是因为它在20世纪50年代就为博弈论专家所共知，但无人发表过。参见王国成：《公有制企业产权治理结构有效实现形式的博弈论分析》，载《经济评论》2001年第3期。
② 赵霖平、徐宗宁：《高等教育评估组织的独立性和公正性》，载《辽宁教育研究》2002年第8期。

和政府（高等教育评估质量外部保证机构）无数次的博弈中，每个博弈方必然选择有利于各个局中人的决策。在这种闭合回路中，它们互为监督关系，使激励力在回路中产生多次循环，大大提高治理效率、效益。如果仅仅处于一种单向、刚性的关系中，下位一方总是担心上位一方的压制，而上位一方也总是担心下位一方的报复，难以达到治理的目的。在闭合的双向关系中，政府、高校、评估机构、外部保证机构相互监督，不必担心压制和报复，能够保证并提高高等教育评估质量、高等教育质量，实现治理的目的。因此，一个责权明确、分工合理、相互制衡的高等教育评估质量治理结构才能有效地实现治理的目的。

第三节　我国高等教育评估质量外部保证机构的运行

拟组建的高等教育评估质量外部保证机构（中国高等教育评估监理会）作为外部保证主体，所实施的外部保证活动，除了监督、审查评估全程以外，最主要的是认可、监督高等教育评估机构、评估人员，证明它们的评估活动及其运作的组织体系是否合格，证明他们是否具备基本的专业资质和能力，同时促使他们积极采取有效的措施，保证提高评估质量。

一、外部保证机构的组织构架与主要职责

拟建构的中国高等教育评估监理会，作为高等教育评估质量外部保证主体，主要实施认可、监督评估机构和评估人员等外部保证活动。基于此，拟定该机构的组织构架及其主要职责。

（一）中国高等教育评估监理会的组织构架

中国高等教育评估监理会的组织构架如下图所示。

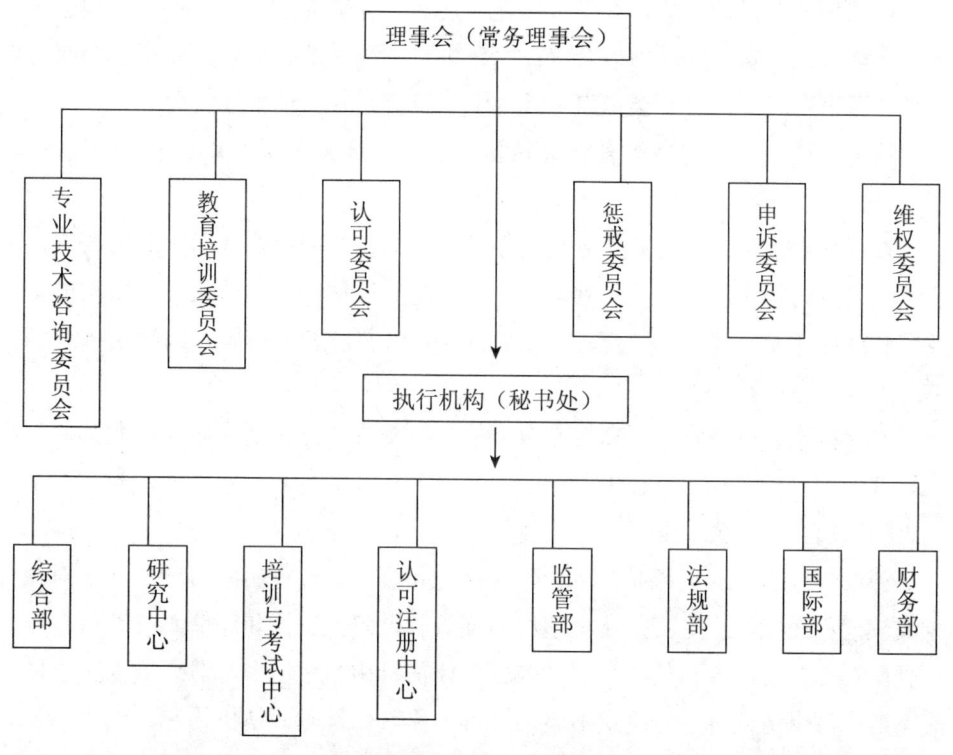

图 4-2 中国高等教育评估监理会的组织构架

(二)中国高等教育评估监理会的主要职责

中国高等教育评估监理会,除了监督、审查高等教育评估全程以外,最主要的外部保证活动是认可、监督高等教育评估机构和评估人员,既保证具有一定资质的机构和人员参与高等教育评估,又禁止无资质的机构与人员(即使在民政部门登记注册手续是合法的)进入评估市场。由此,理事会及其委员会、秘书处及其相关部门的主要职责如下。

1. 理事会及其委员会的主要职责

理事会是中国高等教育评估监理会的最高权力机关,委员来自政府高等教育行政部门、质量监督和管理部门、标准化社会团体和科研机构、社会公众、高等教育评估机构和高校的代表,其中任何一方都不处于支配地位。它的主要职责是:选举常务理事会成员,增补或更换理事;批准设立委员会,并决定其职责和职权;审议常设执行机构职能部门的设置;审议、批准常设执行机构的年度工作报告;其他应由理事会办理的事项,尤其提出高等教育评估质量管理体系以及评估机构、评估人员认可工作的方针、政策等方面的建议。

每届理事会任期五年，理事可以连选连任。理事会选举会长一人、副会长若干人、常务理事若干人。理事会会议每年举行一次，常务理事会在理事会闭会期间行使理事会职权。理事会拟设以下六个委员会，并对理事会负责。

认可委员会，制定高等教育评估机构、评估人员的认可标准；规范认可程序；具体负责认可工作等。

教育培训委员会，研究、分析高等教育评估行业的执业状况和能力要求，审议评估人员的行业培训规划；推动、改进、指导评估人员申请认可注册前的资格教育和认可注册后的继续教育；审议教育培训教材和相关资料；组织实施评估人员全国统一考试。

专业技术委员会，组织高等教育评估业务交流；开展理论研究，尤其研究高等教育评估人员在执业过程中遇到的专业问题；提供专业技术援助；与相关部门或机构沟通，就有关专业问题提出建议。

惩戒委员会，制定行业自律管理规范，并监督、检查实施情况；惩戒对社会造成较大负面影响，尤其是违规违纪的高等教育评估机构和评估人员等。

申诉委员会，主要负责当事高等教育评估机构和评估人员对惩戒委员会的惩戒决定、对申请认可注册决定不服的申诉工作，以及对评估机构和评估人员的评估结果提出异议等申诉工作，确定是否维持或修改原来的决定。

维权委员会，主要处理高等教育评估行业内有重大影响的维权事项；协调行业内外部关系；支持会员依法执业，维护会员合法权益。

2. 秘书处及其相关部门的主要职责

秘书处，是中国高等教育评估监理会的常设执行机构，是日常办事机关，负责具体落实理事会、常务理事会、委员会的各项决议、决定，并承担日常工作。秘书处下设八个主要部门。

综合部，负责文电、机要、保密、信访工作；协调各部门之间的工作关系；起草有关报告、文件；负责对外宣传工作。

认可注册中心，受理高等教育评估机构与评估人员的认可注册申请；安排、指派认可审核或评审小组/人员；实施监督计划；负责评估机构与评估人员认可资格批准、保持、暂停和撤销等决定。

培训与考试中心，制定高等教育评估人员职前、职后的教育培训制度并组织实施；不断完善培训教材和相关资料；组织高等教育评估人员认可资格的全国统一考试工作；不断完善考试办法及有关政策等制度。

研究中心，拟订并解释高等教育评估机构和评估人员的专业标准；为评估人员提供技术援助；研究、比较各国的专业标准；研究、比较国内外高等教育评估理论与实践等。

监管部，按照行业自律管理规范的要求，组织对已认可注册的高等教育评估机构和评估人员的执业情况进行年度检查。

法规部，起草高等教育评估行业综合性法规、制度；负责行业发展的理论和政策的调查研究工作；依法监督和规范评估市场。

国际部，办理监理会与港、澳、台地区及国际高等教育评估机构、组织之间的交往与合作事宜；负责与认证/评估认可有关的国际准则、指南和标准的研究和宣传贯彻工作；管理和协调以政府名义参加的高等教育评估/认证认可的国际认可合作活动。

财务部，负责监理会的财务工作；拟订认可注册收费办法；监督检查高等教育评估机构收费办法的执行情况；审查年度收支报告，指导、规范行业财务工作。

二、认可高等教育评估机构

认可高等教育评估机构，是中国高等教育评估监理会实施外部保证活动的主要内容和范畴之一，必须按照合理、严格的认可标准和严谨、规范的认可程序来进行。

(一) 认可标准

认可标准，是高等教育评估机构获得资格认可必须达到的基本要求。这里在借鉴美国CHEA认可高等教育认证机构标准的基础上，构架认可我国高等教育评估机构的标准。

1. 美国CHEA认可高等教育认证机构的标准

美国CHEA认可高等教育认证机构的标准，主要有初始标准和资格标准两大类。

第一类是初始标准，是认证机构申请认可的前提，具体而言，包括七个子标准：①认证机构的目标和认证范围与高等教育质量认证理事会CHEA的《机构资格和认证政策》一致；②认证机构为民间组织；③所认证的对象是具有学位授予权的高等学校；④认证机构出具书面材料，反映决策过程、主要政策、认证程序和标准及其他认证相关的内容；⑤认证机构提供自我评估和专家实地评估或类似的评估说明；⑥认证机构在认证资格决策过程中保持自主性，确保不受任何机构的干扰；⑦认证机构建立了明确而公正的申诉渠道。①

第二类标准是资格标准，是认可认证机构的关键性标准，包括下表中 5 项标准和若干细则。

表4-6　美国 CHEA 认可高等教育认证机构的资格认可标准②

标准 1：提高学术质量 ①明确界定学术质量 ②明确制定质量标准以及高等学校如何达到标准的基本程序 ③鼓励高等学校将质量认证标准与高等学校的目标规划和战略决策相关联 ④高等学校学术质量的评估与它的办学远景目标一致
标准 2：问责 ①高等学校向公众提供可信的资料和信息 ②有相关政策规定及程序，邀请公众代表参与决策 ③向公众通报认证决定及其程序 ④有适当的程序反映公众的意见，接受公众的申诉
标准 3：鼓励高等学校探索办学特色，促进高等教育多样化 ①有相关的政策及程序鼓励被认证机构进行自我评估 ②有相关政策及程序，鼓励被认证机构不断反思、调整办学目标，将改革纳入规划之中 ③鼓励高等学校大胆而慎重地进行各种实验和革新 ④制定政策及程序，将获得质量认证资格所要做出的努力和进一步改善质量的努力相区别
标准 4：决策程序要公正、合理 ①严防认证决策过程受到外界干扰 ②尽可能地邀请高等教育界同行和社会各界代表参与决策过程 ③在认证过程中合理地掌握认证标准的一致性

---

① 参见"Standards for Accreditation by Commission on Institution of Higher Education,"http://www.neasc.org/cihe/stancihe.html；"Recognition of Accrediting Organizations Policy and Procedures,"http://www.chea.org/About/Recognition.Asp；洪成文：《美国高等教育认证理事会：认可目标、标准和程序》，《比较教育研究》2002 年第 9 期。

② 参见"Standards for Accreditation by Commission on Institution of Higher Education",http://www.neasc.org/cihe/stancihe.html；"Recognitiou of Accrediting Organizations Policy and Procedures,"http://www.chea.org/About/Recognition.Asp；洪成文：《美国高等教育认证理事会：认可目标、标准和程序》，《比较教育研究》，2002 年第 9 期。

> 标准5：要求对认证实践进行不断地反思
> ①反思认证工作是否有足够的资源支持，确保质量认证的效率
> ②反思认证过程及效果，主要包括对各种需求的回应、认证过程的灵活性以及认证的责任性
> ③与其他认证机构进行必要的专业合作
> ④反思认证机构的高等教育价值观
> ⑤检讨认证机构所制定的认证标准与程序及其对高等学校产生的影响

2. 我国认可高等教育评估机构标准的构架

借鉴美国CHEA认可高等教育认证机构的标准结构，我国高等教育评估机构要获得资格认可，必须满足初始标准和资格标准。

（1）初始标准

初始性标准至少包括以下7个方面：①高等教育评估机构具有独立的法人资格，符合我国非政府组织登记管理的两个主要法规《社会团体登记管理条例》和《民办非企业单位登记管理暂行条例》，并已在各地各级民政部门登记注册管理的评估机构；②评估业务面向高等教育领域，或主要从事高等院校、专业等办学条件、教学教育质量评估、课程评估等；③具有正式注册的机构名称、固定的办公场所；④具有一定数量的、获得认可的、专职高等教育评估评估人员；⑤具有一定规模的、有效的人力资源支持系统，包括专门从事高等教育评估理论与实践研究、评估现代技术研究的专家和相关技术人员；⑥具备高等教育评估所需要的硬件和软件设备，具备收集、处理、分析评估信息的能力和现代化手段；⑦熟悉国家教育方针、政策、发展规划，掌握教育评估的基本理论和方法，具有一套规范的评估规程、评估运行机制、评估自律机制，保证评估行为的科学性和公正性，成功地完成了若干个评估项目并有良好的社会声誉。

（2）资格标准

资格标准，是高等教育认证机构获得认可缺一不可的关键性标准。它是一个标准体系，由以下项目组成。

①要求致力于提高高等教育质量：清楚而正确地界定高等教育质量；确认评估指标体系正确、全面地反映高等教育质量，体现并引导高校达到质量标准；鼓励高校大胆而慎重地进行各种教育教学改革；鼓励高校提高质量并与它的办学远景目标、战略规划相一致；鼓励、支持高校使用评估结果，帮助高校进一步认清自身存在的问题和不足，并结合学校的实际，研究、制定、实行具有针对性和操

作性的整改方案。

②要求体现、引导高校办学特色，促进高等教育多样化：重视高校特色，特色是高等教育多样化的重要体现之一；鼓励高校不断探索、反思、调整办学特色，并将特色纳入现实情况与未来规划中；制定、采用针对不同类型、层次、区域的高校的评估指标体系，反映并促进高等教育多样化。

③要求评估程序公正、严谨、合理：指导高校自评，正确、有效地利用自评报告；严防评估过程受到外界干扰和影响；尽可能地邀请适宜于相关评估业务的评估人员和社会各界代表参与评估过程；在评估过程中正确地把握评估指标体系、采集统计评估信息，做出正确的价值判断；评估过程财政收支合理。

④要求对用户负责：公布评估指标体系、评估信息、评估方法与技术等，并做相关的说明；规定相关政策及程序；邀请一两位公众代表参与评估；向相关人士通报、解释评估结果；有适当的渠道和相关的政策反馈公众与高校的意见，接受申诉与问责。

⑤要求高等教育评估机构持续改进评估质量：反思高等教育价值观；反思评估指标体系是否切实地体现评估对象的属性、实际情况；反思评估程序是否严谨、规范、科学，又不失弹性；反思评估结果信度、效度如何，以及给用户产生什么影响；反思评估是否有足够的资源支持；检讨评估中存在的问题与改进的措施等。

（二）认可程序

所谓程序，是指根据一定的目的，"对某个活动过程的顺序、步骤等规则的安排、描述，或者指按照一定的顺序、步骤进行的活动过程"①。高等教育评估机构的认可程序是指为了实现认可评估机构的目的而规定的一系列顺序、步骤等的总和。认可高等教育评估机构的程序如下图所示。

---

① 刘复兴：《教育政策的价值分析》，教育科学出版社 2003 年版，第 132 页。

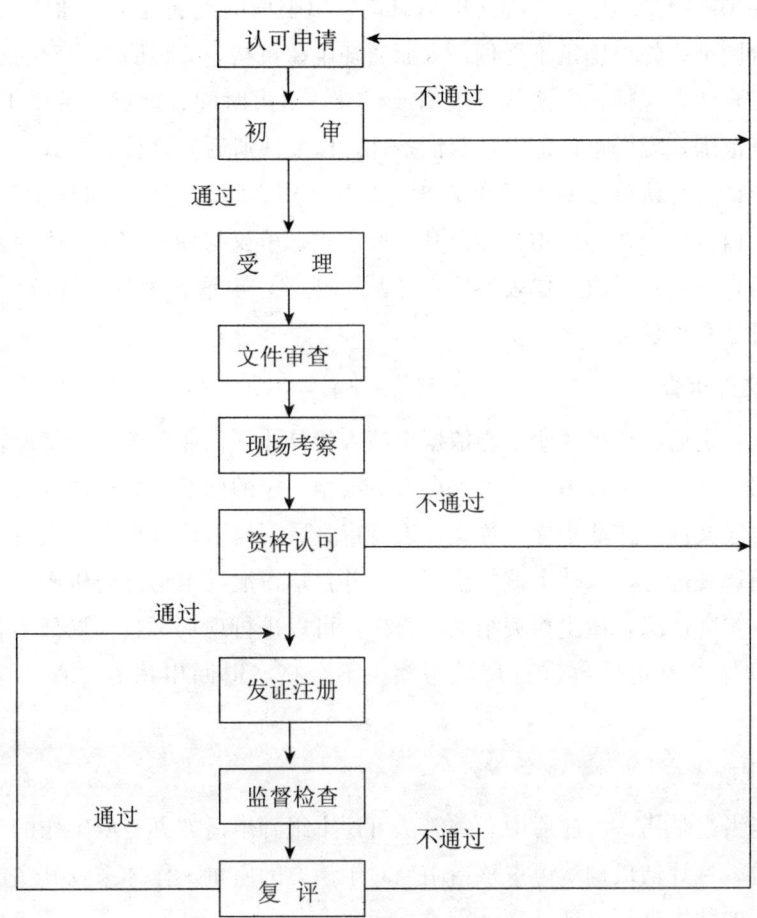

图 4—3　认可高等教育评估机构的程序[1]

1. 申请认可

高等教育评估机构根据自愿申请的原则,向中国高等教育评估监理会的认可注册中心提出书面申请,并提交有关文件资料。评估机构在申请认可时,主要解决两个问题:评估业务覆盖范围是全部业务,还是部分业务;仔细填报《高等教育评估机构认可申请书》,并提交规定的文件资料,如调查表、说明书、证明书等认可要求的公开文件及其质量手册等。

2. 初审并签定认可合同

认可注册中心在收到申请书之日起 60 日内进行初审,以确定是否受理认可

---

[1] 韩福荣:《质量管理体系认证:理论、标准与实践》,经济科学出版社 2002 年版,第 174—183 页。

申请。如果确定受理申请，则向申请机构发出书面的《受理申请通知书》，并签订认可合同书；如果确定不受理，书面通知申请机构，并说明不受理的理由。

认可合同书包括：主要认可依据或标准；认可时间、地点及主要工作内容，文件审查范围，现场审核范围，获证条件，以及注册后监督检查方式、频次和内容等；申请方与认可方的责任和义务，以及互相之间的配合；审核费、注册费、差旅费、监督检查费等费用金额及其收取方式；争议与仲裁方式；违约处理等。

认可合同经双方法人代表签字盖章后即生效，申请方即预付部分认可费用，认可方开始受理认可。

3. 文件审查

合同签定后，认可注册中心依据申请方的具体评估业务等实际情况，组织认可评审组。在文件审查中，认可评审人员根据一定的标准，对申请方现行的质量手册、程序文件、作业指导书等文件进行审查。同时，认可评审组人员注意行为准则、道德规范等，保持审核的公正性，并且不得泄露申请方的机密。文件审查后，根据实际情况，做出相关结论。合格，可以进行现场考察；局部不合格，要求申请方加以改正后再进行现场考察；不合格，退回申请方，直到达到要求为止。

4. 现场考察

现场考察是指认可注册中心委派认可评审组到申请方办公或工作的场所，依据《高等教育评估机构认可审核指南》对申请方的质量工作体系及其实施、实现质量方针的能力进行验证。

认可评审组与申请方商定现场考察时间，编制现场考察计划，明确现场考察的目的、范围、依据的标准和文件、活动内容安排等；准备现场考察用的检查表、审核记录和不合格项报告等工作文件和记录等。必要时，根据申请方的要求，对申请方做一次初访或预审核，进一步了解申请方管理、业务等的实际情况，作为编制现场考察计划的依据。

认可评审组到申请方进行现场考察，是认可高等教育评估机构的关键环节，目的在于审核评估机构的质量组织体系的适宜性及其运行的有效性，最后判定申请方是否具备认可标准所规定的质量保证能力。

5. 资格认可

认可评审组到申请方进行现场审核后，撰写认可评审报告，根据实际情况，做出"推荐认可通过"，或"推迟推荐认可通过"（需要补充评审），或"不推荐认可通过"（需要再次申请认可）的认可建议，呈送给认可注册中心和申请方，并说明理由。

6. 批准注册，颁发认可证书

认可注册中心收到认可评审组提交的认可评审报告和认可建议后，由专业技术委员会进行全面的审查与评定，经审定通过后由认可注册中心批准注册，向申请方颁发国家统一制发的高等教育评估机构认可证书，并予以注册。

认可证书上包括注册号、获准认可的评估机构名称和地址、注册编号、涉及的评估业务范围、发证日期、有效年限（一般五年）、发证机构及其代表签名等内容。申请方可以用中国高等教育评估机构监理会的标志以及认可证书做宣传，表明其已通过了国家认可，具备一定的评估质量保证能力。

中国高等教育评估机构监理会或认可注册中心还在有关报刊、网站或其他渠道公布获准认可的评估机构的注册名录，包括注册号、注册的评估机构名称及地位、涉及的评估业务范围、邮政编码、联系方式等，供高校或其他机构申请高等教育评估时选用。

7. 注册后的监督检查

获准认可注册的高等教育评估机构，在有效期内接受中国高等教育评估机构监理会或认可注册中心每年一次的监督检查，以确定评估质量和评估质量组织体系是否持续满足认可的要求。监督审核的重点包括，上次审核或检查中发现的不合格项纠正状况；是否更改以及这些更改对评估质量是否有影响；随机抽查、审查部分评估业务活动及其评估质量。如果在监督检查中发现已认可注册的高等教育评估机构的不合格情况，根据不合格程度分别做出纠正后保持注册资格、暂停注册资格乃至撤销注册的决定。

8. 复评

已获得认可证书的高等教育评估机构如需在证书有效期满后继续保持认可注册资格，在期满前规定时间内向认可注册中心提出复评申请，复评合格后，换发新的证书。

三、认可高等教育评估人员

认可高等教育评估人员，也是中国高等教育评估监理会实施高等教育评估质量外部保证活动的主要内容和范畴，必须根据合理、严格的认可标准和严谨、规范的认可程序来进行。

（一）认可高等教育评估人员的标准

各级别高等教育评估人员（实习评估员、评估员、评估专家/高级评估员）

的认可申请人拟满足以下专业技能与知识、评估经历和专业培训等方面的要求。

1. 专业技能与知识

认可申请人提供相关的资料，证明自己已具备从事高等教育评估活动的专业知识与能力。例如，正确地掌握、熟练地运用高等教育评估基本理论、方法、现代技术；制定且全面地把握评估指标体系；严格而又不失灵活地遵循评估程序；正确、可靠地采集、统计评估信息；科学合理地进行价值判断，得出评估结论；等等。

2. 教育水平和评估工作时间

认可申请人具备国家承认的硕士及以上学历，并具有至少 2 年专职（或兼职等效）与高等教育评估活动相关的技术、专业或管理岗位工作经历；或具备国家承认的本科或同等学历，并具有至少 4 年专职（或兼职等效）与高等教育评估活动相关的技术、专业或管理岗位工作经历。

3. 专业培训

申请人完成评估人员所必修的全部培训课程，并通过统一考试，获得培训合格证书。实习评估员和评估员认可申请人应在申请认可前 3 年内完成培训课程，并通过考试。

4. 专业操守

严格按照高等教育评估的法律、规章制度开展评估活动；尊重客观事实，尊重评估对象，如实反映评估对象的属性、本质、现状，保证评估工作的公正性；严格按照评估规范从事评估工作，对出具的评估结果（包括评估报告等）负责；为评估对象保守技术或其他秘密；不得对评估对象既提供咨询服务又进行评估工作；杜绝评估中的腐败行为等。

5. 评估经历

要求所有的评估经历在评估人员申请认可前 3 年内获得。而且，申请不同级别的评估人员（实习评估员、评估员、评估专家）所要求的评估经历也不同，如下表所示。

表 4—7 实习评估员、评估员、评估专家的评估经历要求

不同级别的申请者	评估经历要求
实习评估员	不做具体的要求
评估员	①参与高等教育评估指标体系的制定、评估信息的采集与统计、评估结论的获得,熟悉整个评估流程,熟练而灵活地运用各种评估方法、技术。 ②作为高等教育评估小组成员应从事不少于 20 天的现场考察,至少参加过 4 次完整的高等教育评估活动。在这些完整的评估活动中,至少有 2 次,每次至少有 2 天或 2 天以上的现场考察评估,并且至少有 2 次,认可申请人在评估中做出正确、有效、实用的整体价值判断。 注:如果审查人员认为认可申请人没有成功地实施评估,审查将被延续,直至所审查的评估经历足以证明申请人能成功地、正确地实施评估为止。
评估专家	①满足评估员的条件。 ②作为至少有另一名评估人员参加的评估小组组长,成功地实施并管理了 5 次完整的高等教育评估活动,总计现场考察时间至少 15 天;其中至少有 3 次为期 3 天或 3 天以上的评估,且这些评估对评估对象做了整体而有效性的客观判断,确定申请人是否具备管理、策划、组织和与其他成员合作的能力。 ③应包括对整个高校或专业进行整体或综合评估,而不仅仅是单项评估。 注:①如果审查人员认为认可申请人没有成功地实施评估,审查将被延续,直至所审查的评估经历足以证明申请人能成功地、正确地实施评估为止。 ②评估专家认可的申请人,他的评估经历不能与他曾经作为评估员认可申请时雷同,即不能把同一个评估对象(同一所高校或同一个评估项目)作为评估经历。

(二)认可高等教育评估人员的程序

认可高等教育评估人员一般经过认可申请、具体审核、批准认可并注册、保持注册、级别晋升等环节。①

---

① 韩福荣:《质量管理体系认证:理论、标准与实践》,经济科学出版社 2002 年版,第 189—194 页;《注册会计师注册办法(中华人民共和国财政部令第 25 号)》,http://www.cicpa.org.cn/ReadNews.asp?ID=6495&BigClassName=277&SmallClassName=法规、制度—有关注册会计师的。

1. 提出认可申请

高等教育评估人员申请认可时，提交以下所需资料：(1)《中华人民共和国高等教育评估人员认可申请表》；(2) 评估人员全国统一考试全科合格证书；(3) 学历、专业技术职称证明；(4) 有效身份证件或者身份证明复印件（外国人提交护照和签证复印件，香港、澳门特别行政区及台湾地区居民提交在香港、澳门特别行政区及台湾地区的身份证件复印件和中国出入境行政管理部门发放的通行证复印件）；(5) 从事2年以上独立的高等教育评估工作业务证明及业务总结；(6) 所在高等教育评估机构/事务所/中心的工作证明及鉴定；(7) 两份以上参与高等教育评估工作业务的底稿。

另外，申请评估员和评估专家认可的人员，还需提交实习评估员注册证书或评估员注册证书复印件，以及其他申请相关级别的评估人员认可所必需的证明材料。

2. 具体审核

认可申请送到中国高等教育评估监理会认可注册中心后，首先确定资料的完整性。如果申请资料不完整，则通知申请者或其所在的高等教育评估机构提交补充材料，或者直接退回。

确定申请资料完整后，进行具体评审。在评审中，一般与申请表中的推荐人或申请资料的证明机构/证明人或评估业务对象联系，证实申请资料所提供信息的真实性，验证申请者的高等教育评估专业技能与知识、评估经历和专业培训、职业操守等方面的实际情况。

另外，申请人有下列情形之一的，不予审核，直接退回。(1) 不具有完全民事行为能力；(2) 因受刑事处罚，自刑罚执行完毕之日起至申请之日止未满5年；(3) 因犯有严重错误受行政处罚、撤职以上的处分，自处罚、处分决定之日起至申请之日止未满2年；(4) 受吊销认可注册证书的处罚，自处罚决定之日起至申请之日止不满5年；(5) 因以欺骗、贿赂等不正当手段取得认可注册证书而被撤销注册，自撤销注册决定生效之日起至申请注册之日止不满3年；(6) 国家教育部或相关法律法规规定的其他不予申请的情形。

3. 做出决定，批准认可注册

认可注册中心仔细审查申请材料后，在受理认可申请之日起20个工作日内做出"准予认可注册"或者"不予认可注册"的决定。

对做出"不予认可注册"决定的，认可注册中心以书面形式告知申请者，说明不予认可注册的理由，并告知申请人享有申请行政复议或者提出申诉的权利。

对做出"准予认可注册"决定的申请者,颁发国家统一制发的高等教育评估人员认可证书,并予以注册。认可注册中心还在有关报刊、网站或其他公开方式公布获准认可的评估人员的注册名录,包括评估人员姓名、注册专业范围、注册日期、注册证书编号、受聘状态、地址和邮编、联系方式等。

4. 保持注册

为了促使评估人员持续保持注册,持续提高评估质量,监管部通过申诉系统、见证评估人员的现场考察、调阅评估人员聘用机构档案、向评估对象调查,必要时还可进行实地检查等途径,监督检查他们的任职资格和执业情况,验证他们的工作能力和素质。在监督检查中,对不符合条件者,可撤销认可注册、收回认可注册证书,并将注销人员的名单在全国性报刊或者相关网站上予以公告。

还对评估员和评估专家实行年度确认制度,如果他们没有提交年度确认资料,将被终止注册资格。因为没有按时提交年度确认资料而被终止注册资格,可在终止 3 个月内补交年度确认资料,并支付年金及延误罚金。在终止 3 个月后,需以申请人的身份重新申请。而且,评估员和评估专家自最初认可注册之日起每 3 年进行一次复查换证。实习评估员注册有效期为 3 年,在有效期内没有年度确认的要求,期间升级者,原证书自动失效。

5. 级别晋升

实习评估员在 3 年有效期内的任何时候都可以根据自己的实际情况按具体程序和要求申请评估员认可,评估员可在任何时候按具体程序和要求申请评估专家认可。评估人员的级别晋升,特别注重专业发展。在选择适当的专业发展时,评估员和评估专家需要考虑自身的特长优点和不足,确认个人发展领域,专业发展活动与保证提高高等教育评估质量的理论和实践相结合。而且,专业发展记录可作为部分年度确认资料、复查换证以及申请高一级评估人员认可注册资料提交。

结语

在总结归纳全文的基础上，下面将就建立具有中国特色的高等教育评估质量保证体系提出几点建议。另外，指出本课题研究的创新与不足。

一、总结

本课题把我国高等教育评估质量保证作为研究对象，从元评价的视角，循着为什么要研究我国高等教育评估质量保证、根据什么样的标准来保证和衡量高等教育评估质量、怎样进行高等教育评估质量保证的研究思路，对我国高等教育评估进行了比较全面的反思与批判。本研究的主要内容总结如下。

其一，论证了质量保证是高等教育评估的内在诉求。首先，从新中国成立以来我国高等教育评估发展的历程来看，在未来的时代背景中，随着政府职能的进一步转化，政府将从具体的评估事务中退出，民间评估将会获得更大的发展。为了防止民间评估大发展所带来的多与滥的问题，需要对评估机构（包括评估人员）进行严格的认可、监督，以保证评估质量。其次，目前我国高等教育评估在指标体系、评估信息、评估结果、评估机构与人员等方面存在较严重的问题，导致评估质量不高。再次，我国高等教育评估还面临着来自大众化、产业化和国际化等高等教育内部因素的挑战以及政府、公众问责等外部环境的挑战，需要不断地提高评估质量，并为评估用户提供评估质量证明。

其二，阐述了高等教育评估质量保证的内涵。按质量管理学中的"质量保证"的逻辑推演，提出了"高等教育评估质量保证"这个概念，比较全面地阐述了它的内涵，即根据一定的标准，通过监控、引导高等教育评估全程，认可、审查评估机构和评估人员，以改进和持续提高评估质量，并为评估用户提供质量证明所必需的有计划、有组织的全部活动。

其三，探索了我国高等教育评估质量标准。以解读评估的内涵为逻辑起点，以美国元评价标准为启示和借鉴，对我国高等教育评估质量标准的建构进行了初步的探索：高等教育评估质量的前提性标准，要求进入高等教育评估市场的机构与人员获得认可，具备最基本的专业能力、资格水平；原则性标准，为评估质量提供基本准则和整体把握，主要包括合规律性与合目的性的统一、合工具性与合价值性的统一以及合理与合情的统一；技术性标准，为高等教育评估过程的重要环节提供技术规范，即评估指标体系的正确性、独立性、实用性，评估信息采集与统计的可靠性、正确性，评估结果的实用性、信度、效度。这三种标准，相辅相成，形成一个高等教育评估质量标准体系，共同作用于评估质量的保证与提高。

最后，探讨了我国高等教育评估质量内部保证和外部保证的具体实施。内部保证，由评估机构和评估人员（内部人员）对评估全程中的关键环节和重要因素进行反思、审查、检验，如评估指标体系的正确性、独立性、实用性如何，评估信息采集与统计的可靠性、正确性怎样，评估结果的实用性、信度、效度如何。在外部保证方面，针对我国国情，从美国、荷兰该类型机构及其经验与启示，以及我国高等教育评估质量保证中政府、高等教育评估机构、高校之间的博弈两方面比较详细地论证了应尽快建构我国特色的高等教育评估质量外部保证机构，具体探究了该机构认可高等教育评估机构、评估人员的标准和程序。

二、建议

本文对高等教育评估质量保证及其意义、高等教育评估质量标准以及高等教育评估质量保证活动（内部保证和外部保证）进行了一定的探索，但最终目的和归宿是建立具有中国特色的高等教育评估质量保证体系，使高等教育评估以及高等教育评估质量保证活动在一个制度化的环境中有序、有效地实施和开展。在当前情况下，建立具有中国特色的高等教育评估质量保证体系，急需从以下三个方面采取积极而富有成效的行动。

其一，尽快组建专门的高等教育评估质量外部保证机构——中国高等教育评估监理会。政府应进一步转变职能，从具体的高等教育评估事务中脱离出来，成立中国高等教育评估监理会，通过该机构对高等教育评估机构和评估人员进行认可、监督和元评价，来规范他们的评估行为，保证、提高评估质量。

其二，政府应尽快出台相关的高等教育评估及其质量保证的政策与法律。我国只在 1990 年颁布了一个高等教育评估的行政法规性文件——《普通高等学校教育评估暂行规定》，但随着时代的变迁很多方面已不适用了。1998 年颁布的《高等教育法》中第 44 条明确提到，"高等学校的办学水平、教育质量，接受教育行政部门的监督和由其组织的评估"，而这项条文已不合时宜了。因此，政府急需研制、颁布一些必要的高等教育评估及其质量保证的政策与法律。例如，《高等教育评估法》明确了高等教育评估机构、评估人员、高校、高等教育评估质量保证机构在评估中的合法地位以及各自的权责关系，使它们的行为有法可依、有章可循。《高等教育评估质量保证条例》规定了建立并完善以政府主导社会参与的评估质量保证机制，促进了评估机构、评估人员在评估活动中提高公正性、科学性、客观性和系统性，确保评估质量；规定了高等教育评估质量保证机构的章程、组织构架、权责与义务、活动边界等，使其在评估质量保证活动中发挥积极的作用；规定了高等教育评估质量标准，为评估机构与人员提供评估质量的标尺和规范等。《高等教育评估机构设置（申办）条例》规定了评估机构设置的条件、要求、目标、责任及义务等。《高等教育评估机构、评估人员行为条例》规定了评估机构、评估人员的行为、活动方式、运作机制、职业操守等标准和要求。《高等教育评估机构、评估人员认可管理条例》规定了认可评估机构、评估人员的标准、程序，以及认可资格的暂停、注销与撤销等内容。《高等教育评估机构保障条例》要求政府和社会在人力、物力和财力等方面给予高等教育评估机构必要的保障和支持，如提供一定的经费、人员培训，建立评估专家库、评估信息中心或资料库，开展评估标准、评估方法、评估理论等研究等，确保评估活动顺利进行。

其三，中国高等教育评估监理会制定相关的规范性文件，以规范自身的评估质量保证行为以及评估机构、评估人员的评估行为。如高等教育评估机构认可基本标准与要求；高等教育评估人员认可基本标准与要求；高等教育评估机构认可基本程序；高等教育评估人员认可基本程序；高等教育评估机构、评估人员认可信息通报制度；高等教育评估机构、评估人员认可申诉规则；高等教育评估机构、评估人员认可收费标准；高等教育评估机构、评估人员认可资格证书管理规定；高等教育评估机构、评估人员认可资格的暂停、注销与撤销规则；高等教育评估机构认可标志使用规则；高等教育评估机构业务范围及评估活动的分类与代码；高等教育评估机构的业务范围指南；高等教育评估过程有关专业技术问题的说明；高等教育评估过程有关质量标准的说明；高等教育评估机构、评估人员有关竞争行为的说明；高等教育评估机构评估信息通报制度；高等教育评估机构、评估人员的收费标准；高等教育评估机构获准认可前对已实施评估结果的承认程序，等等。

三、创新与不足

（一）本研究的创新点

本研究在研究视角、研究方法、研究内容方面有一定的创新。首先体现在元评价的研究视角上。高等教育评估作为教育研究的三大领域之一，其研究呈现出一片繁荣昌盛的景象。然而，目前的高等教育评估研究大多是一种具体层面的经验研究，或是一种简单的自我应然的判断研究，这样的研究难以深层次地推进高等教育评估的发展与创新，也难以有效地促进高等教育评估质量的保证与提高。这说明高等教育评估研究存在着某种局限或不足，启示着我们用新的研究视角，从更深层次上重新审视高等教育评估及其质量。基于此，本课题研究超越这种现存的研究范式，从元评价的视角，对评估进行概观的、总体的认识，对评估本身进行反思、批判和建构，挖掘高等教育评估中那些被"遮蔽"的本质，揭示高等教育评估中被"褊狭"的实践，促进高等教育评估进一步发展和创新，保证、提高评估质量。

其次，采用元分析研究方法，具有一定的创新。现有的高等教育评估研究方法主要采用经验总结或逻辑推演的质性分析方法，缺少必要的量化和实证研究方法。本课题采用元分析方法，通过系统地审查、反思、验证高等教育评估指标体系、评估信息的采集与统计、评估结果等有关资料、数据，还对与这些资料、数据相关的其他资料、数据进行全面而系统的再收集、再整理，在此基础上对再分析结果进行定量的合并或综合，以寻求科学的、正确的结论。定量的元分析方法，尤其运用于审查高等教育评估指标体系的正确性和独立性，用可靠性模型审查高等教育评估信息采集的可靠性，检验高等教育评估信息统计中的虚假异常值，验证高等教育评估结果的信度和效度等方面。

另外，研究内容的创新体现如下：较全面地探讨了高等教育评估质量保证的概念；初步建构了我国高等教育评估质量的前提性标准、原则性标准、技术性标准，三者相辅相成，形成一个高等教育评估质量标准体系；较系统地探索了我国高等教育评估质量内部保证和外部保证的具体实施。

（二）本研究存在的不足

本课题研究属于探索型研究，由于受主客观原因的影响，不可避免地存在一些缺点与不足，有待在后续研究中进一步改进和完善。例如，在探讨高等教育评估质量保证这个概念以及高等教育评估质量标准的规定性时，虽然考虑到了应该体现高等教育以及高等教育评估自身的内在逻辑和规律，但主要采用质量管理学中"质量保证"的内涵以及 ISO9000：2000 中"质量"的内涵。在本文的研究中，主要基于这两方面的考虑：一是虽然高等教育领域与企业界不同，但对"质量""质量保证"的认识确实存在一定的相同之处。二是正是这个原因，ISO9000 把教育（包括高等教育）归于服务类，并把其归入业务范围的第"37"部分。尽管如此，在以后的研究中，高等教育评估质量保证的内涵以及高等教育评估质量标准的规定性，应更多地体现高等教育以及高等教育评估自身的内在逻辑和规律。

又如，尝试建构的高等教育评估质量标准，虽然尽量做到体系化、可操作化，但还是较笼统、欠具体。刚开始，笔者预设的标准是一个完整的衡量高等教育评估质量的评估指标体系（包括指标系统、权重系统、尺度系统），甚至能较精确地为某个具体的高等教育评估活动评分或确定等级。但在后续的研究中，发现凭着自己一人一时之力，原先的预设不能实现。希望在以后的研究中，有更多的同仁参与其中，这个设想也许会变成现实。

又如，审查高等教育评估信息统计的正确性，包括检验是否采用适宜的统计方法与工具，但涉及复杂的数学建模，由于笔者知识结构的欠缺，只粗略地提及。而现代高等教育评估越来越多地涉及大量的数据处理，适当的统计方法和统计工具对评估信息统计的正确性起着举足轻重的作用，直接影响评估结果的正确与否。即使是同样的数据，且针对同一个评估指标体系，如果采用的统计方法和工具不科学、不得当，会导致迥异的评估结果。遗憾的是，本文对此没做深入的分析。

再如，在高等教育评估质量内部保证和外部保证中，尤其是内部保证中审查评估指标体系的正确性、实用性以及评估结果的实用性等方面，还应该对政府、高校、学生、家长、用人单位、普通公民等评估用户或利益相关者进行深度访谈、发放相关的调查问卷，以了解实际情况。由于受到研究经费、时间等客观因素以及自己的知识结构、研究能力等主观原因的限制，而没有具体实施。

初生之物，其形必丑。好在本文的结束，并不意味着这个课题研究的终止。在以后的学术生涯里，我将继续学习、研究它。

参考文献

一、中文著作类

[1] 马俊峰：《评价活动论》，中国人民大学出版社 1994 年版。

[2] 冯平：《评价论》，东风出版社 1995 年版。

[3] 李连科：《价值哲学引论》，商务印书馆 1999 年版。

[4] 李德顺等：《价值论原理》，陕西人民出版社 2002 年版。

[5] 江传月：《评价的认识本质和真理性》，中山大学出版社 2005 年版。

[6] 陈新汉：《评价论导论——认识论的一个新领域》，上海社会科学出版社 1995 年版。

[7] 刘广第：《质量管理学》，清华大学出版社 2003 年版。

[8] 刘继民：《质量管理体系：方法与实践》，中国标准出版社 2002 年版。

[9] 郎志正：《质量管理及其技术和方法》，中国标推出版社 2003 年版。

[10] 杨志明、张雷：《测评的概化理论及其应用》，教育科学出版社 2003 年版。

[11] 程书肖：《教育评价方法技术》，北京师范大学出版社 2004 年版。

[12] 冯建新：《现代教育评价与测量学》，中国社会科学出版社 2005 年版。

[13] 金娣、王刚：《教育评价与测量》，教育科学出版社 2002 年版。

[14] 王刚：《定量分析与评价方法》，华东师范大学出版社 2003 年版。

[15] 陈玉琨：《教育评价学》，人民教育出版社 1999 年版。

[16] 冯建新：《现代教育评价与测量学》，中国社会科学出版社 2005 年版。

[17] 刘新平、刘存侠：《教育统计与测评导论》，科学出版社 2004 年版。

[18] 邱均平：《大学评价与科研评价》，华夏出版社 2005 年版。

[19] 陈广桐等：《高等学校教育教学评估》，山东大学出版社 2005 年版。

[20] 王战军：《学位与研究生教育评估研究》，高等教育出版社 2002 年版。

[21] 吴钢：《现代教育评价基础》，学林出版社 2002 年版。

[22] 沈玉顺：《现代教育评价》，华东师范大学出版社 2002 年版。

[23] 张远增：《高等教育评价方法研究》，复旦大学出版社 2002 年版。

[24] [美] D. 怀特：《教育统计——附数据处理》，叶佩华译，人民教育出版社 1981 年版。

[25] [日] 牧口常三朗：《价值哲学》，马俊峰、江畅译，中国人民大学出版社 1989年版。

[26] 许建钺、赵世诚、杜智敏：《简明国际教育百科全书·教育测量与评价》，教育科学出版社1992年版。

[27] [美] 林恩·L. 莫里斯、卡罗尔·T. 菲茨·吉本：《如何写评价报告》，汪坚、李定一译，上海翻译出版公司1988年版。

[28] [美] 林恩·L. 莫里斯、卡罗尔·T. 菲茨·吉本：《如何进行统计分析》，赵永年、纪明泽、江柏声译，上海翻译出版公司1989年版。

[29] [美] 林恩·L. 莫里斯、卡罗尔·T. 菲茨·吉本：《评价人员手册》，龚伟民、赵永年等译，上海翻译出版公司1987年版。

[30] [美] 林恩·L. 莫里斯、卡罗尔·T. 菲茨·吉本：《如何测量方案实施》，李正中等译，上海翻译出版公司1989年版。

[31] [美] 林恩·L. 莫里斯、卡罗尔·T. 菲茨·吉本：《如何处理评价目标》，洪邦裕译，上海翻译出版公司1988年版。

[32] [美] 吉尔伯特·萨克斯、詹姆斯·W. 牛顿：《教育和心理的测量与评价原理》，王昌海等译，江苏教育出版社2002年版。

[33] [美] 约翰·布伦南、特拉·沙赫：《高等教育质量管理：一个关于高等院校评估和改革的国际性》，爱华等译，华东师范大学出版社2005年版。

[34] [美] 泰勒：《变化中的教育评价》，汪世清等译，安徽教育出版社1989年版。

[35] [美] B.S. 布卢姆等：《教育评价》，邱渊等译，华东师范大学出版社1987年版。

[36] [美] 约翰·S. 布鲁贝克：《高等教育哲学》，王承绪等译，浙江教育出版社1987年版。

[37] [加] 约翰·范德格拉夫等：《学术权力——七国高等教育管理体制比较》，王承绪等译，浙江教育出版社1989年版。

[38] [英] 约翰·齐曼：《元科学导论》，张郡郡、张平等译，湖南人民出版社1988年版。

[39] [美] 德里克·博克：《走出象牙塔——现代大学的社会责任》，徐小洲等译，浙江教育出版社2001年版。

[40] [美] 唐纳德·肯尼迪：《学术责任》，阎凤桥等译，新华出版社2002年版。

[41] [美] 欧内斯特·L. 博耶：《关于美国教育改革的演讲》，涂艳国等译，教育科学出版社2002年版。

[42] [美]克拉克·科尔:《高等教育不能回避历史》,王承绪译,浙江教育出版社2001年版。

[43] [美]罗伯特·M.赫钦斯:《美国高等教育》,汪利兵译,浙江教育出版社2001年版。

[44] [美]亚伯拉罕·弗莱克斯纳:《现代大学论——美英德大学研究》,徐辉等译,浙江教育出版社2001年版。

[45] [英]阿什比:《科技发达时代的大学教育》,滕大春等译,人民教育出版社1983年版。

[46] [德]雅思贝尔斯:《什么是教育》,邹进译,生活·读书·新知三联书店1991年版。

[47] [荷兰]弗兰斯·F.范富格特:《国际高等教育政策比较研究》,王承绪等译,浙江教育出版社2001年版。

[48] [美]伯顿·克拉克:《高等教育系统——学术组织的跨国研究》,王承绪等译,杭州大学出版社1994年版。

[49] [澳]欧文·E.休斯:《公共管理导论》,彭和平等译,中国人民大学出版社2001年版。

[50] [英]托尼·布什:《当代西方教育管理模式》,强海燕主译,南京师范大学出版社1998年版。

[51] [美]克拉克·克尔:《大学的功用》,陈学飞等译,江西教育出版社1993年版。

[52] [英]约翰·亨利·纽曼:《大学的理念》,徐辉等译,浙江教育出版社2001年版。

[53] [西]奥尔特加·加塞特:《大学的使命》,徐小洲等译,浙江教育出版社2002年版。

[54] [美]伯顿·克拉克:《高等教育新论——多学科的研究》,郑继伟等译,浙江教育出版社1988年版。

[55] [美]德里克·博克:《美国高等教育》,乔佳义编译,北京师范大学出版社1991年版。

[56] [美]西蒙:《管理行为》,北京经济学院出版社1998年版。

[57] 潘懋元:《多学科观点的高等教育研究》,上海教育出版社2001年版。

[58] 潘懋元、王伟廉:《高等教育学》,福建教育出版社2000年版。

[59] 鲁洁:《超越与创新》,人民教育出版社2001年版。

[60] 瞿葆奎:《教育学文集·教育与教育学》,人民教育出版社1989年版。

［61］韩映雄：《高等教育质量研究——基于利益关系人的分析》，上海科技教育出版社 2003 年版。

［62］范文曜、马陆亭：《国际视角下的高等教育质量评估与财政拨款》，教育科学出版社 2004 年版。

［63］熊志翔：《高等教育质量保障体系研究》，湖南人民出版社 2002 年版。

［64］周光礼：《学术自由与制度干预——大学学术自由的制度分析》，华中科技大学出版社 2003 年版。

［65］邢克超：《共性与个性——国际高等教育改革比较研究》，人民教育出版社 2004 年版。

［66］张应强：《文化视野中的高等教育》，南京师范大学出版社 1999 年版。

［67］阎光才：《识读大学——组织文化的视角》，教育科学出版社 2002 年版。

［68］张新平：《教育组织范式论》，江苏教育出版社 2001 年版。

［69］谢安邦：《比较高等教育》，广西师范大学出版社 2002 年版。

［70］陈玉琨、代蕊华、杨晓江：《高等教育质量保障体系概论》，北京师范大学出版社 2004 年版。

［71］安心：《高等教育质量保证体系研究》，甘肃教育出版社 1999 年版。

二、中文期刊类

［72］徐枞巍、许建钺：《元评估及教育评估信度与效度的扩展模型》，载《中国高等教育评估》1997 年第 2 期。

［73］许茂祖：《论高等教育评估中的再评估》，载《中国高等教育评估》2000 年第 4 期。

［74］方鸿琴：《国外教育元评估的分析及对我国的启示》，载《江苏高教》2004 年第 1 期。

［75］顾永才：《教育评价活动的再评价》，载《教育研究》1990 年第 4 期。

［76］郑文：《关于高校教师课堂教学质量元评价及其机制初探》，载《现代大学教育》2002 年第 2 期。

［77］史耀芳：《略论教育评价中的元评价》，载《教育理论与实践》1991 年第 5 期。

［78］周庚渊：《对评估的评估——美国对高教鉴定团体的认证》，载《技术经济与管理研究》2005 年第 2 期。

［79］陈伟、侯定胚：《关于"元评估"若干方法的探讨》，载《中国高等教育评估》1999 年第 4 期。

[80] 贺祖斌：《高等教育评价的元评价及其量化分析模型》，载《广西民族学院学报（哲学社会科学版）》2001年第4期。

[81] 叶国珍、杨晓江：《如何看待我国高等教育评估质量》，载《高教发展与评估》2005年第1期。

[82] 杨晓江：《教育评估的科学性与科学的教育评估》，载《教育研究》2000年第8期。

[83] 陈伟：《科学评估不可忽略的要素》，载《中国高等教育评估》2003年第1期。

[84] 陈伟，侯定胚：《评估权重求解的贡献率比值法》，载《中国高等教育评估》2002年第1期。

[85] 侯定胚：《评估方法论的几个问题》，载《中国高等教育评估》1998年第2期。

[86] 代蕊华：《国外主要教育评价模式述评》，载《中国高等教育评估》1996年第1期。

[87] 刘志军：《教育评价的反思与建构》，载《教育研究》2004年第2期。

[88] 冯用军：《高等教育评估的哲学视角》，载《中国高等教育评估》2005年第2期。

[89] 熊志翔：《欧洲高等教育质量保障模式的形成及启示》，载《高等教育研究》2002年第9期。

[90] 别敦荣：《论发展大众高等教育及其质量保证》，载《辽宁教育研究》2001年第1期。

[91] 别敦荣：《论高等教育评估的功能》，载《高等教育研究》2002年第6期。

[92] 别敦荣：《论高等教育评估的基本特征》，载《辽宁教育研究》2004年第4期。

[93] 刘军山、徐枞巍：《高等教育评价指标体系质量问题的理论探讨》，载《北京航空航天大学学报（社会科学版）》2000年第1期。

[94] 刘军山、孟万金：《关于高等教育评价指标体系质量的探讨》，载《江苏高教》1999年第6期。

[95] 刘献君、陈伏琴：《高等教育评估中的道德问题研究》，载《国家高级教育行政学院学报》2000年第3期。

[96] 林梦泉：《高等教育评估机构现状分析及评估行业认证初探》，载《科学学与科学技术管理》2004年第1期。

[97] 孙锐，王战军，周学军：《浅议高等教育评估机构的社会职能及其实现》，载《中国高教研究》2001年第11期。

[98] 杨晓江：《试论我国高等教育评估制度的建立》，载《云南教育》2002年第24期。

[99] 赵霖平、徐宗宁：《高等教育评估组织的独立性和公正性——兼论评估组织的外部治理结构》，载《辽宁教育研究》2002年第8期。

[100] 刘文娟、任伟：《美、英、日高等教育评价的"非管制化"启示》，载《现代大学教育》2004年第6期。

[101] 耿成平、郑少农：《构建有中国特色的教育评估运行机制》，载《中国高等教育评估》2001年第4期。

[102] 苟振芳：《高等教育评价的教育性视角》，载《高等教育研究》2004年第2期。

[103] 张应强：《高等教育质量观与高等教育大众化进程》，载《江苏高教》2001年第5期。

[104] 徐景武：《高等教育评估中的政府行为模式探析》，载《江苏高教》2002年第3期。

[105] 柯常青：《对美国高等教育鉴认制度的探析与思考》，载《中国高等教育》2004年第1期。

[106] 郭燕、李卫红：《美国高等教育认证制度研究》，载《重庆大学学报（社会科学版）》2001年第2期。

[107] 陆震、尤建新、杜学美：《对建立我国教育评估组织认可制度的理论思考》，载《全球教育展望》2005年第8期。

[108] 邱文成、邓小明：《美国高等教育认证制度的历史变迁》，载《理工高教研究》2005年第6期。

[109] 任增林等：《美国高等教育质量保证体系的特点及其对具有中国特色质量保证体系建设的启示》，载《学位与研究生教育》2004年第3期。

[110] 耿成平、郑少农：《构建有中国特色的教育评估运行机制》，载《中国高等教育评估》2001年第4期。

[111] 熊耕：《美国高等教育认证制度的功能分析》，载《比较教育研究》2005年第2期。

[112] 熊耕：《美国高等教育认证制度的起源及其形成动力分析》，载《外国教育研究》2004年第6期。

[113] 林正范、贾群生：《从经验走向科学——高等教育评价制度的改革与发展》，载《浙江社会科学》2000年第2期。

[114] 陈玉琨、李如海：《我国教育评价发展的世纪回顾与未来展望》，载《华东师范大学学报（教育科学版）》2000年第1期。

[115] 李亚东：《我国高等教育评估制度建设的回顾与反思》，载《江苏教育学院学报（社会科学版）》2004年第2期。

[116] 王战军、孙锐：《我国高等教育评估制度演进趋势探析》，载《高等教育研究》2000年第6期。

[117] 胡建华：《由"国家控制的模式"向"国家监督的模式"转变——大学与政府关系发展的基本走向》，载《复旦教育论坛》2003年第6期。

[118] 张民选：《关于高等教育认证机制的研究》，载《教育研究》2005年第2期。

[119] 戴华、刘敏：《荷兰高等教育评估概观》，载《中国高等教育评估》2000年第3期。

[120] 杨明：《论荷兰高等教育财政的改革》，载《教育与经济》2002年第4期。

[121] 祝怀新、潘慧萍：《荷兰高等教育质量保障机制探析》，载《中国高教研究》2003年第10期。

三、中文学位论文

[122] 田恩舜：《高等教育质量保证模式研究》，博士学位论文，华中科技大学，2005年。

[123] 荀振芳：《大学教学评价的价值反思》，博士学位论文，华中科技大学，2005年。

[124] 潘武玲：《我国研究生教育质量评价体系研究》，博士学位论文，华东师大，2004年。

[125] 王战军：《学位与研究生教育评估理论及技术研究》，博士学位论文，哈尔滨工业大学，2001年。

[126] 叶国珍：《高等教育评估质量保障体系研究》，硕士学位论文，南京航空航天大学，2005年。

[127] 代宁：《全国优秀博士学位论文评选办法研究》，硕士学位论文，西南交通大学，2003年。

[128] 沈志莉：《发展性高等教育评价研究》，博士学位论文，华中师范大学，2003年。

[129] 彭平根:《评价中心的测评有效性及其影响因素的实证研究》,博士学位论文,华东师范大学,2003年。

四、英文论著

[130] Bickman, L., "Evaluating Evaluation: Where do we Go from here?" *Evaluation Practice*, No. 18, 1997.

[131] Cook, T. D. & Gruder, C. L., "Metaevaluation Research," *Evaluation Quarterly*, No. 2, 1978.

[132] Greene, J. C., "A Case Study of Evaluation Auditing as Metaevaluation," *Evaluation and Program Planning*, No. 15, 1992.

[133] Arch G. Woodside & Marcia Y. Sakai, "Meta-Evaluations of Performance Audits of Government Tourism-Marketing Programs," *Journal of Travel Research*, Vol. 39, No. 18, 2001.

[134] Keun-bok Kang & Chan-goo YiA, "Design of Metaevalution Model," CES 20th Annual Conference, 16. May, 2000.

[135] Joint Committee on Standards for Educational Evaluation, *The Program Evaluation Standards: How to Assess Evaluations of Educational Programs*, Sage: Thousand Oaks, 1994.

[136] Evaluation Research Society, *Standards for Program Evaluation*, MD: Evaluation Research Society, 1981.

[137] Joint Committee on Standards for Educational Evaluation, *Standards for Evaluations of Educational Programs, Projects and Materials*, New York: McGraw-Hill, 1981.

[138] Schwandt Halpern, *Linking Auditing and Metaevaluation: Enhancing Quality in Applied Research*, Sage: Nerwbury Park, 1988.

[139] Chen, H. T., "Validity in Evaluation Research: A Critical Assessment of Current Issues," *Policy and Politics*, No. 16, 1988.

[140] Chen, H. T., *Theory-driven Evaluations*, Sage: Newbury Park, 1990.

[141] Pitman, G. K., Feinstein, O. N., & Ingram, G. K., *World Bank Series on Evaluation and Development*, Vol. 7. *Evaluating Development Effectiveness*, New Brunswick, NJ: Transaction Publishing, 2005.

[142] Rebolloso, E., Fernández-Ramirez, B., Canton, P., & Pozo, C., "Metaevaluation of Total Quality Management Evaluation System," *Psychology in*

Spain, Vol. 6, No. 1, 2002.

[143] Henry, G. T., & Mark, M. M., "Beyond Use: Understanding Evaluation's Influence on Attitudes and Actions," *American Journal of Evaluation*, No. 24, 2003.

[144] Scriven, M., "An Introduction to Metaevaluation," *Educational Product Report*, No. 2, 1969.

[145] Madaus, G. F., Scriven, M., & Stufflebeam, D. L., *Evaluation Models*, Boston, MA: Kluwer-Nijhoff, 1983.

[146] Stufflebeam, D. L., "The Methodology of Metaevaluation as Reflected in Metaevaluations by the Western Michigan University Evaluation Center," *Journal of Personnel Evaluation in Education*, Vol. 14, No. 1, 2000.

[147] Stufflebeam, D. L., "The Metaevaluation Imperative," *American Journal of Evaluation*, Vol. 22, No. 2, 2001.

[148] Stufflebeam, D. L., "A Note on the Purposes, Development, and Applicability of the Joint Committee Evaluation Standards," *American Journal of Evaluation*, Vol. 25, No. 1, 2004.

[149] Stufflebeam, D. L., "Evaluation Checklists: Practical Tools for Guiding and Judging Evaluations," *American Journal of Evaluation*, Vol. 22, No. 1, 2001.

[150] Stufflebeam, D. L., "Lessons in Contracting for Evaluations," *American Journal of Evaluation* Vol. 21, No. 3, 2000.

[151] Patton, M. Q., *Utilization-Focused Evaluation: The New Century Text*, Sage: Thousand Oaks, 1997.

[152] Nyirenda Stanley, "Assessing Highly Accomplished Teaching: Developing a Metaevaluation Criteria Framework for Performance-Assessment Systems for National Certification of Teachers," *Journal of Personnel Evaluation in Education*, Vol. 8, No. 3, 1994.

[153] Nilsson Neil & Hogben Donald, "Metaevaluation," *New Directions for Program Evaluation*, No. 19, 1983.

[154] St. Pierre & Robert G., *Follow Through: A Case Study in Metaevaluation Research*, U. S. Massachusetts, 1980.

[155] Cook Thomas D., & Gruder Charles L., "Metaevaluation Research,"

Evaluation Quarterly, Vol. 2, No. 1, 1978.

[156] Cooksy L. J., Caracelli V. J., "Quality, Context, and Use-Issues in Achieving the Goals of Metaevaluation," *American Journal of Evaluation*, Vol. 26, No. 1, 2005.

[157] Schwartz R., Mayne J., "Assuring the Quality of Evaluative Information: Theory and Practice," *Evaluation and Program Planning*, Vol. 28, No. 1, 2005.

[158] Segerholm C., "Researching Evaluation in National (state) Politics and Administration: A Critical Approach," *American Journal of Evaluation*, Vol. 24, No. 3, 2003.

[159] Lynch D. C., Greer A. G., Larson L. C., etc., "Descriptive Metaevaluation: Case Study of an Interdisciplinary Curriculum," *Evaluation & the Health Professions*, Vol. 26, No. 4, 2003.

[160] Thomas A. Schwandt & Edward S. Halpern, *Linking Auditing and Metaevaluation: Enhancing Quality in Applied Research*, Newbury Park, Calif: Sage Publications, 1988.

[161] Leslie J. Cooksy & Valerie J. Caracelli, "Quality, Context, and Use Issues in Achieving the Goals of Metaevaluation," *American Journal of Evaluation*, Vol. 26, No. 1, 2005.

[162] Kellaghan, T., & Stufflebeam, D. L., *International Handbook of Educational Evaluation*, Dordrecht, the Netherlands: Kluwer, 2003.

[163] Diana Green, *What is Quality in Higher Education*? Buckingham: Society for Research into Higher Education, Open University Press, 1994.

[164] Ton Vroeijenstijn, "International Network for Quality Assurance Agencies in Higher Education: Principles of Good Practice for an EQA Agency," *Quality in Higher Education*, Vol. 10, No. 1, 2004.

[165] Marike Faber & Jeroen Huisman, "Same Voyage of the Netherlands and Denmark to a European Different Routes? The Course Model of Quality Assurance," *Quality in Higher Education*, Vol. 9, No. 3, 2003.

[166] Ronald H. Heck, Linda K. Johnsrud & Vicki J. Rosser, "Administrative Effectiveness in Higher Education: Improving Assessment Procedures," *Research in Higher Education*, Vol. 41, No. 6, 2000.

[167] Ratcliff, J. L., "Assessment, Accreditation, and Evaluation of Higher Education in the U. S.," *Quality in Higher Education*, Vol. 2, No. 1, 1996.

[168] Monica Rolfsen & Hans Torvatn, "How to 'Get Through' Communication Challenges in Formative Evaluation," *Evaluation*, Vol. 11, No. 3, 2005.

[169] Carol Scott, "Meta-evaluation, Powerhouse museum," www. amol. org. au/conferernce-papers/ meta. pdf.

[170] Vroeijenstijn, A. I., "Quality Assessment in Dutch Higher Education, Association of Universities in the Netherlands (VSNU)", http: //www. google. com.

[171] Liga Jermolajeva, "Higher Education Institutions and Study Programmes Evaluation Committee Experts Selection Principles, Approved by the AccreditationCommission on the 30th of April," http: //www. google. com.

[172] "About NVAO," http: //nvao. net/content. php? a=s&id=153.

[173] "Metaevaluation of Partnerships against Domestic Violence Bulletin Number One," www. dpmc. gov. au/osw.

[174] Stufflebeam, D. L., "Meta-evaluation," www. umich. edu/eva/ctr/pubs/ops/ops03. pdf. paper♯3 Occasional Paper Series.

[175] Stufflebeam, D. L., "Evaluation Plans and Operations Checklist," http://www. wmich. edu/evalctr/checklists/plans _ operations. htm.

[176] Stufflebeam, D. L., "Guiding Principles Checklist for Evaluating Evaluations," www. wmich. edu/evalctr/checklists/.

[177] Stufflebeam, D. L., "Personnel Evaluations Metaevaluation," www. wmich. edu/evalctr/checklists.

[178] María Bustelo,"Metaevaluation as a Tool for the Improvement and Development of the Evaluation Function in Public Administrations. Presentation to the 2002 European Evaluation Society. Conference," www. evaluationcanada. ca/txt/newsletter200409. pdf.

致谢

　　本书是在笔者的博士论文的基础上完成的。书稿虽然完成了,但这一切都不会被忘记:曾经闭门枯坐,苦读一本本打印的外文资料;曾经往返于华中科技大学、北师大、北大、国家图书馆,搜求一点点有用的资料;曾经在困惑焦躁中,咬着笔头皱着眉头眼里流露着茫然和无奈;曾经在苦思之后的顿悟,那抑制不住的狂喜和歌声;曾经在万籁俱寂中,看着一个又一个的字变成一行又一行的句子,在显示屏上跳跃着,嘴角不由露出的微笑……这一幕一幕的场景,是我写作期间的生活。

　　几天前刚学会一首手语歌——《感恩的心》,把它存在电脑里,一遍一遍地听。很优美的旋律,美得令人心动的歌词,但只能用无声的语言来表达它深刻的内涵,正如我此时感恩的心情。

　　之所以能从一无所知到可以把自己看到的、感悟到的一个新世界描述出来,能把当初一点点朦朦胧胧的想法生长为一篇完整的博士学位论文与一部书稿,生长为我的思维历练、研究能力,以及不轻言放弃的精神,首先要感谢我的导师别敦荣教授,且这份感激将终生铭记。别老师在学术上自主、开放、严谨而不失宽容,要求博士生自主选题,但绝不放任自由。他认为选题的过程就是一个难得的研究和学习的过程,在选题中确定自己学术生涯的发展方向,为未来的学术生涯奠定发展的基础。虽然别老师在当面指导及邮件指导中,都提到"摊子铺得太宽,要集中主题,找到问题,围绕一个问题展开",但他以其敏锐的学术洞察力和独有的学术勇气,同意了当时还是懵懵懂懂的我的选题。其实,在不长不短的博士学习生涯中,一直都有很鲜明而真实的感觉:别老师高屋建瓴,有很强烈的问题意识。别老师平时一直这样教导我们:"要从问题出发,再在现实的问题基础上进行抽象和综合。"开题后,进一步琢磨着别老师及其他老师的建议、指导,逐渐明白了一些。从选题、开题到论文构思都在导师的指导下完成,老师总是挤时间尽快地看完,大到篇章结构、逻辑的不完善,小到语言文字、标点符号的疏漏与错误,都一一仔细地指出。论文得以完成,凝聚着导师的心血,凝聚着导师悉心的指导与点拨。吾师之道:"仰之弥高,钻之弥坚,瞻之在前,忽焉在后。夫子循循然善诱人。博我以文,约我以礼。欲罢不能,既竭吾才,如有所立卓尔，虽欲从之，未由也已。"遗憾的是，学生资质平庸，未能心领神会。以后的日子，希望能继续循先生之道，有所造诣。

感谢华中科技大学教授过我课程的每位老师。在这里，我聆听了别敦荣教授的"教育管理前沿问题专题研究"、张应强教授的"高等教育政策专题研究"、刘献君教授和赵炬明教授的"院校研究"、柯佑祥教授的"教育经济专题研究"、沈红教授的"高等教育财政专题研究"、涂又光先生和张楚廷教授的"高等教育哲学"等学位课程。在学术活动、博士班、人文讲座中听过潘懋元先生（厦门大学）、杨叔子先生（华中科技大学）、黄茂树（北科罗拉多）、李培根（华中科技大学）、陈洪捷（北京大学）、曾天山（中央教科所）、张大均（西南师大）、冯向东（华中科技大学）、文辅相（华中科技大学）、陈敏（华中科技大学）、杨福家（诺丁汉大学）、陈平原（北京大学）、孟建伟（中科院）、蔡克勇（教育部国家教育发展研究中心）、王沛民（浙江大学）、邬大光（厦门大学）、刘海峰（厦门大学）、杨东平（北京理工大学）、欧阳康（华中科技大学）、王义遒（北京大学）、曹锦清（华东理工大学）、凌宇（湖南师范大学）等学者的讲座。他们深厚的学养、独特的思想、高尚的人格、敏锐的思维、渊博的学识、不倦的教诲给我以深刻的启迪，使我对教育学、人与社会的理解有了一定程度的加深。

感谢在我论文调研和写作的过程中的每一位师友的指点和帮助。在论文开题中，张应强教授、贾永堂教授、陈廷柱副教授、周艳副教授提出了建设性宝贵建议；教育部评估中心专家处刘振天教授、中山大学的李延保教授、武汉理工大学的《高教发展与评估》杂志执行主编金诚教授、武汉大学中国科学评价研究中心主任邱均平教授等学者给我答疑和指点。我的师姐康宏副教授，多次与我面谈并在电话中探讨论文，给我诸多的思维上的碰撞和启迪。远在美国的黄芳和毕小玉博士，多次给我邮寄相关的外文资料，让我获得了与论文相关的最新信息。还有一些师兄师姐，如田胡伟、杨燕玲、赵映川、王昕红、邵士权、周守军、沈振峰等或提宝贵建议，或借阅相关资料提供种种帮助，在此一并致谢。

感谢华中科技大学教科院04级博士研究生班这个团结、和谐、凝聚的集体。三年来，和白萍、王春春、卢晓梅、刘丽芳、李尚群、田虎伟、王建平、孙平、朱晓刚、赵军、李从浩、李文江、李明忠、金名浩、侯志军等学友在学习、生活的相伴中结下了深厚的友谊。依然记得宋旭红师姐与我促膝谈心，依然记得在冬天和魏海苓偎依着去西二喝鸡汤，依然记得陈莉做的可乐鸡翅，依然记得和方明君去北京查资料，依然记得李志峰的温文尔雅，依然记得李尚群的风趣幽默⋯⋯我们一起度过的这段日子将成为我生命中不可磨灭的记忆。

感谢别老师的这个友好、上进、融洽的研究生团队。周末的沙龙，日常生活中的互帮互助，和李静蓉、马冬卉、曹红霞、田恩舜、米俊魁、陈亚玲、徐警武、邵士权、周守军、赵映川、王昕红……结下的深厚的同门情谊。不会忘记康宏骑着单车搭我去听课；不会忘记沈振峰家里的美味粽子；不会忘记和艺波、国娟在厦门的日子；不会忘记在看望谌小平师兄和曹红霞师姐后，对自己和亲朋好友说，一定要好好保重自己；不会忘记在沙龙中谈学问、聊人生，尤其是别老师的精彩的点评和兄弟姐妹们的指点江山、激扬文字……如果有朝一日，我也成为导师，我想，我会把老师这个优良传统发扬下去。

感谢我的父母双亲，他们一直都很支持我的学习，对我期望也很高。每次在电话中总是提醒我好好学习，注意休息，注意身体。父爱是山，母爱是海，难以回报。从今天开始，记得关心父母，多和父母聊聊天，常回家看看。感谢我的先生谢志钊，感谢我的爱女谢一辰，是他们让我开心快乐地前行。

感谢我的领导与同事，尤其是长沙学院副书记屈林岩教授与高教所所长何旭明教授，不仅是我的直接领导，也是我的老师，无论在生活上还是在科研上都给了我很多的关照与帮助。感谢长沙学院这个年轻的校园：师者激情演讲、学者风华正茂，人文科技相辉映……我明白，正是在她温润宽厚的胸怀里，我成长起来了；正是这片神奇美丽的土地，才令我如此依依眷恋。

感谢中央编译出版社的编辑，在他们的帮助下，本书才得以面世。他们不仅为本书的出版提供了很大的帮助，而且对本书进行了认真审读与修改，让书稿增色不少。

还要感谢为本书提供资助的湖南省教育厅重点项目"基于治理理论的高等教育评估质量保证研究"（课题编号 13A117）以及湖南省自然科学基金项目"基于政府职能转变的高等教育评估质量保证的治理结构与政策研究"（课题编号 2015JJ6009）。

叹岁月匆匆，流年易逝；忆点点滴滴，犹在昨日。师德师恩，同学、朋友之情，亲人之爱……感谢这一切的一切。"感恩的心，感谢有你（们），伴我一生，让我有勇气做我自己；感恩的心，感谢命运，花开花落，我一样会珍惜……"《感恩的心》萦绕在我耳边，我想，还应用一颗感恩的心去微笑地面对未来的生活、工作、学习的点点滴滴、风风雨雨、酸甜苦辣……

王向红于 2016 年 3 月